Andrea Hartl

Oktoberfest und Cannstatter Volksfest

Vom Nationalfest zum Massenvergnügen

Herbert Utz Verlag · München

Kulturwissenschaften

Zugl.: Diss., Augsburg, Univ., 2009

Bibliografische Information der Deutschen Nationalbibliothek: Die Deutsche Nationalbibliothek verzeichnet diese Publikation in der Deutschen Nationalbibliografie; detaillierte bibliografische Daten sind im Internet über http://dnb.d-nb.de abrufbar.

Dieses Werk ist urheberrechtlich geschützt. Die dadurch begründeten Rechte, insbesondere die der Übersetzung, des Nachdrucks, der Entnahme von Abbildungen, der Wiedergabe auf fotomechanischem oder ähnlichem Wege und der Speicherung in Datenverarbeitungsanlagen bleiben – auch bei nur auszugsweiser Verwendung – vorbehalten.

Copyright © Herbert Utz Verlag GmbH · 2010

Titelabbildung: aboutpixel.de /
Riesenrad © Christian Schrammel

ISBN 978-3-8316-0934-5

Printed in Germany
Herbert Utz Verlag GmbH, München
089-277791-00 · www.utzverlag.de

Vorwort

Zum Gelingen der Arbeit haben folgende Personen beigetragen, denen ich an dieser Stelle herzlich danken möchte:
Mein erster Dank gilt Frau Prof. Dr. Sabine Doering-Manteuffel, die diese Dissertation von Anfang an betreut hat und mich bereits während meines Studiums zu dieser Arbeit ermutigt hat. Danken möchte ich auch Herrn Prof. Dr. Wilhelm Hofmann, der sich ohne Zögern als Zweitgutachter der Dissertation zur Verfügung gestellt hat und Frau Prof. Dr. Marita Krauss, die bei der Disputation als dritte Gutachterin agierte.
Ebenfalls ein großer Dank geht an das Landesmuseum Württemberg – insbesondere an die Abteilung Volkskunde. Nur mit deren Unterstützung wurde mir überhaupt die Möglichkeit gegeben, während einer Vollzeitbeschäftigung zu promovieren.
Der dem Landesmuseum Württemberg angegliederten Landesstelle für Volkskunde bin ich ebenfalls sehr verbunden. Dem ehemaligen Leiter Dr. Gustav Schöck habe ich zahlreiche Anregungen und inspirierende Gespräche zu verdanken und Dr. Gerhard Prinz viele Recherchetipps.
Besonders herzlich bedanken möchte ich mich bei allen Mitarbeitern des Stadtarchivs Stuttgart, die mir stets kompetent und ohne Wartezeiten hilfreich zur Seite standen. Ihre Beratung, Recherche und Beantwortung sämtlicher Fragen zu den von mir behandelten Quellen waren mir eine große Hilfe. Bei meinen Recherchen in Stuttgart hat mir neben dem Stadtarchiv die Hauptaktei der Stadtverwaltung zahlreiche neuere Unterlagen zur Durchsicht gewährt und die Mitarbeiter der in.Stuttgart Veranstaltungsgesellschaft mbH haben mir die neuesten Informationen zur Verfügung gestellt.
Für die Recherche zum Oktoberfest möchte ich ganz besonders Dr. Florian Dering vom Stadtmuseum München sowie Herrn Hans Spindler und Frau Dr. Gabriele Papke vom Tourismusamt der Stadt München danken. Mein Dank geht auch an das Stadtarchiv München.
Schließlich danke ich meinem privaten Umfeld, das mir bei meiner Arbeit stets wohlwollend zur Seite gestanden ist.

Andrea Hartl

Inhaltsverzeichnis

Vorwort 3
Inhaltsverzeichnis 5

I. Einführung und historische Hintergründe zur Entstehung von Volksfesten

1. Einleitung 7
1.1. Was ist ein (Volks-)Fest? 10

II. Oktoberfest und Cannstatter Volksfest: Ein Vergleich

2. Das Oktoberfest 14
2.1. Die Zeichen der Zeit 15
2.1.1. Der gesellschaftliche und politische Hintergrund 16
2.1.2. Der (land-)wirtschaftliche Hintergrund 17
2.2. Das Oktoberfest von 1810 bis heute 18
2.2.1. Die Entstehung des Oktoberfestes 19
2.2.2. Das Oktoberfest im 19. Jahrhundert 23
2.2.3. Das Oktoberfest in der ersten Hälfte des 20. Jahrhunderts 29
2.2.4. Das Oktoberfest nach dem Zweiten Weltkrieg 34
2.3. Besondere Veranstaltungen/ Festelemente des Oktoberfestes 53
2.3.1. Die Pferderennen 54
2.3.2. Das Zentrallandwirtschaftsfest 55
2.3.3. Die Bavaria 58
2.3.4. Der Festeinzug und die Eröffnung 58
2.3.5. Die Schausteller 62
2.3.6. Von der Bude zum Bierzelt 71
2.4. Zusammenfassung: Vom Landwirtschaftlichen Fest zum Massenvergnügen 79

3. Das Cannstatter Volksfest 83
3.1. Die Zeichen der Zeit 84
3.1.1. Der gesellschaftliche und politische Hintergrund 84
3.1.2. Der (land-)wirtschaftliche Hintergrund 86
3.2. Das Cannstatter Volksfest von 1818 bis heute 87
3.2.1. Die Entstehung des Cannstatter Volksfestes 89
3.2.2. Das Cannstatter Volksfest im 19. Jahrhundert 93
3.2.3. Das Cannstatter Volksfest in der ersten Hälfte des 20. Jahrhunderts 97
3.2.4. Das Cannstatter Volksfest nach dem Zweiten Weltkrieg 103
3.3. Besondere Veranstaltungen/ Festelemente des Cannstatter Volksfest 121
3.3.1. Die Pferderennen 122

3.3.2. Das Zentrallandwirtschaftsfest	123
3.3.3. Die Fruchtsäule	126
3.3.4. Der Festeinzug und die Eröffnung	129
3.3.5. Die Schausteller	134
3.3.6. Von der Bude zum Bierzelt	136
3.4. Zusammenfassung: Vom Landwirtschaftlichen Fest zum Massenvergnügen	142
4. Die Vermarktung der Feste: Ein ständiger Wettbewerb um die Besucher?	**145**
4.1. Werbemaßnahmen unter besonderer Berücksichtigung seit 1945	147
4.1.1. Plakate, Flyer und anderes Werbematerial	148
4.1.2. Souvenirs und Merchandising für die Feste	155
4.2. Museen, Sammlungen und Ausstellungen für die Feste	157
4.3. Anziehungspunkt für verschiedene Personengruppen	159
4.4. Die Feste des Bieres	164
4.4.1. Die Bierzelte auf der Wiesn	165
4.4.2. Die Bierzelte auf dem Wasen	169
4.5. Die beiden Feste in der Welt	171

III. Abschließende Betrachtungen

5. Entwicklungstendenzen in München und Stuttgart – Brauch oder Medienspektakel?	**176**
Literaturverzeichnis	**179**
Abbildungsnachweis	**192**

I. Einführung und historische Hintergründe zur Entstehung von Volksfesten

1. Einleitung

„Das Volksfest ist die poetische Blüte im Leben des Volkes."
Wilhelm Rolfs, Unsre Volksfeste, 1895 (7)

Jeder kennt sie und die meisten mögen sie auch: die Volksfeste. Jedermann war schon einmal in seinem Leben auf einem Volksfest, denn „die Deutschen feiern gern und zahlreich sind ihre Feste."[1] In jeder Stadt und teilweise auch in kleineren Ortschaften gibt es Feste, die ausschließlich für das Vergnügen der Einwohner alle Jahre wieder zu einem bestimmten Zeitpunkt aufgebaut werden. Volksfeste eignen sich aber nicht nur als Treffpunkt für die Einwohner des jeweiligen Ortes, sondern auch für die touristische Vermarktung. Eng verbunden damit ist der Städtetourismus, der über Tages- oder Kurzreisen viele Besucher in die Region lockt. Auch international haben Volksfeste als deutschlandspezifisches Angebot eine gewisse Anziehungskraft. Zu den größten deutschen Volksfesten zählen neben dem Münchner Oktoberfest der Hamburger Dom, der Bremer Freimarkt und das Cannstatter Volksfest in Stuttgart. Zu den traditionsreichsten gehören das Erst- und das Letztgenannte, die beide in Süddeutschland abgehalten werden.[2] Zwischen dem Oktoberfest und dem Cannstatter Volksfest gibt es jedoch einen gravierenden Unterschied. Das erstere ist ein international bekannter Begriff und hat vielen anderen global verbreiteten Festen Pate gestanden. Das zweite süddeutsche Volksfest der „Superlative"[3] ist dagegen weltweit weniger bekannt. Aus diesem Grund blickten die Stuttgarter lange Jahre neidvoll nach München und suchten eine Ursache für diesen Unterschied. Gefunden wurde bisher keine. Beide Feste, die sich heute jährlich um eine Woche zeitlich überschneiden, sind einzigartig. Denn auf keinem der beiden Feste stehen die gleichen Beschicker und das eine Fest ist keine Kopie des anderen.[4] Beide Volksfeste sind etwas Besonderes und müssen auch als solches gesehen werden. Es ist nun eine sehr reizvolle Aufgabe, die beiden Feste etwas genauer zu betrachten und deren Gemeinsamkeiten und Unterschiede herauszuarbeiten. In dieser Arbeit wird es hauptsächlich darum gehen, erst ein grundlegendes Wissen über Feste und Volksfeste zu vermitteln, um im Anschluss daran einen historischen Abriss der beiden zu untersuchenden Feste zu geben. Danach wird unter bestimmten Aspekten wie den Werbemaßnahmen, den Ausstellungen zu den Volksfesten, den Identitäten sowie Stereotypen und der Ausrichtung auf das Bier ein Vergleich gewagt, der mit künftigen Perspektiven und Entwicklungsmöglichkeiten schließen wird. Nun aber zuerst noch einige wichtige

---

[1] Feilhauer 2000: 14
[2] Vgl. Deutscher Schaustellerbund 2001: 9f; Feilhauer 2000: 201
[3] Volksfeste und Märkte1983: 116
[4] Vgl. ebd.: 113ff; vgl. auch Strobl 1983: 25

Informationen zu den beiden Volksfesten und ein kurzer Einblick in den Kulturtourismus.

Beide Volksfeste finden seit ihrer Gründung – sofern von kleineren Verschiebungen des Cannstatter Volksfestes am Neckarufer abgesehen wird – am gleichen Platz statt. Dies ist für Volksfeste eher untypisch, die üblicherweise seit ihrer jeweiligen Entstehung öfters den Festplatz – häufig sogar den Ort – gewechselt haben. Allen Volksfesten gemein ist dagegen die Möglichkeit, das Image einer Stadt nach außen zu transportieren. An erster Stelle als Vorbild steht das Oktoberfest, das München zur „Weltstadt mit Herz" gemacht hat. Auf dem Oktoberfest werden die touristischen Erwartungen mit bayerischer Gemütlichkeit, Bier, Hendl und Tracht erfüllt. Heute erscheint sogar das Deutschlandbild „vielerorts auf Bayern und weiß-blaue Festlichkeiten verkürzt"[5] und in keinem Touristenführer darf das Oktoberfest fehlen.[6]

Aus diesem Grund wird auch in vielen allgemeinen Publikationen, die über Feste oder den Kulturtourismus berichten, meist das Oktoberfest als Beispiel herangezogen. Das Cannstatter Volksfest wird nur in wenigen Abhandlungen erwähnt. In solchen Schriften ist auch häufig zu lesen, dass die Volkskultur „teilweise zu einem nicht selten gewinnträchtigen Tourismus-Spektakel (mit) degenerierten Bräuche(n) und Feste(n)"[7] verkommen sei. Dagegen halten wieder andere Stimmen, die zwar auch die Veränderungen wahrgenommen haben, aber die Kommerzialisierung, Künstlichkeit oder Eventisierung der Volksfeste im Rahmen eines Formwandels und einer allgemein sich im Wandel befindlichen Gesellschaft sehen.[8] In beiden Ansichten liegt ein Stück Wahrheit, wahrscheinlich trifft sie genau die Mitte. Selbst wenn Kommerzialisierung und Touristikwerbung zusammenspielen, so gehen viele Menschen trotzdem mit Vergnügen auf die Volksfeste. Ist der Besucher doch immer noch gerne „gefangen von der seltsamen Mischung von Romantik und Wirklichkeit, von der Symbiose der Tradition und des dynamischen Fortschritts."[9] Es wird deutlich, dass die Massen-Freizeit-Kultur die Volksfeste integriert hat. Außerdem spielen der Aspekt des Kulturtourismus und die Funktion der Volksfeste als Imageträger eine große Rolle.

Mit seinen jährlich mehr als 12.000 Volksfesten im Jahr ist Deutschland „das Volksfestland Nummer eins in der Welt"[10]. Die Chancen, dadurch das Touristenaufkommen zu erhöhen, sind beträchtlich. Die deutschen Volksfeste werden jährlich von etwa 180 Millionen Besuchern frequentiert und stellen „damit das *bedeutendste Angebotssegment innerhalb der Freizeitwirtschaft* dar".[11] Volksfeste ziehen demnach in Deutschland mehr Besucher an als Bäder, Kinos oder Theater. Dabei muss jedoch beachtet werden, dass die überwiegende Anzahl der Volksfeste kleine

---

[5] Lindner 1999: 85
[6] Vgl. Dering 1985: 9; Rommel 1983: 21; Lindner 1999: 84
[7] Laturell 1997: 16; vgl. auch Laturell 1997: 96; Lipp 1987: 233; Warneken 1980: 113
[8] Vgl. Homann 2004: 112
[9] Ramus 2004: 4
[10] Deutscher Schaustellerbund 2007: 10; vgl. Tourismus in Deutschland 2006: 15; vgl. Zahlen für 2002 in Deutscher Schaustellerbund 2001: 3, 11
[11] Steinecke 2007: 211

Feste mit weniger als 100.000 Besuchern mit lokalem Bezug sind. Danach folgen etwa 180 mittlere Feste mit 100.000 bis 750.000 Besuchern pro Jahr und als kleinste Gruppe die großen Volksfeste mit über 750.000 Besuchern, von denen es etwa 30 in Deutschland gibt. An erster Stelle der Spitzengruppe steht das Oktoberfest mit etwa sechs Millionen Besuchern. Danach folgen der Bremer Freimarkt, die Cranger Kirmes in Herne und das Cannstatter Volksfest mit jeweils vier Millionen Besuchern im Jahr.[12] Die großen Volksfeste gelten heute auch häufig als Hauptreisegrund für Kurzreisen mit Pauschalangebot.[13]

Abb. 1: Lebkuchenherzen wie hier auf dem Oktoberfest gibt es auf jedem Volksfest zu kaufen, Foto

Volksfeste, allen voran das Oktoberfest, werden gegenwärtig von den Veranstaltern „als Markenartikel global exportiert"[14] und tragen bei den Gästen aus aller Welt zur Imagebildung Deutschlands bei. Während das Cannstatter Volksfest vornehmlich noch ein Schwabenfest mit deutschlandweiter Ausstrahlung ist, so gilt das Oktoberfest als „*Heimatfest mit internationaler Ausstrahlung*".[15] Das bedeutet jedoch nicht, dass alle anderen Volksfeste von Gästen aus dem Ausland gemieden werden, sondern nur, dass in München wesentlich mehr anzutreffen sind. Allgemein gilt für Volksfeste, dass sie meist einen hohen Anteil an Stammkunden und als Wirtschaftsfaktor eine breite Ausstrahlungskraft haben. Deutschlandweit wurden 2007 über zwei

---

[12] Vgl. Deutscher Schaustellerbund 2007: 46
[13] Vgl. Steinecke 2007: 211; vgl. Deutscher Schaustellerbund 2001: 3; Deutscher Schaustellerbund 2007: 10; vgl. auch Tourismus in Deutschland 2006: 15
[14] Deutscher Schaustellerbund 2001: 9
[15] Steinecke 2007: 218

Milliarden Euro auf den Volksfesten umgesetzt, wobei die Wirtschaftskraft in deren Umfeld noch nicht mitgerechnet ist und eine weitere beträchtliche Summe ausmachen wird. Neben der Wirtschaftskraft wird weiterhin auf einen großen Imagegewinn Wert gelegt, da Volksfeste für die Städte und Kommunen ein wichtiges werbliches Aushängeschild sind. Um dies weiter zu forcieren, hat der am 13. Januar 1950 gegründete Deutsche Schaustellerverband vor vier Jahren eine neue Marketingkampagne in die Wege geleitet. Unter dem Titel „Volksfest – wir machen Freizeit zum Vergnügen!" wird gezielt und erfolgreich für die vielen Volksfeste in Deutschland geworben. Das Symbol der Kampagne ist das Volksfest-Herz, das die Herzlichkeit der Feste demonstrieren soll.[16] Diese Werbekampagne zielt jedoch vornehmlich auf die kleineren und mittleren Volksfeste ab. Denn die Spitzenreiter unter den Volksfesten haben bereits seit Jahren ihre eigenen Kampagnen oder bedürfen keiner größeren Marketingaktion mehr. Hier kann lediglich die Kampagne des Deutschen Schaustellerbundes in das große Ganze integriert werden.

1.1. Was ist ein (Volks-)Fest?

„Feste, Festtage und Feiern sind Bestandteile aller menschlichen Gesellschaften."
Hans-Jürgen Lüsebrink, Das Fest, 1994 (202)

Ein kurzer Einblick in die Thematik wurde bereits gewährt, aber worum handelt es sich überhaupt bei einem Volksfest? Die Gewerbeordnung bietet dazu folgende Erläuterung:

„Ein Volksfest ist eine im allgemeinen regelmäßig wiederkehrende, zeitlich begrenzte Veranstaltung, auf der eine Vielzahl von Anbietern unterhaltende Tätigkeiten im Sinne des §55 Abs. 1 Nr. 2 [Anm.: selbständig unterhaltende Tätigkeiten als Schausteller oder nach Schaustellerart] ausübt und Waren feilbietet, die üblicherweise auf Veranstaltungen dieser Art angeboten werden."[17]

In München gibt es zudem für das Oktoberfest die Besonderheit, dass es nach dem Artikel 21 der Bayerischen Gemeindeordnung eine öffentliche Einrichtung ist. Aus diesem Grund können auf dem Oktoberfest ortsansässige Betreiber bevorzugt werden.[18]
Die Definition des Volksfestes über dessen gesetzmäßige Bestimmung ist für die weitere Untersuchung jedoch noch nicht ausreichend. Aus diesem Grund müssen historische Entwicklungen der (Volks-)Feste herangezogen und ihre Entstehung erläutert werden.
In der Aufklärung galt das Volksfest als neue Errungenschaft, um Wissen, neue Verhaltensmuster und Umgangsformen, neue Werte und Normen der Bevölkerung allgemein zu vermitteln sowie zu verbreiten. Bei dieser Entwicklung sind zwei Pro-

---

[16] Vgl. Deutscher Schaustellerbund 2001: 9; Deutscher Schaustellerbund 2007: 10ff; Steinecke 2007: 218ff; Fuchs 1983: 34
[17] § 60 b Abs. 1 und § 55 Abs. 1 Nr. 2 der Gewerbeordnung
[18] Vgl. Nagy 2007: 329

zesse charakteristisch: Das Nationalfest konnte sich entfalten und Volksfeste von Kirche oder Staat sowohl diszipliniert als auch kontrolliert werden. Im Fall des Oktoberfestes und des Cannstatter Volksfestes handelt es sich um zwei große Nationalfeste.

„Das moderne Nationalfest ist ein Kind des 18. Jahrhunderts, des Aufklärungszeitalters. Nationalfeste sollten in der Vorstellung der Vertreter der Aufklärungsbewegung neben anderen nationalen Symbolen und Institutionen, wie der Nationalhymne und der Nationalsprache, dazu beitragen, Gemeinschaftsgefühl zu entwickeln und nationale Identität zu stiften."[19]

Mit dieser Intention wurden beide Volksfeste in den ersten Jahren der neu erhobenen Königreiche Bayern und Württemberg gegründet und dienten in erster Linie dazu, eine bayerische, respektive württembergische oder schwäbische Identität zu entwickeln.[20]
Nationalfeste konnten jedoch nicht einfach aus sich heraus entstehen. Sie bedurften einiger Vorläufer an Festen und Riten, die damals wie heute „ein unverzichtbarer Bestandteil der Identitätsvergewisserung von Gemeinschaften und Selbstregulierung direkten zwischenmenschlichen Verhaltens im privaten und öffentlichen Leben"[21] sind. Feste sind auch „Elemente der Zeitkultur"[22] und damit gesellschaftlichen Wandlungsprozessen unterworfen. „Umgekehrt läßt sich formulieren, daß Feste und Feiern zu allen Zeiten Spiegelbild der politischen, sozialen und geistigen Struktur der an ihnen beteiligten Gesellschaftsschichten waren."[23] Diese Veränderungen der Zeit bringen heute häufig den Vorwurf hervor, dass die Gegenwart unfähig zu feiern sei, aber damit nicht unfähig zum Fest. Lars Deile begründet dies so:

„Es ist ein Zeichen der Postmoderne, daß sich das Fest anders entäußert als in der Idealform der bürgerlichen Moderne, der Feier. Der ungezügelte Konsum auf dem Oktoberfest gehört dazu ebenso wie der ekstatische Musikgenuß durch Millionen von Jugendlichen bei der *Loveparade* oder das Mitfiebern mit den Stars der *Tour de France*."[24]

Allein diese Erklärung ist jedoch noch nicht zufriedenstellend. Es kann nicht erwartet werden, dass die moderne Gesellschaft so feiert wie es vor 200 Jahren üblich war, als sich die Welt im Aufbruch befand. Es ist auch keineswegs wünschenswert, dass sich das Fest oder die Feier nicht an die jeweilige Zeit anpasst, sondern diese um so mehr ausdrückt und widerspiegelt. Sicherlich, heute steht vor allem bei den Volksfesten der Vergnügungspark[25] mit seinem Nervenkitzel und der Konsum mit seinem Rausch im Vordergrund. „Feste stehen im wirtschafts- und sozialpolitischen Einsatz derzeit an vorderer Front. Auch als Stabilisatoren ideologisierter

---

[19] Lüsebrink 1994: 204
[20] Vgl. Zuccalmaglio 1854: III; Heidrich 1984: 45; Lüsebrink 1994: 204
[21] Paus 1995: 9
[22] Maurer 2004a: 26
[23] Mack/ Neidiger 1988: 2; vgl. auch Rolfs 1895: 7; Lehmann 1952: 15
[24] Deile 2004: 16f
[25] Vgl. So feiern die Bayern 1978: 35; Eberstaller 2004: 60

Wertvorstellungen – Heimat, Gemeinschaft, Tradition – werden sie eingesetzt."[26]
Aber ist die Gesellschaft deswegen nicht mehr fähig zu feiern? Für die eine oder andere Auffassung des Begriffes „Fest" mag dies zutreffen, denn unter der Definition kann vieles verstanden werden. Etabliert hat sich eine Gruppierung der Feste in die des Lebenslaufs, des Jahreslaufs und öffentlicher Feste. Bei der Unterscheidung der einzelnen Feste wird es bereits schwieriger. So unterschied Gerda Möhler 1980[27] noch den Jahrmarkt vom Volksfest, die sich erst mit dem Aufkommen der Fahrgeschäfte am Ende des 19. Jahrhunderts aneinander anglichen. Dagegen sahen die Veranstalter in München das Oktoberfest nie als Jahrmarkt an und erlaubten keinen professionellen Warenverkauf.[28]
Leander Petzoldt sah die Sache 1990[29] ein wenig anders und war der Meinung, dass die Jahrmärkte sich durch die Schaustellungen sowie durch die Fahrgeschäfte hin zu Volksfesten entwickelten. Das heißt, dass das eine zum anderen wurde. Dieser Meinung schloss sich zehn Jahre später auch Angelika Feilhauer an.
Bei der Definition des Oktoberfestes und des Cannstatter Volksfestes wird es schließlich noch vielschichtiger als bei der allgemeinen Definition von Volksfesten. Ingeborg Weber-Kellermann[30] gruppiert den Wasen unter die Rubrik „Erntefeste" und die Wiesn unter „Jahrmärkte in den Städten". Leander Petzoldt[31] sieht wiederum beide Feste in der Gruppe der „Landwirtschaftsfeste, Tiermärkte und Viehscheide". Wahrscheinlich liegen auch hier wieder alle ein wenig richtig, aber eben nicht ganz. Betrachtet man beide Volksfeste am Anfang ihrer Entstehung, so kann durchaus der Begriff des Landwirtschaftsfestes zutreffen. Gegenwärtig ist jedoch das Volksfest absolut im Vordergrund. Das Cannstatter Volksfest und auch das Oktoberfest müssen demnach im jeweils zeitlichen Rahmen betrachtet werden, wenn sie genau definiert sein wollen. Allerdings herrscht heute die verbreitete Meinung, dass es sich sowohl beim Oktoberfest, als auch beim Cannstatter Volksfest um zwei Volksfeste und sonst nichts anderes handelt.
Sind sich fast alle bei der genauen Definition von Festen und Volksfesten uneinig, so besteht beim Sinn und Zweck mehr Einigkeit. Das Fest ist in jedem Fall „Nicht-Alltag", es unterbricht den Alltag und setzt einen Ausnahmezustand in Kraft. Das Fest befreit auch von der alltäglichen gesellschaftlichen Kontrolle, vielmehr gelten in der Zeit des Festes der Rausch, der Taumel und die Unbeherrschtheit. Das Fest dient aber andererseits auch der Erholung; nämlich der Erholung vom Alltag. Als „Oase des Glücks" oder als „Sonderwelt in der Welt"[32] wird das Fest sogar angesehen. Mit den Volksfesten hat also die Institutionalisierung des Außeralltäglichen eingesetzt.[33]

---

[26] Gerndt 1981: 93
[27] Vgl. Möhler 1980: 119ff; vgl. auch Möhler 1981: 124
[28] Vgl. Deile 2004: 2; Maurer 2004b: 56; Möhler 1981: 94f
[29] Vgl. Petzoldt 1990: 167; vgl. auch Feilhauer 2000: 193
[30] Vgl. Weber-Kellermann 1981: 15, 53
[31] Vgl. Petzoldt 1983: 402ff und 412ff; vgl. auch Lüsebrink 1994: 202; Gebhardt 1987: 160
[32] Beide Paus 1995: 17f
[33] Vgl. So feiern die Bayern 1978: 65; Hugger 1987: 15; Maurer 2004a: 35; Göbel 2005: 194

Gegenwärtig ist bei den Volksfesten in Deutschland eine Traditionsvielfalt zu erkennen. Dabei waren alle und zu jeder Zeit großen Veränderungen unterworfen. Heute haben sie sich auf ein Massenpublikum, das sich vergnüglich unterhalten möchte, ausgerichtet. Die tiefgreifendsten Veränderungen in dieser Richtung setzten bereits am Ende des 19. Jahrhunderts ein. Durch die Industrialisierung und die Reichsgründung konnten sich die Volksfeste prächtig entwickeln und auf das kommende Massenpublikum ausrichten.[34] In dieser Zeit kam jedoch auch heftige Kritik auf. Wilhelm Rolfs kritisierte zum Beispiel, dass die Volksfeste „von ihrer dereinstigen Höhe"[35] zu Trinkgelagen herabsänken. Hermann Stöckel und Eduard Walther[36] waren ebenso der Meinung, dass die Volksfeste am Ende des 19. Jahrhunderts einer großen Gefahr ausgesetzt waren. Bei Wilhelm Rolfs werden jedoch das Oktoberfest und das Cannstatter Volksfest als Ausnahmen gesehen, denn die beiden Feste hätten sich großartig entwickelt und würden einer großen Kirchweih gleichen.[37]

Mit dem Ende des 19. Jahrhunderts begannen auch die Brauereien das Festgeschehen auf den Volksfesten zu dominieren. Neben dem Bierausschank wurden nun auch Unterhaltung und Essen angeboten, was zahlreiche Besucher anzog. Im Laufe des 20. Jahrhunderts wurde das Oktoberfest jedoch zu einer kommerzialisierten Massenveranstaltung, die eine professionelle Organisation erforderte.[38] Dieses Phänomen trifft ebenfalls auf das Cannstatter Volksfest zu, auch wenn hier die Kommerzialisierung erst etwas später einsetzte als in München. Was allerdings die Festinszenierung betrifft, die in München stets bayerisch war und nach dem Ersten Weltkrieg deutlich hervortrat, so hat sich Stuttgart besonders zwischen den beiden Weltkriegen nicht sonderlich bemüht. Die Ursache mag darin liegen, dass in Württemberg alles monarchische ausgemerzt werden sollte, während in Bayern bis heute das Oktoberfest ein Fest geblieben ist, „in dem monarchische Relikte und Sehnsüchte gefeiert werden."[39] Wahrscheinlich ist auch damit eine Begründung gefunden, warum das Oktoberfest weltweit ein Begriff ist. Beim Cannstatter Volksfest wurde letztendlich lange vergessen, das Fest typisch schwäbisch zu inszenieren und die Werbetrommeln für das Schwabenfest zu rühren. War und ist vielleicht aber auch nur die sprichwörtliche bayerische Gemütlichkeit anziehender als die schwäbische Sparsamkeit?

---

[34] Vgl. Einigkeit und Recht und Freiheit 1999: 116ff; Blessing 1984: 371; Gebhardt 1987: 161ff; Göbel 2005: 266
[35] Rolfs 1895: 10
[36] Vgl. Stöckel 1896: 36
[37] Vgl. Rolfs 1895: 22f
[38] Vgl. Göbel 2005: 267f
[39] Bausinger 1987: 259

II. Oktoberfest und Cannstatter Volksfest: Ein Vergleich

2. Das Oktoberfest

„Wer mit dem Münchner Oktoberfest in Berührung kommt erliegt dem Charme und der Gewalt des weltgrößten Volksfestes im Handumdrehen. Der Bezug zur Realität schwindet."
Florian Nagy e.a., Oktoberfest, 2007 (13)

Das Münchner Oktoberfest ist das größte Volksfest der Welt und zieht jährlich mehrere Millionen Besucher von nah und fern in seinen Bann. Dennoch gibt es ebenfalls jährlich viele Münchner, die sich über die Ausmaße des Oktoberfestes beklagen. Aber „was wäre der Münchner Jahreslauf ohne Faschingsball, ohne Starkbiersaison und ohne das Oktoberfest"[40] und die jeweils zugehörigen Beschwerden der Einwohner? Gerade diese Kombination von Freude und Ärgernis über die Wiesn macht diese so einmalig und verästelt sich mit dem städtischen Kulturleben, das eben den besonderen Reiz und „Wert des Festes für den Einheimischen ausmach(t)."[41] Trotzdem weiß heute kaum ein Besucher vom Ursprung der Wiesn und noch weniger von der Verwandtschaft zum Cannstatter Volksfest, denn beide gelten nach Gerda Möhler als die ersten modernen Feste[42] in Europa. Einen großen Unterschied haben Wiesn und Wasen allerdings, denn das eine Fest galt von Anfang an dem Vergnügen, während das andere der Hebung der Landwirtschaft diente und damit einen besonderen Zweck in der Gesellschaft erfüllte.
Eines gilt auf jeden Fall: Das Oktoberfest ist seit 1810 der „Höhepunkt des Münchner Jahresablaufs"[43] und bildete von Beginn an durch die Einheit von Volksvergnügen, Pferderennen und landwirtschaftlicher Preisverteilung ein „unerhört moderne(s) „Volksfest""[44]. Denn das Fest zu Ehren der Kronprinzenhochzeit sollte eine Feier für alle sein und nicht nur für den Hof.
Heute bekommt das Oktoberfest „zusammen mit den anderen Festelementen wie den Attraktionen der Schausteller, dem Zentral-Landwirtschaftsfest, dem Einzug der Wiesnwirte und dem Trachten- und Schützenzug (...) seinen unverwechselbaren Charakter"[45] und wird oft zu kopieren versucht, aber nach Meinung von Christian Ude[46], dem Oberbürgermeister von München, nie erreicht. Eine dieser Kopien könnte im Cannstatter Volksfest gesehen werden, da sich bereits 1817 das württembergische Königshaus zahlreiche Informationen aus München holte, um sein eigenes Fest ein Jahr später zu initiieren. Da es sich beim Cannstatter Volksfest aber um ein Fest mit Zweckbindung zur Hebung der Landwirtschaft handelte,

---

[40] Möhler 1981: 7
[41] Ebd.: 8
[42] Vgl. ebd.: 11
[43] Dering 1999: 5
[44] Möhler 1981: 11
[45] Dering 1999: 5
[46] Vgl. Grußwort in Memmel e.a. 2007: 7

kann nicht eindeutig von einer Kopie des Oktoberfestes gesprochen werden. Aus München wurden lediglich Anregungen geholt, aber eben kein Duplikat des Festes geschaffen.
Seither hat sich vieles verändert und das Oktoberfest ist nicht nur ein wichtiger Eckpfeiler im Münchner Jahreslauf, sondern auch „ein Leuchtturm"[47] in der touristischen Landschaft geworden. Nach Florian Nagy geht diese Entwicklung besonders auf die 1970er Jahre zurück, „als München mit den Olympischen Spielen 1972 vom etwas verschlafenen, süddeutschen Provinznest zur Weltstadt avancierte"[48] und die Welt auch das Oktoberfest entdeckte. Wichtig dabei war der hohe Emotionsfaktor des Festes, der „Begriffe wie Gemütlichkeit, Lebensfreude, bayerische Lebensart und Genuss, nicht zuletzt den des Münchner Bieres, in alle Welt"[49] transportiert.
Das Münchner Oktoberfest kann heute zwischen der „Aufrechterhaltung langjähriger Traditionen"[50], modernen Veränderungen und dem nicht zu verachtenden Wirtschaftsfaktor für die Stadt und die Region München gut bestehen. Die Wiesn ist aber auch „ein Phänomen – ist sie doch für jeden etwas anderes"[51] – und dieses Phänomen gilt es im folgenden Kapitel von seinen Anfängen bis heute nachzuzeichnen.

2.1. Die Zeichen der Zeit

Bayern wurde 1806 durch Napoleon zum Königreich erhoben, vermied jedoch diese Erwähnung und berief sich stets auf die frühere Königswürde, das Gottesgnadentum und die Treue des Volkes. Die Württemberger dagegen beriefen sich in ihrer Proklamation der Königswürde auf den Kaiser von Frankreich sowie auf den Kaiser von Deutschland und Österreich.[52] Bereits hier wird das unterschiedliche Selbstverständnis von Bayern und Württembergern deutlich und kann in der Königstreue bzw. der Verehrung der früheren Königshäuser bis heute nachgezeichnet werden.
Die Erhebung zum Königreich war kein Zufall. Die Entstehung des Oktoberfestes war es jedoch nach Ingeborg Weber-Kellermanns[53] Einschätzung schon. Das Oktoberfest wurde nämlich zu Ehren der Kronprinzenhochzeit ins Leben gerufen. Diese „erste Kronprinzenhochzeit des bayerischen Königreichs im Oktober 1810 wurde als ein Hoffest unter Einbeziehung der bayerischen Bevölkerung ausgerichtet und als zentrale Veranstaltung für die neue Nation konzipiert."[54]. Wenige Jahre nach der Erhebung zum Königreich wurde also das „Instrument der Identitätsstif-

---

[47] Nagy 2007: 11
[48] Ebd.: 77
[49] Ebd.: 11
[50] Ebd.: 13
[51] Ebd.: 13
[52] Vgl. Erichsen 2006: 22
[53] Vgl. Weber-Kellermann 1981: 53
[54] Göbel 2005: 219

tung genutzt, mit dem Ziel, Patriotismus und die Idee von einer bayerischen Nation und damit die Integration des Landes und die Loyalität gegenüber König und Staat zu stärken."[55]. Das Oktoberfest war von Anfang an ein bayerisch-national geprägtes Fest, das die Einheit und die Identität des neu entstandenen Königreichs forcieren sollte.

„Das Oktoberfest erfüllte zwei für aufklärerische Feste typische Aufgaben: Es stärkte die Bindung an das neu entstandene Königreich Bayern und förderte durch Landwirtschaftsfest und Preisverleihungen den wirtschaftlichen Fortschritt."[56] Außerdem war durch die Feier ein neuer Festtypus entstanden: das „Volksfest"[57], an dem erstmals auch das Volk beteiligt war. Bisher blieb die höfische Gesellschaft bis auf wenige Ausnahmen bei Feierlichkeiten unter sich. Durch den 1850 fertig gestellten Bau der Bavaria und der dazugehörigen Ruhmeshalle wurde schließlich „die identitätsstiftende Wirkung des Festes."[58] noch weiter erhöht.

2.1.1. Der gesellschaftliche und politische Hintergrund

Ende des 18. Jahrhunderts starb die bayerische Linie der Wittelsbacher aus. Bayern fiel an die Pfälzer Linie der Wittelsbacher. Dadurch entstanden in Bayern Erbfolgekriege, denn die günstige Lage zwischen Österreich, Frankreich und Preußen löste Begehrlichkeiten aus. Als Kurfürst Maximilian Joseph IV. (1756–1825) durch die Geburt Ludwigs (1786–1868) einen Erben bekam, konnte schließlich die Erbfolge geklärt werden.[59]

1806 wurde mit der Erhebung Bayerns zum Königreich Kurfürst Maximilian Josef IV. zu König Maximilian I. Joseph von Bayern und sein Sohn Ludwig zum Kronprinzen. Die politischen und gesellschaftlichen Umstände Bayerns waren jedoch immer noch nicht ohne Zündstoff. Das zum Königreich erhobene Bayern bekam neue Gebiete dazu und die „Stämme" der Altbayern, Schwaben, Franken und Pfälzer sollten nach Möglichkeit zusammenwachsen und zu einer Nation werden. In den ersten drei Jahrzehnten der bayerischen Monarchie wurden aus diesem Grund zahlreiche Anregungen zur Förderung des Nationalbewusstseins in die Tat umgesetzt. „„„Nationalfeste", „Nationaltrachten" und das Bemühen um den „Nationalcharakter" der Bayern sind somit typischer Ausdruck einer schwierigen staatlichen Konsolidierungsphase."[60]

Die relativ uneigennützige Regierung gestaltete Bayern neu, weshalb die bayerische Monarchie wohl heute noch so beliebt ist. An dieser Umgestaltung war Maximilian Joseph von Montgelas (1759–1838), der bereits seit längerem der „Berater"[61] des Kurfürsten und späteren Königs war, wesentlich beteiligt. Einen Höhepunkt zur

---

[55] Erichsen 2006: 23
[56] Göbel 2005: 220
[57] Haller 1983: 29f
[58] Göbel 2005: 220
[59] Vgl. Nagy 2007: 15; Erichsen 2006: 18
[60] Bauer und Fenzl 1985: 16; vgl. auch Destouches 1910, Säkular-Chronik: 1; Haller 1983: 30; Blath 2004: 10, 24
[61] Erichsen 2006: 18

Entstehung und Festigung eines Nationalbewusstseins bildete schließlich 1810 die Hochzeitsfeier des Kronprinzen. Diese Feierlichkeit konnte „das angeschlagene Bild des neuen Wittelsbacher Königshauses (...) reparieren."[62] und Maximilian I. Joseph wurde der erste Monarch „zum Anfassen""[63].

2.1.2. Der (land-)wirtschaftliche Hintergrund

Anfang des 19. Jahrhunderts herrschte in Bayern eine wahre „Reformflut"[64], die maßgeblich gemeinsam von Maximilian Joseph von Montgelas und Maximilian IV./I. Joseph geprägt wurde. Der erste Reformschub von 1800 bis 1818 ging von oben aus und wurde unter dem Druck der Not der Bevölkerung, der Staatsfinanzen und der Außenpolitik durchgeführt. Die Landeskultur, das heißt vor allem die Landwirtschaft, wurde 1802 durch einen Erlass gefördert. Es sollten hauptsächlich landwirtschaftliche Vereine und Schulen sowie andere Einrichtungen gegründet werden. 1805 wurde das Berufsbeamtentum eingeführt, welches zum Vorbild für andere Länder zum Zwecke staatstreuer Mitarbeiter wurde. Die erste frühkonstitutionelle Verfassung in Bayern kam 1808 und wurde 1818 durch eine neue ersetzt, um einer stärkeren Einbindung in den Deutschen Bund zu entgehen.[65]
Vor allem die Landwirtschaftspolitik der Vorgänger wurde von Maximilian IV. Joseph und Maximilian Joseph von Montgelas intensiviert. Bereits 1803 wurde das Mustergut Weihenstephan, aus dem die heutige Fachhochschule für Gartenbau und Agrarwirtschaft hervorgegangen ist, gegründet. Dem Mustergut folgte 1810 der Landwirtschaftliche Verein, der Praxis und Theorie für die Bauern vereinen sollte. Zwar wurde in der Landwirtschaft eine Ertragssteigerung erreicht, die meisten Bauern lebten aber immer noch in Armut. Die Hungersnot von 1816 und 1817 wirkte sich in Bayern allerdings nicht so gravierend aus wie im Königreich Württemberg. In Bayern ging es der Landwirtschaft an sich gut und Hilfsvereine sowie vom Königshaus bereit gestellte Gelder zur Linderung der Hungersnot verringerten das Leid der Bevölkerung.[66]
Bei der Betrachtung der bayerischen Landwirtschaft steht noch eine Frage im Raum: Handelt es sich beim Oktoberfest vielleicht um eine Art Erntedankfest? Dieser Frage ging bereits 1981 Gerda Möhler[67] nach und wies sie zurück. Erst seit 1924 mit dem modernen Oktoberfest könne eine Verbindung zum Erntedankfest hergestellt werden. Begründet liege dies im Ende der Monarchie mit dem Verblassen des Maximiliantags und seit der Wende zum 20. Jahrhundert mit der Vorverlegung des Festtermins. Heute, mit der jährlichen Feier des Oktoberfestes und des nurmehr vierjährigen Rhythmus des Landwirtschaftsfestes kann die Wahrschein-

---

[62] Nagy 2007: 15
[63] Erichsen 2006: 10
[64] Erichsen 2006: 25
[65] Vgl. Erichsen 2006: 26ff
[66] Vgl. ebd.: 34, 130, 168, 187
[67] Vgl. Möhler 1981: 21

lichkeit einer Verbindung von Oktoberfest und Erntedankfest gänzlich ausgeschlossen werden.

2.2. Das Oktoberfest von 1810 bis heute

Mit dem Oktoberfest bekam München und ganz Bayern ein völlig neues Fest, das an einem neuen Platz und an einem neuen Termin gefeiert wurde. Durch dieses Fest, das an die offiziellen Hochzeitsfeierlichkeiten des bayerischen Kronprinzenpaares angeschlossen wurde, „kam (es) als „Nationalfest" dem König und seinem Ministerium nicht ungelegen."[68]. In der Anfangszeit sollte das Oktoberfest das Nationalgefühl der Bayern unterstreichen und stärken. Dies zeigte sich im „National-Costüm", im „National-Charakter", im „National-Fest" und in der „National-Feier"[69], die gemeinsam die junge Dynastie der Wittelsbacher gefestigt haben.
Das Oktoberfest sollte nicht nur die bayerische Einheit stärken, sondern hob sich auch als modernes Volksfest deutlich von den bisherigen Festen ab. Es wurde ein neuer Begriff von Öffentlichkeit definiert, der „mit weitgehend privater Teilnahme und Trägerschaft in einem neuen rechtlichen Rahmen"[70] die Feste vorangehender Epochen ablöste, die hauptsächlich zum Vergnügen der höfischen Gesellschaft dienten. Als 1819 die Organisation des Oktoberfestes in die Hände des Magistrats gelegt wurde, hat sich der neu definierte Volksfestbegriff bereits in allen Köpfen verankert und konnte weiter ausgebaut werden.
Damit möglichst zahlreiche Besucher zum Oktoberfest kamen, wurden von Anfang an Preise zur „Motivation für eine breite Beteiligung am Fest" in Aussicht gestellt. „Diese Intention prägt das Oktoberfest vor allem im 19. Jahrhundert. Gerade in den ersten Jahrzehnten war das Programm des Festes bestimmt durch die Veranstaltungspunkte, bei denen Preise zu gewinnen waren: Landwirtschaftsfest, Pferderennen und Schießen."[71] Unter anderem wurde bis 1839 auch jedes Jahr ein sogenannter Weitpreis für die weiteste Anreise aus dem Königreich Bayern vergeben. Preisfahnen – das sind besonders geschmückte Ehrenfahnen – gab es bis vor den Zweiten Weltkrieg, wobei ab 1851 aus Kostengründen von den aufwändig gestickten Fahnen auf einfachere mit Gemälden verzierte Fahnen zurückgegriffen wurde. Fahnen als Siegerprämien waren geradezu typisch für das Oktoberfest. Vermutlich konnten aber auch bei anderen Gelegenheiten und an anderen Orten Fahnen nach dem Münchner Vorbild als Preise gewonnen werden.
Um dem Oktoberfest mehr Nachdruck zu verleihen, wurden außerdem „viele festliche Ereignisse bewußt in die Oktoberfestzeit gelegt. Kongresse, Festveranstaltungen für einen ausgewählten Personenkreis, Bankette in den Hotels der Stadt – all dies begleitete bis 1913 das Landwirtschaftsfest in München. Heute würde eine solche Konzentration in der Oktoberfestzeit zu einem totalen Chaos führen, da-

---

[68] Bauer und Fenzl 1985: 13
[69] Dering 1985: 9
[70] Möhler 1980: 30
[71] Dering 1985: 191

mals aber war gerade diese Festzeit Mittelpunkt aller Aktivitäten."[72] Zwar haben sich die Veranstaltungen, die zeitgleich mit dem Oktoberfest stattfanden, verflüchtigt, aber dennoch hat sich das Oktoberfest bis heute als der Mittelpunkt des Stadtgeschehens und als Höhepunkt des Münchner Jahreslaufs erhalten können. Das Oktoberfest konnte sich also im Laufe der Jahre als echtes Volksfest etablieren, machte aber im Sinne der Intention des Festes Veränderungen durch. „Der Wandel vollzog sich vom monarchisch geprägten Fest des 19. Jahrhunderts zum überdimensionalen Volksfest des 20. Jahrhunderts mit seiner charakteristischen Ausrichtung zum „Munich Beer Festival"."[73] Denn „mit dem Einzug der gewaltigen Bierpaläste" Ende des 19. Jahrhunderts, hat sich das Bier in den Mittelpunkt und „das gemeinschaftliche Erleben des Oktoberfestes"[74] auf eine andere Ebene verschoben.

2.2.1. Die Entstehung des Oktoberfestes

Die Hochzeit des bayerischen Kronprinzen Ludwig (1786–1868) mit der Prinzessin Therese Charlotte Louise von Sachsen-Hildburghausen (1792–1854) am 12. Oktober 1810 war die Initialzündung für das Oktoberfest. Kronprinz Ludwig durfte sich zwar – wegen Napoleon – seine Braut nicht selbst aussuchen, hatte aber doch die Wahl zwischen mehreren sächsischen Prinzessinnen. Seine Wahl fiel schließlich auf Therese von Sachsen-Hildburghausen.[75]
Insgesamt fünf Tage lang dauerten die offiziellen Feierlichkeiten und wurden am 17. Oktober mit einem öffentlichen Pferderennen gekrönt. Dieses abschließende Pferderennen ging wohl auf den Kavallerie-Major der Nationalgarde III. Klasse und Bankier Andreas von Dall'Armi zurück, der im Namen der Nationalgarde den König bat, am 17. Oktober 1810 zu Ehren des Brautpaares ein Pferderennen ausrichten zu dürfen. Die eigentliche Idee zu dem Pferderennen mit einem zugehörigen Volksfest soll aber der Lohnkutscher Franz Baumgartner gehabt haben, der diesen Vorschlag seinem Major Dall'Armi vortrug. Am 2. Oktober 1810 ging das Gesuch an König Maximilian Josef, der das Vorhaben zwei Tage später genehmigte. Am gleichen Tag erfolgte bereits die Versendung von Einladungen samt Programm an die wichtigsten Personen.[76]
Gerda Möhler vermutet allerdings, dass Andreas von Dall'Armi vom Königshaus gezielt eingesetzt wurde, um die eigentlichen Initiatoren des Festes zu verschleiern. Das Fest sollte vom Volke her wirken und nicht „von oben" festgelegt scheinen. Möhler begründet diese Vermutung damit, dass Andreas von Dall'Armi Zeit seines

---

[72] Möhler 1981: 36
[73] Dering 1985: 9
[74] Ebd.: 9
[75] Vgl. Baumgarten 1820: 2ff; Dering 1985: 11, 19; vgl. auch Bauer und Fenzl 1985: 11; Haller 1983: 29; Molin 1985: 4; Dreesbach 2005: 7
[76] Vgl. Dall'Armi 1811: 5f; Destouches 1910, Säkular-Chronik: 11f; Destouches 1910, Säkular-Chronik: 1; Baur 1970: 8; Blecher 1980: 2; Hollweck 1981: 4; Dering 1985: 11ff; Bauer und Fenzl 1985: 12; Molin 1985: 4; Nöhbauer 1987: 290

Lebens ein gespanntes Verhältnis zu seinen Mitmenschen hatte und sein Wirken im ersten Jahrzehnt des 19. Jahrhunderts völlig unbekannt sei. Außerdem könnte Dall'Armi für seine Hilfe 1811 mit einer Staatsstelle und der Erhebung in den Adelsstand belohnt worden sein. Gerda Möhler spricht gar von einer „Gründungslegende", die andere Organisatoren wie Felix von Lipowsky in den Hintergrund rücken ließen. Lipowsky hatte es sich zur Aufgabe gemacht, die Kinderhuldigung für das Brautpaar zu gestalten und wurde dafür vom Hofe sehr gelobt. Heute sei er allerdings völlig zu Unrecht in Vergessenheit geraten und nur noch Andreas (von) Dall'Armi gelte als Festinititator.[77]

Erhärtet wird die Theorie von Gerda Möhler auch noch dadurch, dass es zur damaligen Zeit durchaus üblich war bei höfischen Hochzeiten Pferderennen zu veranstalten. In München konnte man sich dazu noch auf die historischen „Scharlachrennen" zwischen 1780 und 1786 berufen. Die Scharlachrennen wurden bereits 1448 von Herzog Albrecht III. zur Freude seiner Gattin und Förderung der Pferdezucht sowie Reitkunst in Bayern jährlich zur Jakobidult abgehalten. Bei diesen Pferderennen bekam der Sieger jeweils als Preis ein scharlachrotes Tuch, wodurch der Name Scharlachrennen entstanden ist.[78]

Wie sah es aber nun mit dem ersten Oktoberfest genau aus? Wer hat die Gelder für das Pferderennen bereit gestellt und wie ist das erste Fest abgelaufen? Ganz einfach ist dies unter der Voraussetzung, dass Dall'Armi vom Königshaus eingesetzt wurde, nicht zu beantworten. Aber die Kavalleriedivision soll 200 Gulden für den Bau einer Pferderennbahn gesammelt haben, die für den 17. Oktober auf der weiten Wiese vor dem Sendlinger Tor erbaut werden sollte[79]. Viel zitiert ist auch die Aussage des Kronprinzen, die er bei der Vorbereitung zu dem Pferderennen geäußert haben soll:

„Volksfeste freuen mich besonders. Sie sprechen den National-Charakter aus, der sich auf Kinder und Kindes-Kinder vererbt. Ich wünsche nun auch, Kinder zu erhalten; und sie müssen gute Baiern werden; denn sonst würde ich sie mir minder wünschen können. Der König, mein Vater, hat mich auch zum guten Baiern gebildet."[80]

Am Festtag selbst gruppierte sich bereits am Vormittag die Nationalgarde zum Zug auf die Rennwiese, die wenig später von 40.000 Zuschauern gesäumt wurde[81]. Um ein Uhr wurde schließlich durch Kanonendonner die Abfahrt der Königsfamilie angekündigt und jubelnd am Fuße der Sendlinger Anhöhe begrüßt. „Die Auffahrt des Hofes auf die Festwiese (war) ein gut vorbereitetes, wirkungsvolles Spektakel."[82]. Dem Hof war als Zuschauertribüne der Königspavillon im Stil eines türki-

---

[77] Vgl. Möhler 1980: 26f; Möhler 1981: 17f; vgl. auch Glöckle 1985: 51
[78] Vgl. Destouches 1910, Säkular-Chronik: 3f; Lehmann 1952: 19; vgl. auch Hollweck 1981: 3; Dering 1985: 20; Molin 1985: 4
[79] Vgl. Molin 1985: 4; Hollweck 1981: 3
[80] Dall'Armi 1811: 6f; Destouches 1910, Säkular-Chronik: 1; Destouches 1910, Gedenkbuch: 5
[81] Vgl. München besaß 1801 zusammen mit seinen Vorstädten ca. 49.000 Einwohner (nach Lehmann 1952: 19). 1812 konnten alleine in München 40.638 Einwohner gezählt werden (nach Hollweck 1981:4). Damit ist die Zuschauerzahl beim ersten Oktoberfest äußerst beträchtlich.
[82] Dering 1985: 34;

schen Zeltes vorbehalten, der extra für diesen Anlass angefertigt und von Augsburg nach München gebracht wurde.[83] „Dieser Zeltbau, in dem das Königspaar mit Begleitung Platz nahm, um das Festprogramm zu verfolgen, befand sich am Geläuf des Pferderennens, den Zuschauertribünen gegenüber. Die Situation, die sich so ergab, hier der König – dort das Volk, hatte durchaus ihren Sinn: Sie markierte zum einen den ‚königlichen Bereich', der auch bei der gemeinsamen Feier des Nationalfestes vom ‚Bereich des Volkes' abgehoben war; in der propagierten ‚Gemeinsamkeit' blieb die auch sonst vorherrschende Distanz gewahrt. (...) Auf dem weiten Areal der Anfangsjahre, die weder die „Budenstadt" auf der Festwiese noch das bauliche Vordringen Münchens zur Theresienwiese hin kannten, war der schlanke Bau weithin sichtbares Zeichen für die Präsenz der Dynastie beim nationalen Volksfest."[84].

Abb. 2: Das Pferderennen auf dem Münchner Oktoberfest 1810, Peter Heß, 1810, Öl auf Leinwand

Das Pferderennen, an dem 30 Pferde teilnahmen, begann um 14 Uhr. Alle Teilnehmer mussten die Rennbahn, die 11.200 Schuh lang war, dreimal umlaufen. Der Apfelschimmelwallach des Lohnkutschers Franz Baumgartner gewann das Rennen mit 18 Minuten, 14 Sekunden und erhielt 20 Dukaten sowie eine Fahne als Preis. Nach dem Pferderennen folgten die Huldigungsgedichte für die Königsfamilie und

---

[83] Vgl. Dall'Armi 1811: 10; vgl. auch Destouches 1910, Säkular-Chronik: 14f; Lehmann 1952: 19; Bauer und Fenzl 1985: 13.
[84] Dering 1985: 34

das Brautpaar, die bis zum Sturz der Monarchie zum festen Programmbestandteil der folgenden Nationalfeste auf der Theresienwiese gehörten[85].
Bereits 1810 wurde vor und nach dem Pferderennen für Speis und Trank aller gesorgt, denn die Abgabe von Speisen und Getränken war den „Traiteurs" schon erlaubt. Damit „ist die Oktoberfesttradition des Münchner Gastgewerbes eindeutig bereits für das Jahr 1810 gesichert."[86] und auch die ersten Zelte konnten auf der Anhöhe über der Rennbahn gefunden werden.
Das gemeinsame Feiern der Königsfamilie mit der Bevölkerung trug schließlich zu dem vom Hof aus gewünschten Einheitsgefühl bei. Durch verschiedene Vergnügungsmöglichkeiten konnte dies in den folgenden Jahren noch unterstrichen werden. Denn durch den großartigen Publikumserfolg, die Königshuldigung und der Gelegenheit der weiteren Festigung der jungen Monarchie wurde der Beschluss gefasst, die Pferderennen im nächsten Jahr zu wiederholen. Außerdem wurden die Möglichkeiten entdeckt, mit dem Fest noch weitere Themen zu verbinden. Darunter fiel auch die Idee eines landwirtschaftlichen Festes, um die damals wichtigste wirtschaftliche Grundlage Bayerns weiter auszubauen und zu verbessern.[87] Schließlich wurde das Nützliche mit dem Vergnüglichen verbunden und die Tradition der Oktoberfeste konnte beginnen.
Bereits kurz vor dem ersten Oktoberfest genehmigte der König die Statuten des Landwirtschaftlichen Vereins, der sich fortan um die praktische Beförderung der Landwirtschaft und den damit verbundenen Gewerben im ganzen Königreich bemühen sollte. In diesem Landwirtschaftlichen Verein schlossen sich anfangs 60 Gutsbesitzer und Freunde der Landwirtschaft zusammen. Ihr erstes Werk war die Königshuldigung der Kinder beim Pferderennen die alle acht verschiedenen Kreise des Königreichs darstellen sollten. Dadurch dass die Kinder die acht bayerischen Kreise in ihren Trachten und landwirtschaftlichen Erzeugnissen darstellten, war im weiteren Sinn die Landwirtschaft auf dem Oktoberfest 1810 bereits vertreten. Das erste Landwirtschaftsfest wurde allerdings erst ein Jahr später abgehalten. Vor allem dem Landwirtschaftlichen Verein ist es durch seinen Vorschlag, das jährlich zu wiederholende Pferderennen mit einer Viehausstellung samt Viehprämierung zu verbinden, zu verdanken, dass das Fest an Dauerhaftigkeit gewann.[88]
Das Oktoberfest sollte von nun an jedes Jahr von den Organisatoren des ersten Pferderennens und dem Landwirtschaftlichen Verein organisiert werden. Außerdem sollte das Fest zwei Tage dauern und in der Maximilianswoche begangen werden. Damit rückte König Maximilian I. Joseph in den Vordergrund, da das Fest um seinen Namenstag, den 12. Oktober, gruppiert wurde und das Königszelt eine wichtige Funktion innerhalb des Festes hatte. Aber auch die Verbindung zum Kronprinzenpaar, zu dessen Ehren das erste Oktoberfest schließlich gefeiert wurde, ging nicht verloren. Die National-Garde überbrachte dem König nämlich

---

[85] Vgl. Destouches 1910, Säkular-Chronik: 16; Destouches 1910, Gedenkbuch: 9; vgl. auch Hollweck 1981: 4f; Dering 1985: 20
[86] Bauer und Fenzl 1985: 12
[87] Vgl. Dering 1985: 20f
[88] Vgl. Destouches 1835: 7 und Hazzi 1835: 12f; vgl. auch Destouches 1910, Säkular-Chronik: 17f; Destouches 1910, Gedenkbuch: 10; Bauer und Fenzl 1985: 17

ein Gesuch, die Wiese, auf dem das Pferderennen stattfand, zu Ehren der Kronprinzessin, „Theresienwiese" nennen zu dürfen. Dieser Vorschlag wurde bewilligt und das freie Feld vor den Stadttoren erhielt den vorgeschlagenen Namen.[89]

2.2.2. Das Oktoberfest im 19. Jahrhundert

Anders als das Cannstatter Volksfest baute das Münchner Oktoberfest nicht auf einer Verbesserung der Landwirtschaft im Königreich auf, sondern sollte von Anfang an ein Vergnügen und ein Freudenfest sein. Allerdings bekam das Oktoberfest bereits in seinem zweiten Jahr eine landwirtschaftliche Intention. Neben dem Pferderennen sollte es ab sofort ein „Landwirtschaftsfest als Fachausstellung zur Hebung der bayerischen Agrarwirtschaft"[90] geben, das der Landwirtschaftliche Verein organisieren sollte. Das zweite Oktoberfest wurde auf zwei Tage ausgedehnt. Am Sonntag, den 13. Oktober 1811 wurde das Pferderennen veranstaltet, zu dem sich tags zuvor 60 Teilnehmer im Rathaus einschrieben. Am nächsten Tag fand die Viehausstellung samt Viehmarkt auf der Theresienwiese statt. Bei der Viehausstellung wurden jeweils die besten aus den 23 Hengsten, 29 Zuchtstuten, 22 Stieren, 31 Kühen, 27 Schafböcken und drei Schweinen prämiert und präsentiert. Der Viehmarkt, an dem insgesamt 1.206 Tiere zum Verkauf angeboten wurden, beendete das Fest.[91]

All diese Veranstaltungen, vor allem aber die Preisverleihungen und Vorführungen des Zuchtviehs, fanden direkt vor dem Königszelt statt. Auch weitere Sonderveranstaltungen wie die Huldigung vor dem König, die sportlichen Wettkämpfe der Wagner- und Bäckergesellen etwa im Jahr 1835 oder die Turn- und Tanzvorführungen zum Jubiläum 1910, wurden ebenfalls direkt vor dem Königszelt präsentiert. Damit markierte „das Königszelt als Zeichen für die Dynastie Wittelsbach (...) das Zentrum des Festgeschehens."[92] Einen ganz genauen Einblick über den Ablauf der ersten Oktoberfeste samt Nennung der Teilnehmer und Sieger des Pferderennens, Aufzählung der zur Prämierung stehenden Zuchttiere und vieles mehr bekommt man bei Anton Baumgarten, der 1820 ein Büchlein herausgab, in dem die Oktoberfeste von 1811 bis 1820 beschrieben sind. Weiterhin gab er 1823 ein zweites Heftlein für die Oktoberfeste von 1820 bis 1823 heraus[93].

Für das weitere Vergnügen der Zuschauer des Oktoberfestes sorgten bereits 1811 ein erstes Karussell und zwei Schaukeln, die auch beim dritten Oktoberfest 1812 wieder dabei sein sollten. Für das auch 1812 wieder zweitägige Fest am 18. und 19. Oktober wurden bereits so viele Besucher erwartet, dass der städtische Magistrat für den Adel eine weitere Tribüne erbauen ließ. Für alle anderen Zuschauer wurden an der Südwestrecke der Theresienwiese Aborte aufgestellt und es fanden sich

---

[89] Vgl. Dall'Armi 1811: 15; Destouches 1835: 8; Destouches 1910, Säkular-Chronik: 19; Dering 1985: 11; Bauer und Fenzl 1985: 1; Dreesbach 2005: 14; Bauer und Fenzl 1985: 17
[90] Dering 1985: 11
[91] Vgl. Sendtner 1815: 18 Hazzi 1835: 34; Destouches 1835: 8ff; Destouches 1910, Säkular-Chronik: 19; Hoferichter/Strobl 1960: 8; Glaser 1980: 551; Dering 1985: 21
[92] Dering 1985: 35
[93] Vgl. Baumgarten 1820; Baumgartner 1823

Brot- und Käsefrauen ein, die ihre Waren in der Zuschauermenge zu verkaufen versuchten[94].
Hat sich das Oktoberfest in den ersten drei Jahren seines Bestehens eine Grundlage „für die Ewigkeit" erbaut, so musste es 1813, bedingt durch die Befreiungskriege und im Oktober durch die Völkerschlacht, ausfallen. Am 12. Oktober 1814 konnte mit einer „Rumpfveranstaltung" ohne Pferderennen wieder ein Oktoberfest stattfinden. In diesem Jahr gab es lediglich die Preisverleihungen für die Viehzucht, denn der König sowie der Kronprinz weilten auf dem Wiener Kongress[95].
Während der katastrophalen Missernten und der damit verbundenen Getreideteuerung wurde 1816 und 1817 trotzdem oder vielleicht gerade zur Aufmunterung der Bevölkerung das Oktoberfest gefeiert. 1816 gab es sogar viele Neuerungen, wie die eigens eingeführte städtische Dienstbotenauszeichnung – eine entsprechende Auszeichnung für ländliche Dienstboten gab es bereits seit 1812 –, den Glückshafen, das durch den Schützenverein ausgerichtete Vogelschießen und vieles andere mehr. Außerdem wurde wegen des großen Besucherzustroms von den Organisatoren eine große hölzerne Tribüne errichtet, in deren Innerem Erfrischungen erhältlich waren. Im zweiten Hungerjahr 1817 ergänzte die Ausstellung des Polytechnischen Vereins die Selbstdarstellung der bayerischen Landwirtschaft.[96]
Die ersten Bierbuden tauchten 1818 mit der ersten Fischbraterei auf dem Oktoberfest auf. Interessant ist auch das Geschäftsgebaren des Praterwirts Anton Gruber, der sich für fünf Jahre im Voraus die Rechte auf Karussells sicherte. 1818 geht außerdem die erste Phase der Oktoberfeste zu Ende. Von 1811 bis 1818 wurden die Feste vom Landwirtschaftlichen Verein veranstaltet, der die Geschicke ab 1819 an den städtischen Magistrat übergab[97].

„Das Jahr 1819 stellte einen Wendepunkt in der Festgeschichte dar. Nachdem die auf privater Basis erfolgte Finanzierung der Feste zunehmend Schwierigkeiten bereitete, sah sich die neu organisierte Münchner Gemeindeverwaltung – der Stadtmagistrat – veranlaßt, das Fest zu einer städtischen Einrichtung zu machen. Ungeachtet ihres eigenen Schuldenstandes übernahm die Stadt nun auch noch die Kosten für diese herbstlichen Vergnügen, da zu befürchten stand, daß das „ebenso angenehme als vorteilhafte Fest" ansonsten nicht mehr abzuhalten sei."[98]

Ab 1819 plante und organisierte der Magistrat die Hauptpferderennen, das Vogel- und Scheibenschießen, während sich der Landwirtschaftliche Verein um die landwirtschaftliche Ausstellung und die Viehprämierungen kümmern sollte. Der Aufbau des Königspavillons lag ab sofort beim Hofbauamt und der Beginn der Feier-

---

[94] Vgl. Destouches 1835: 10 und Hazzi 1835: 34; Dering 1985: 11ff; Glöckle 1985: 53
[95] Vgl. Bauer und Fenzl 1985: 17; Hollweck 1981: 7; Molin 1985: 5; Destouches 1835: 13 und Hazzi 1835: 34; Hoferichter/ Strobl 1960: 9f; Destouches 1910, Säkular-Chronik: 21; Destouches 1910, Gedenkbuch: 11
[96] Vgl. Destouches 1835: 18; Destouches 1910, Säkular-Chronik: 22; Destouches 1910, Gedenkbuch: 12; Bauer und Fenzl 1985: 18f
[97] Vgl. Hoferichter/ Strobl 1960: 11; Bauer und Fenzl 1985: 17; Blath 2004: 34; Hollweck 1981: 7; Molin 1985: 5; s. auch Lehmann 1952: 20; Gebhardt 1997: 129
[98] Dering 1985: 52; vgl. auch Bauer und Fenzl 1985: 21; Nagy 2007: 17; Hollweck 1981: 7; Molin 1985: 5; Göbel 2005: 226; Destouches 1835: 25, in etwa auch Hazzi 1835: 34; Destouches 1910, Säkular-Chronik: 24

lichkeiten wurde auf den ersten Sonntag im Oktober vorverlegt. Das Ende des Oktoberfestes sollte der 12. Oktober, der Namenstag des Königs, markieren[99]. Mit der organisatorischen Veränderung stellte sich gleichfalls eine wachsende Attraktivität des Festes ein, das immer mehr Zuschauer anzog. Auch der nötig gewordene Umbau des königlichen Pavillons erfüllte seinen Zweck „Die Anlage wirkte nun repräsentativer. Sie zentrierte die Aufmerksamkeit des Publikums auf die Person und die Handlungen des Königs bei der Preisverteilung, die wie auf einer Bühne auf dem Zwischenpodium stattfand."[100]

1820 dauerte das Oktoberfest insgesamt acht Tage lang und war im deutschen Sprachraum bereits so populär, dass sich alle möglichen Händler, Wirte und Schausteller von überall her bewarben. Diese Popularität schlug sich auch in den neuen Attraktionen des Oktoberfestes nieder. So veranstalteten die Wirte für die Jugend Belustigungen wie Sacklaufen, Hosenrennen oder Baumsteigen und am 8. Oktober wurde das erste Oktoberfest-Feuerwerk abgebrannt. Den Höhepunkt aber bildet der Gasballonaufstieg der Johanne Wilhelmine Siegmundine Reichard (1788–1848), der anlässlich des zehnjährigen Oktoberfestjubiläums von Münchner Geschäftsleuten finanziert wurde.[101]

Mit etwa 50.000 bis 60.000 Besuchern am Eröffnungstag konnte das Oktoberfest 1823 aufwarten, das neben 31 Wiesnwirten insgesamt vier Tanzflächen bot. Zum 25-jährigen Regierungsjubiläum von König Max ordnete 1824 der Magistrat die Verlegung der Buden in ein großes Viereck an, um einen angenehmeren Gesamteindruck zu bekommen. Zwischen 1824 und 1826 kaufte der Magistrat mehrere Grundstücke auf der Theresienwiese an, um bereits aufgetauchten Unstimmigkeiten mit privaten Grundbesitzern aus dem Weg zu gehen. Insgesamt 84 Tagwerk (= 285.600m²) konnten 1826 als städtischer Grundbesitz auf der Theresienwiese angegeben werden.[102]

Das letzte Oktoberfest unter König Maximilian I. Joseph konnte 1825 gefeiert werden. Nach dessen Tod bestieg sein Sohn als König Ludwig I. den bayerischen Thron. Mit König Ludwig I. kamen in den nächsten Jahren zahlreiche Veränderungen auf dem Oktoberfest, die auch die Dauer des Festes betreffen sollten. 1829 zum Beispiel wurde das Oktoberfest dauerhaft auf acht Tage verlängert und 1832 erfuhr das Königszelt eine weitere Veränderung – es musste vergrößert werden. Denn das Oktoberfest zog nunmehr nicht nur das Volk an, sondern auch der Adel und das gehobene Bürgertum konnten durch ihre Anwesenheit rund um das Königszelt die Beziehungen zum Hof demonstrieren und die Aufmerksamkeit des Königs auf sich lenken.[103]

---

[99] Vgl. Destouches 1835: 25; Dering 1985: 52; vgl. auch Glaser 1980: 551; Bauer und Fenzl 1985: 21; Destouches 1910, Säkular-Chronik: 24
[100] Dering 1985: 34
[101] Vgl. Hazzi 1835: 36; Destouches 1835: 31; Destouches 1910, Säkular-Chronik: 27ff; Destouches 1910, Gedenkbuch: 13; Hoferichter/ Strobl 1960: 13; Stritzke 1960: 6; Blecher 1980: 2; Hollweck 1981: 7; Bauer und Fenzl 1985: 21f; Glöckle 1985: 54; Molin 1985: 5; Blath 2004: 29
[102] Vgl. Destouches 1835: 3, 40; Destouches 1910, Säkular-Chronik: 31ff; Destouches 1910, Gedenkbuch: 15; Hoferichter/ Strobl 1960: 16ff; Bauer und Fenzl 1985: 25; Molin 1985: 5
[103] Vgl. Destouches 1835: 60; Hazzi 1835: 38; Dering 1985: 34; Bauer und Fenzl 1985: 25; Molin 1985: 5; Dreesbach 2005: 10

Das Jubiläumsoktoberfest 1835 wurde durch einen prächtigen Festzug eröffnet und zusammen mit der Silberhochzeit des Königspaares gebührend gefeiert. Es gab Ringwettkämpfe der Bäcker, ein Radlaufen der Wagnergesellen, ein römisches Wagenrennen, einen Ballonaufstieg von Professor Gottfried Reichard, ein großes Festschießen mit über 1.000 Teilnehmern und ein prächtiges Abschlussfeuerwerk. Dieses Spektakel zog mehr als 100.000 Besucher, darunter 20.000 Fremde an und kostete die Stadt 27.700 Gulden.[104]

Die Wichtigkeit des Oktoberfestes für die Stadt München wurde deutlich, als am 8. Mai 1840 per Regierungsbeschluss der Auftrag vergeben wurde, mehr Anreize für die Besucher zu schaffen. Es sollten unter anderem die Bierbretterbuden durch ansehnliche hölzerne Häuschen ausgetauscht werden. Dieses, aber auch die Eröffnung der Eisenbahnlinie Augsburg-München brachte schließlich immer mehr Besucher von außerhalb auf das Oktoberfest[105].

Am 12. Oktober 1842 sollte das Oktoberfest wieder mit einer Hochzeit in Verbindung stehen. Diesmal wurde die Vermählung von Kronprinz Maximilian (1811–1864) mit Prinzessin Marie von Preußen (1825–1889) zusammen mit 35 Brautpaaren gefeiert. Schon 1848 wurde der Kronprinz Maximilian als König auf der Theresienwiese begrüßt, da sein Vater durch die Liaison mit der Tänzerin Lola Montez – die er auch noch zur Gräfin Landsfeld erheben ließ – zur Abdankung gezwungen wurde.[106]

Der Katasterplan von 1849 zeigt, dass die Stadt immer wieder Grund für das Oktoberfest ankaufte. Der nördliche Teil der Theresienwiese war nun in städtischem Besitz, der Rest gehörte noch immer weitgehend Privatpersonen. Ein weiterer Grundbesitz der Stadt konnte 1850 enthüllt werden: die Bavaria. Die Bavaria ist mit dem Löwen an ihrer Seite und der Ruhmeshalle – die der Walhalla nachempfunden sei und die wichtigsten Persönlichkeiten Bayerns zeigen sollte – im Hintergrund zum Wahrzeichen für die Festwiese geworden.[107]

Durch den Boom der Eisenbahn wurden 1853 die ersten Oktoberfest-Sonderzüge zu besonders günstigen Preisen durchgesetzt und brachten noch mehr Besucher nach München. Allerdings wurden die Besucherströme 1854 jäh durch die Cholera unterbrochen und das Oktoberfest musste ausfallen.[108]

1860 konnte ein neuer Besucherrekord am Hauptfestsonntag aufgestellt werden: Es wurden an die 100.000 Personen gezählt und das Fest war beliebter denn je. Aus diesem Grund mussten weitere Veränderungen in der Festorganisation und im Festablauf angestrengt werden. So kam es, dass 1861 die Hauptstraße in eine Art Jahrmarkt umgewandelt und die Zulassung der Schausteller und Gewerbsleute er-

---

[104] Vgl. Destouches 1910, Säkular-Chronik: 49; Destouches 1910, Gedenkbuch: 19; Hoferichter/ Strobl 1960: 24; Hollweck 1981: 8; Bauer und Fenzl 1985: 32f; Molin 1985: 5

[105] Vgl. Destouches 1910, Säkular-Chronik: 65; Hoferichter/ Strobl 1960: 25; Bauer und Fenzl 1985: 34; Molin 1985: 5

[106] Vgl. Destouches 1910, Säkular-Chronik: 66ff; Destouches 1910, Gedenkbuch: 25ff; Hoferichter/ Strobl 1960: 42; Bauer und Fenzl 1985: 34; Blecher 1980: 2; Gebhardt 1997: 54; Hollweck 1981: 8; Haller 1983: 21; Molin 1985: 5f; Dreesbach 2005: 10. Ludwig der starb erst knapp 20 Jahre nach seiner Abdankung in Nizza.

[107] Vgl. Dering 1985: 52ff; vgl. auch Bauer und Fenzl 1985: 38; Blecher 1980: 2

[108] Vgl. Destouches 1910, Gedenkbuch: 29ff; Hoferichter/ Strobl 1960: 32; Bauer und Fenzl 1985: 39f; Molin 1985: 6

leichtert wurde. Das Oktoberfest sollte sich trotz dieser Veränderung von einem reinen Verkaufsmarkt distanzieren und die Stadt legte ein besonderes Augenmerk auf die Konzessionsgesuche von Warenverkäufern. Durch diese Veränderung kamen mehr Einnahmen in die städtische Kasse und das Oktoberfest hatte einen neuen und attraktiven Anziehungspunkt für unglaublich viele Besucher von außerhalb. Die Bemühungen wurden noch im selben Jahr belohnt und spiegelten sich auch noch 1864, beim ersten Oktoberfest unter König Ludwig II. (1845–1886) mit über 100.000 Besuchern wider. Außerdem konnte eine Delegation der Organisatoren des Cannstatter Volksfestes begrüßt werden, die sich Anreize aus München holen wollte[109].

Das Jahr 1865 ging wegen eines Straßentumults, der nur durch einen Militäreinsatz beendet werden konnte, in die Geschichte ein. Um solchen Ereignissen in Zukunft aus dem Weg zu gehen, verbot der Magistrat ab sofort Kegelbahnen und Tanzplätze auf dem Oktoberfest. Denn diese waren für die Entstehung von Rangeleien bereits bekannt. Das Oktoberfest 1866 fiel wegen dem Bruderkrieg aus und das von 1870 ebenfalls wegen eines Krieges. Ein Jahr später dürsteten die Oktoberfestbesucher regelrecht nach Bier, so dass es im heißen Sommer bereits zur Neige ging. Das Märzenbier wurde für das Oktoberfest entdeckt und erstmals vom Schottenhamel-Wirt ausgeschenkt. Durch den großen Erfolg des Märzenbiers wurde dies seither zum fast ausschließlichen Oktoberfestbier. Den neuen Biertaumel unterbrach 1873 wieder einmal die Cholera und das Oktoberfest fiel aus.[110]

König Ludwig II. war 1874 zum letzten Mal in seiner Amtszeit auf dem Oktoberfest. Im gleichen Jahr wurden 20 Konzessionen für Wirtsbuden vergeben und der Trend hin zum Bierfest nahm seinen Lauf. Am 15. November 1877 wurde die zweite Pferdebahnlinie Münchens – ein Vorläufer der Straßenbahn – von Schwabing über den Centralbahnhof zur Theresienhöhe eingeweiht und die Oktoberfestbesucher kamen im Folgejahr bequemer als je zuvor auf das Festgelände.[111]

Die lange Reihe der Völkerschauen – bei denen fremd aussehende Menschen zur Schau gestellt wurden – wurde 1879 auf dem Oktoberfest mit Hasenbecks Nubierkarawane eröffnet. Insgesamt wurden über 400 Wirts- und Schaubuden inklusive fliegender Stände auf dem Festareal zugelassen und für die Sicherheit zum ersten Mal ein Polizeibüro eingerichtet. 1881 war die erste Ochsenbraterei auf dem Oktoberfest vertreten, die vom Metzgermeister Johann Rössler betrieben wurde. Die Stadt tätigte von 1881 bis 1884 wieder Gebietsankäufe und führte 1884 die Elektrizität auf der Wiesn ein. Ein Jahr später konnten bereits 16 tausendkerzige Bogenlampen auf dem Oktoberfest bewundert werden. 1886 übernahm nach dem Tod Ludwigs II. – der bereits über zehn Jahre seines Amtes enthoben war – sein Onkel, Prinz-Regent Luitpold (1821–1912), die Geschicke des Königreichs. Im selben Jahr errichtete der Donisl-Wirt Graf das erste moderne Leinwandzelt auf dem

---

[109] Vgl. Destouches 1910, Säkular-Chronik: 95ff; Destouches 1910, Gedenkbuch: 33ff;Hoferichter/ Strobl 1960: 37ff; Bauer und Fenzl 1985: 41ff
[110] Vgl. Destouches 1910, Säkular-Chronik: 102ff; Destouches 1910, Gedenkbuch: 35f; Hoferichter/ Strobl 1960: 43ff; Hollweck 1981: 11; Gebhardt 1997: 129
[111] Vgl. Destouches 1910, Gedenkbuch: 37; Hoferichter/ Strobl 1960: 44; Bauer und Fenzl 1985: 50; Reindl/ Miedl 1990: 4

Oktoberfest und der Bavariaring wurde angelegt, der künftig die Theresienwiese fixieren sollte.[112]

Waren 1890 „nur" 447 Schaustellungen, Fahrgeschäfte und Wirtschaftsbetriebe zugelassen, so erhöhte sich diese Zahl 1891 bereits auf 537 Geschäfte. 1896 waren es schließlich 100 Schaubuden und 563 Wirtschaftsbetriebe, die die Ausmaße aufzeigten, in welche Richtung sich das Oktoberfest in Zukunft entwickeln sollte. In diesem Jahr wurde aber nicht nur die beträchtlich anwachsende Zahl der Betriebe auf dem Festgelände gefeiert, sondern auch die imposante und überhaupt erste Bierhalle. Der Architekt Gabriel Seidl hatte von der Franziskaner-Leistbrauerei den Auftrag erhalten, für den populären Wiesnwirt Michael Schottenhamel dieses architektonische Meisterwerk zu erbauen. Die riesige Bierhalle, die von sechs Kellnerinnen bedient wurde, läutete eine neue Ära auf dem Oktoberfest ein. Die Zeit des weltgrößten Bierfestes konnte kommen; und sie kam schneller als man dachte. Der Krokodilwirt Lang aus Nürnberg erregte gleich bei seinem Wiesndebüt 1898 große Aufmerksamkeit, als er fünf Buden zu einer Riesenbude vereinigen ließ. Ebenfalls Aufmerksamkeit erlangte das Geraune um das schlechte Einschenken in den Bierbetrieben. Zur Bekämpfung dieses Übels gründete sich bereits im Sommer ein Verband, der den Schankkellnern ganz besonders auf die Finger schauen wollte.[113]

Mit dem Zurücktreten der Landwirtschaft als Wirtschaftszweig verschob sich in der zweiten Hälfte des 19. Jahrhunderts die Bedeutung der einzelnen Festinhalte. „Neben Pferderennen und Landwirtschaftsfest rückten die zahlreichen Vergnügungsangebote sowie das Treffen mit Freunden zum gemeinsamen Essen und Trinken in den Mittelpunkt. Die neuen Mahlzeitenformen auf dem Fest ermöglichten geselliges Zusammensitzen und soziale Kontaktpflege. Forciert wurde diese Entwicklung durch den Ausbau der Bierbuden am Rand der Theresienwiese."[114] Durch die Bierhallen Ende des 19. Jahrhunderts wurde das Essen und Trinken von einer Nebensächlichkeit zu einem festen Festbestandteil des Oktoberfestes und somit rückte mehr und mehr der Konsum in den Mittelpunkt. Das Oktoberfest wurde auf das neue Massenpublikum ausgerichtet.[115]

In der zweiten Hälfte des 19. Jahrhunderts entwickelte sich das Oktoberfest außerdem zu einem Großunternehmen der Stadt München, das die Stadt alljährlich mit Fremden füllte. „Das Oktoberfest wurde zu einem Wirtschaftsfaktor ersten Ranges für die bayerische Landeshauptstadt. Aufgrund der Zunahme des Fremdenverkehrs zur Oktoberfestzeit setzte eine Kommerzialisierung des Festwesens ein, durch die sich die ursprünglichen Bestandteile des Festes veränderten und neue Elemente hinzukamen."[116] Hubert Glaser geht mit seiner These sogar so weit, dass sich mit dem Zurücktreten der Landwirtschaft als Wirtschaftszweig und dem Hervorste-

---

[112] Vgl. Destouches 1910, Säkular-Chronik: 115ff; Destouches 1910, Gedenkbuch: 38f; Hoferichter/ Strobl 1960: 48ff; Stritzke 1960: 16; Baur 1970: 22; Hollweck 1981: 13; Bauer und Fenzl 1985: 52ff; Molin 1985: 6
[113] Vgl. Destouches 1910, Säkular-Chronik: 124ff; Destouches 1910, Gedenkbuch: 40ff; Hoferichter/ Strobl 1960: 57f; Bauer und Fenzl 1985: 60ff; Molin 1985: 6
[114] Göbel 2005: 232
[115] Vgl. Göbel 2005: 237ff
[116] Ebd.: 221f

chen der gastronomischen Betriebe auf dem Oktoberfest „der nationale Aspekt des Gesamtfestes"[117] verlöre. Diese Behauptung stimmt nur zum Teil, denn nicht einmal mit dem Ende der Monarchie verschwand das nationale Pathos des Oktoberfestes, sondern lässt sich teilweise noch in unserer Gegenwart finden.

2.2.3. Das Oktoberfest in der ersten Hälfte des 20. Jahrhunderts

Ende des 19. Jahrhunderts war das Oktoberfest nun von den großräumigen Bierzelten und den immer zahlreicher werdenden Schaustellungen und Fahrgeschäften geprägt. Daran schloss sich um 1900 die Blütezeit von Zoos, Menagerien, Panoptika und Völkerschauen auf der Festwiese an. Interessant ist in diesem Zusammenhang auch die Auflistung von Bauer und Fenzl, die für 1900 folgende Betriebe auf dem Oktoberfest aufzählten: 27 Bierwirtschaften, vier Weinwirtschaften, 26 Käseständen, 23 Wurstküchen, eine Ochsenbratrei, acht Fischbratereien, 15 Küchelbäckereien, sechs Hühnerbratereien, fünf Schiffschaukeln, neun Karuselle, 50 Schaubuden, 15 Schießbuden, zwölf Fotografiebuden, 53 Dultstände und 569 fliegende Händler.[118] Hier zeigt sich, dass an der Wende zum 20. Jahrhundert die gastronomischen Betriebe noch nicht in der Überzahl gewesen sind. Als ob dies die Brauereien selbst bemerkt hätten, änderte sich die gastronomische Situation auf dem Oktoberfest zunehmend; 1901 – als auch erstmals der Elektrostrom für die Beleuchtung auf dem Festplatz sorgte – bezog die Bräurosl der Pschorrbrauerei das Oktoberfest, 1902 folgte durch den Schausteller Carl Gabriel das erste Hippodrom und 1903 wurde die neue Schottenhamel-Festhalle vom Architekten Ostenrieder erbaut sowie die Augustiner-Festburg von Hans Lehmann. In den Folgejahren vollzog sich daneben ein Wandel von der reinen Belustigung der Schaustellungen zu einer Belehrung der Bevölkerung mittels Menagerien, dressierten Tieren und anderen Attraktionen. Außerdem wurde 1904 das erste Wiesnpostamt mit nebenstehender Telegraphenanstalt erbaut und um den Hungerkünstler Riccardo Sacco entstand ein Skandal.[119] 1904 konnte das Oktoberfest, das zur „hölzerne(n) Feststadt"[120] avancierte, einen Erfolg für sich verbuchen, auf den die Stadt München bereits lange Zeit gewartet hatte, denn:

„Bei der Festversammlung anläßlich der Fahnenweihe der „Sektion München des Vereins reisender Schausteller" wurde (...) das Oktoberfest zum *„ersten Volksfest in ganz Deutschland"* gekürt."[121]

Im gleichen Jahr etablierte sich der Trinkspruch „Ein Prosit, ein Prosit der Gemütlichkeit!"[122], der heute weltweit bekannt sein dürfte.

---
[117] Glaser 1980: 551
[118] Vgl. Bauer und Fenzl 1985: 69; Molin 1985: 7
[119] Vgl. Destouches 1910, Säkular-Chronik: 140ff; Destouches 1910, Gedenkbuch: 43ff; Hoferichter/ Strobl 1960: 61f; Bauer und Fenzl 1985: 70ff; Molin 1985: 6
[120] Destouches 1910, Säkular-Chronik: 145
[121] Destouches 1910, Säkular-Chronik: 146f; vgl. auch Destouches 1910, Gedenkbuch: 47f ; Bauer und Fenzl 1985: 73)

1906 hatte es die Stadt München geschafft, dass ihr das gesamte Festareal als Eigentum gehörte und schloss daher die Theresienwiese an die städtische Wasserversorgung und Kanalisation an. In diesem Jahr folgte auch die erste „Elektrische" auf den Schienen zur Wiesn. 1907 bezogen die Münchner Großbrauereien ihre neuen Bierhallen auf der Festwiese. Die fünf neuen Festhallen der Münchner Großbrauereien – Bürgerbräu Wagnerbräu, Spatenbräu, Hackerbräu und Löwenbräu – verdrängten die bis dahin bekannten und beliebten kleineren Wirtsbuden. 1909 folgte noch die Festhalle der Unionsbrauerei. Vielleicht gerade wegen des Einzugs der Münchner Brauereien auf das Oktoberfest schrieb die Frankfurter Allgemeine Zeitung in einem Artikel von 1907[123], dass das Fest von einer Vollendung sei, wie es kein anderes Volksfest auf der Welt aufzuweisen hätte und von dieser Einmaligkeit zehrt das Oktoberfest bis heute noch.[124]
Einmalig muss auch das Erlebnis des Jubiläumsoktoberfestes zum hundertjährigen Bestehen gewesen sein. Die ersten Vorbereitungen für dieses Riesenspektakel wurden bereits, wie der Chronist der Stadt, Ernst von Destouches schrieb, im März des Vorjahres getroffen und das Fest ging als das aufwändigste in die Geschichte ein. Die Vorbereitungen des Jubiläums, das vom 17. September bis 2. Oktober 1910[125] dauern sollte, beschreibt Florian Dering wie folgt:

„Von Anbeginn wurde das Jubiläum als eine repräsentative Veranstaltung der Stadt gewertet, die als Huldigung an das Königshaus und das Königreich Bayern ausgerichtet war. Der enorme finanzielle Aufwand wurde durch eine Jubiläums-Geldlotterie geschickt reduziert. Gemessen an heutigen Aktivitäten besticht insgesamt der organisatorische Aufwand des Festes, der von der detaillierten Programmausrichtung bis zur künstlerisch hochrangigen Gestaltung von Festzeichen reicht."[126]

Bereits am 30. Juni 1910 wurden insgesamt 5.000 Plakate mit einem Programmeindruck zum Oktoberfestjubiläum in München und Umgebung angeschlagen sowie an alle deutschen und österreichischen Städte und Bahnhofsverwaltungen verschickt[127].
Mit über 600 Betrieben und fliegenden Händlern auf einer Fläche von 83.000 Quadratmetern[128] wartete das Oktoberfest von 1910 auf. Auf die Besucher warteten darunter im Wirtsbudenring die Münchner Großbrauereien – Bürgerbräu, Unionsbrauerei, Spatenbrauerei, Hackerbrauerei, Wagnerbrauerei und Löwenbrauerei – sowie an der Schützenstraße der Festwiese die Bräurosl der Pschorrbrauerei, die Bierburg vom Schottenhamel mit der Leistbrauerei, das Wintzerer Fähndl der Thomasbrauerei und die Langbude der Augustinerbrauerei. Die Stadt München wollte zudem dafür sorgen, dass sich die Beschicker des Oktoberfestes jedes Jahr

---

[122] Vgl. Destouches 1910, Säkular-Chronik: 146
[123] Nach Baur 1970: 22
[124] Vgl. Destouches 1910, Gedenkbuch: 49; Bauer und Fenzl 1985: 64ff; Reindl/ Miedl 1990: 7
[125] Vgl. Destouches 1910, Säkular-Chronik: 162; Destouches 1912: 5ff; Dering 1985: 73
[126] Dering 1985: 73
[127] Vgl. Destouches 1912: 8
[128] Die Theresienwiese hatte damals eine Gesamtfläche von insgesamt 450.800 m². (Destouches 1910, Säkular-Chronik: 176; Destouches 1912: 11)

aufs Neue bemühten neue Ideen und schöne Buden zu errichten. Sie beschloss, ab sofort nur noch Jahresverträge für die Wiesn zu vergeben und keine länger dauernden mehr.[129]

Abb. 3: Oktoberfestpanorama, im Vordergrund ist die „amerik. Figur 8 Bahn" zu erkennen, 1910, Foto

Um auf das Jubiläum des Oktoberfestes einzustimmen, wurde bereits am 3. Juli 1910 im Historischen Museum (am St. Jakobsplatz im heutigen Stadtmuseum) die „Jubiläumsausstellung zur Hundertjahrfeier des Oktoberfestes" eröffnet. Die bis zum 30. April 1911 andauernde Ausstellung konnte insgesamt 60.000 Besucher zählen. Für die Zeit nach dem Jubiläumsoktoberfest und um ein Stück Oktoberfest mit nach Hause nehmen zu können, wurde ein Jubiläumsfestkrug im Auftrag der Stadt von den Firmen G. Wielsinger sen. (Porzellanmalerei) und Gebrüder Thannhauser (Kunstzinngußwarenfabrik) nach einem Entwurf von Franz Ringer (Bildhauer) hergestellt. Zum Versenden von Oktoberfestgrüßen in alle Welt wurden zudem mehrere Jubiläumsansichtskarten von der Kunstanstalt Ottmar Zieher gedruckt.[130]

Dieses „Riesenvolksfest, diese Hundertjahrfeier des Münchener Oktoberfestes, das mit seinem Doppelcharakter, dem eines echt bayerischen Nationalfestes und einer großartigen wirtschaftlichen Kraftleistung in den weiten deutschen Landen ohnegleichen dasteht"[131], hatte einen sehr großen Erfolg und von allen Seiten Zuspruch erhalten. Sogar das Münchner Warenhaus Hermann Tietz – der spätere Hertie – baute für seine Weihnachtsausstellung und -dekoration eine Nachbildung des Jubi-

---

[129] Vgl. Destouches 1910, Säkular-Chronik: 176; Destouches 1912: 11, 102; Hoferichter/ Strobl 1960: 66
[130] Vgl. Destouches 1910, Säkular-Chronik: 178; Destouches 1912: 33; Destouches 1912: 95
[131] Destouches 1912: 95

läums-Oktoberfestes[132] und verlieh der Wichtigkeit des Oktoberfestes zu Beginn des 20. Jahrhunderts äußersten Nachdruck. Nach dem eindrucksvollen Jubiläumsfest sollten in den folgenden Jahren gravierende politische und gesellschaftliche Veränderungen kommen. Das Jahr 1912 machte den Anfang, denn der Hof konnte am Oktoberfest nicht teilnehmen und Prinzregent Luitpold starb im gleichen Dezember. Damit hatte „mit dem Jahr 1913 (...) das *bayerische Nationalfest*" unter monarchischem Protektorat, sozusagen das Oktoberfest der „alten Ordnung", zu existieren aufgehört."[133] Zwar gab es 1913 noch ein letztes Oktoberfest vor dem Ersten Weltkrieg, aber bereits dieses sollte keines mehr vom alten Stile sein. Und bereits seit 1913 wurde bis heute jedes Jahr fleißig geschimpft, dass die Wiesn nicht mehr das sei, was sie früher einmal gewesen wäre.[134]

Zwischen 1914 und 1918 musste das Oktoberfest bedingt durch den Ersten Weltkrieg ausfallen. Das bis dahin untrennbar mit dem Oktoberfest verbundene Königshaus hatte schließlich nach dem Ersten Weltkrieg und der Novemberrevolution von 1918 als herrschende Macht in Bayern zu existieren aufgehört. Das Königreich Bayern wurde zum Freistaat Bayern und sollte künftig weder einen Monarchen, noch ein Königszelt oder ein Pferderennen auf dem Oktoberfest kennen. Nach dem Ende der Monarchie nahm „die Stadt (...) nunmehr das Oktoberfest als ein den Fremdenverkehr und die Wirtschaft belebendes *„typisches"* Lokalereignis ganz in Beschlag"[135] und legte bereits den Grundstein für den weltweiten Erfolg des Festes bis in das 21. Jahrhundert hinein.[136]

Der Neubeginn des Oktoberfestes nach dem Ersten Weltkrieg ging aber nicht auf die Stadt München zurück, sondern viel mehr auf die Schützenvereine, die ein Oktoberfest neuer Zeitrechnung wagten. Daraufhin wurde 1919 ein erstes kleines „Herbstfest" ohne Hendl, Schweinswürstl oder die Ochsenbratereien, sondern mit Dünnbier und anderweitigem Ersatz gefeiert. Die Polizeistunde wurde auf 18.30 Uhr festgelegt. Auch das Oktoberfest von 1920 blieb als „Kleines Oktoberfest" bzw. „Ersatzoktoberfest" ein Fest der Münchner. Allerdings konnte wieder Vollbier ausgeschenkt werden und es gab neue Attraktionen zu bestaunen. Im Aufbau des Festareals wurde eine Veränderung in der Aufstellung der Betriebe vorgenommen und die heutige Wirtsbudenstraße entstand. Hier konnten ab sofort die großen Bierhallen von Thomasbräu, Franziskanerbräu, Wagnerbräu, Bürgerbräu, Löwenbräu und das Weiße Bräuhaus Schneider gefunden werden, während die Bräurosl und Augustiner-Festhalle an ihrem alten und angestammten Platz blieben. Trotz dieses Neubeginns trieb die Münchner eine große Sorge um die Erhaltung des Oktoberfestes und so wurde ein Verein zur Erhaltung des Münchner Oktoberfes-

---

[132] Vgl. ebd.: 96
[133] Bauer und Fenzl 1985: 81; vgl. auch Molin 1985: 7
[134] Vgl. Hollweck 1981: 15f; Nagy 2007: 27
[135] Bauer und Fenzl 1985: 88
[136] Vgl. Hoferichter/ Strobl 1960: 68; Bauer und Fenzl 1985: 82; Molin 1985: 7

tes gegründet. Damit sollte die Zukunft der Wiesn gesichert werden und eine Lobby für das Oktoberfest entstehen.[137]
Mit Hilfe des neuen Vereins konnte schließlich 1921 wieder ein richtiges Oktoberfest nach dem Ersten Weltkrieg gefeiert werden. Dieses Fest brach trotz der einsetzenden Inflation mit über 300.000 Besuchern alle bisher bekannten Rekorde. Jedoch gab es in diesem Jahr kein Landwirtschaftsfest, aber immerhin eine landwirtschaftliche Ausstellung sowie einen Trachtenzug, an dem über 250 Vereine teilnahmen.[138]
Das unter Zählung 100. stattfindende Oktoberfest wurde 1922 unter dem Druck der sich immer stärker ausprägenden Inflation abgehalten. Die Maß Bier kostete 50 Mark und ein Hendl 500 Mark. Im Vergleich seien die Bierpreise für 1876 mit 20 Pfennig und von 1900 mit 35 Pfennig pro Maß genannt. Bedingt durch die Inflation mussten die Oktoberfeste von 1923 und 1924 ausfallen, denn die Maß Bier hätte satte 21 Millionen Mark gekostet. Trotz der horrenden Preise gestalteten 1924 das Wandergewerbe, die Brauereien und Festwirte ein Fest mit Brotzeit, Bier, Schießbuden, Varieté und Karussells. Ab 1925 wurde das Oktoberfest, diesmal zusammen mit dem Landwirtschaftsfest, wieder von der Stadt ausgerichtet.[139]
Der durchschlagende Erfolg des Oktoberfestes spiegelte sich 1926 mit insgesamt 3.000 Bewerbungen von Fieranten wider, von denen allerdings nur 200 Gesuche bewilligt werden konnten. Die immer größer werdende Beliebtheit des Oktoberfestes brachte auch zahlreiche Abnutzungserscheinungen mit sich bzw. neue Forderungen zur Verbesserung des Festareals. Die Stadt reagierte 1930 darauf und ließ aus Verkehrs- und Feuersicherheitsgründen die Wirtsbudenstraße auf 35 Meter verbreitern und asphaltieren sowie Querstraßen zwischen den Bierburgen anlegen.[140]
Die wirtschaftliche Situation in Deutschland verschlechterte sich zusehends und so wagten sich 1931 nur noch der Schottenhamelfestwirt sowie die Festwirte des Augustiner- und Wagnerbräu auf das Oktoberfest. 1932 waren ebenfalls nur drei Brauereien auf der Festwiese vertreten. Im Jahr darauf folgte nach Otto Stritzke ein Oktoberfest mit gequälter und gekünstelter Stimmung, die auf die neue nationalsozialistisch geprägte Politik zurückzuführen sei. Durch die nationalsozialistische Ideologie war es ab 1933 auch verboten, Abnormitäten zur Schau zu stellen, da diese nicht in die arische Propaganda passten; geduldet waren lediglich Riesen. Außerdem war es Juden bereits verboten, auf dem Oktoberfest zu arbeiten und das letzte Zentrallandwirtschaftsfest vor dem Zweiten Weltkrieg wurde gefeiert. Adolf Hitler entging die Bedeutung des Oktoberfestes für die Münchner und ganz Bayern nicht. Er soll sich in folgendem Maße geäußert haben, dass das Oktoberfest „für die Münchner etwas Heiliges (ist), mit ihr verbindet sich eine alte Tradition und an

---

[137] Vgl. Hoferichter/ Strobl 1960: 70; Blecher 1980: 3; Bauer und Fenzl 1985: 82f; Reindl/ Miedl 1990: 29; Nagy 2007: 27
[138] Vgl. Hoferichter/ Strobl 1960: 73; Stritzke 1960: 24; Bauer und Fenzl 1985: 83; Molin 1985: 7
[139] Vgl. Hoferichter/ Strobl 1960: 74; Blecher 1980: 3; Hollweck 1981: 11; Bauer und Fenzl 1985: 84f; Molin 1985: 7; Nagy 2007: 27
[140] Vgl. Hoferichter/ Strobl 1960: 77f; Möhler 1981: 93; Bauer und Fenzl 1985: 86

sie darf nicht getastet werden"[141]. Eine weitere Veränderung ergab sich durch die Nationalsozialisten: Das Oktoberfest bekam eine einheitliche Beflaggung mit Hakenkreuzfahnen. Zudem wurde das 125-jährige Jubiläum im Jahr 1935 mit entsprechend geprägten Aufmärschen und Wettkämpfen sowie einer Ausstellung begangen. Zum Jubiläum kamen insgesamt etwa 300.000 Auswärtige nach München.[142] Für 1937 ist belegt, dass die Nationalsozialisten bereits mit 236 Kraft-durch-Freude-Zügen 175.000 Menschen nach München brachten. Die Verschickung mit diesen Zügen war jedoch sehr wahrscheinlich bereits früher üblich. 1938 wurde schließlich das „Heiligtum" der Münchner angetastet und das Oktoberfest in „Großdeutsches Volksfest" umbenannt und eine Umdeutung des Festes als Erntedankveranstaltung angestrengt. Im darauf folgenden Jahr wurde das Großdeutsche Volksfest jedoch nicht mehr gefeiert, da am 1. September 1939 mit dem Angriff Hitlers auf Polen der Zweite Weltkrieg begann und die Lichter auf dem Oktoberfest für mehrere Jahre erlöschen ließ.[143]

Das Oktoberfest zu Beginn des 20. Jahrhunderts konnte also noch auf seine historischen Wurzeln wie die bayerische Monarchie und das Landwirtschaftsfest zurückgreifen. Mit dem Ersten Weltkrieg und damit dem Ende der Monarchie wurden dem Fest die einstigen Grundlagen entzogen, hatten aber keine tiefgreifenden Bestandsängste ausgelöst. Für die Münchner – eigentlich für ganz Bayern – war das Oktoberfest zu einem festen Bestandteil im Jahreslauf geworden und nicht mehr wegzudenken. Insgesamt fielen aber in der ersten Hälfte des 20. Jahrhunderts so viele Oktoberfeste wie noch nie zuvor aus. Der Erste Weltkrieg bedingte ein Ausbleiben von 1914 bis 1918, während 1919 und 1920 nur Ersatzfeste, sogenannte Herbstfeste, gefeiert werden konnten. Die Inflation zwang die Betreiber des Oktoberfestes 1923 und 1924 in die Knie und der Zweite Weltkrieg ließ die Feste von 1939 bis 1945 ausbleiben.

2.2.4. Das Oktoberfest nach dem Zweiten Weltkrieg

Der Bayerische Landesfachverein e.V. Ambulanter Gewerbetreibender stellte bereits für das Jahr 1945 einen Antrag auf der Theresienwiese ein Oktoberfest feiern zu dürfen. Der Antrag wurde jedoch von der Militärregierung abgelehnt. Nachdem der Verein jedoch für das wirtschaftliche Überleben seiner Mitglieder Sorge zu tragen hatte, wurde das Gesuch für 1946 erneut eingereicht. Diesmal bewilligte die Militärregierung vom 14. September bis einschließlich 6. Oktober 1946 ein „Herbstfest", das als Ersatz für das Oktoberfest dienen sollte. Allerdings musste gewährleistet sein, dass das Fest nicht zu politischen Zwecken missbraucht werden konnte. So durfte zum Beispiel die Ochsenbraterei die Theresienwiese nicht beziehen, da diese erst entnazifiziert werden musste.[144]

---

[141] nach Nagy 2007: 32
[142] Vgl. Hoferichter/ Strobl 1960: 80f; Stritzke 1960: 24; Bauer und Fenzl 1985: 87ff
[143] Vgl. Hoferichter/ Strobl 1960: 81f; Möhler 1980: 8; Hollweck 1981: 14; Bauer und Fenzl 1985: 94; Gebhardt 1997: 131; Dreesbach 2005: 18; Nagy 2007: 32f
[144] Vgl. Spiegel 1984: 339f; vgl. auch Hollweck 1981: 14; Molin 1985: 7; Hollweck 1981: 14; Nagy 2007: 33ff

Für dieses erste Herbstfest nach dem Zweiten Weltkrieg übernahm der Landesfachverein die Vorverhandlungen mit den einzelnen Beschickern, während sich die Stadt München um die Wiederherstellung des zum Schuttabladeplatz verfallenen Festplatzes zu bemühen hatte. Finanziell unterstützt wurde die Stadt im Wiederaufbau des Areals auf der Theresienwiese durch eine Geldsammelaktion der Fieranten, wodurch eine beträchtliche Summe angehäuft werden konnte. „Ist die Sammlung für die Nothilfe sicher einfach als „gutes Werk" zu betrachten, so kommt in den restlichen Spenden von immerhin rund 36 000,- RM vor allem der Wunsch der Schausteller zum Ausdruck, die Wies'n möglichst schnell wieder zu ihrem früheren Umfang aufzubauen, um damit entsprechend mehr Kollegen einen Standplatz zu sichern."[145] Durch diese Gelder konnte unter anderem auch der Druck von Plakaten finanziert werden, die das Herbstfest in weiten Teilen des Landes bekannt machten.[146]

Die Anstrengungen der Stadt ergaben schließlich, dass auf einem Drittel der üblichen Oktoberfestfläche das Herbstfest von 1946 gefeiert werden konnte. Auf diesem Platz fanden sich etwa 200 Fieranten, darunter 42 Fahrgeschäfte, 16 Schaustellungen und sieben Belustigungsgeschäfte ein. Es wurde lediglich Dünnbier in einem Bierzelt ausgeschenkt, das von allen Münchner Brauereien beliefert wurde. Außerdem waren Nahrungsmittel wie Würste und Fischsemmeln nur gegen Fleisch- und Brotmarken erhältlich. In den einstigen Schießbuden durfte auf Beschluss der Besatzungsmacht nur mit Bällen geworfen werden. Auch 1947 wurde in nur einem Bierzelt Dünnbier ausgeschenkt, während 1948 endlich wieder das normale Vollbier getrunken und Hendl verzehrt werden konnten. Dadurch kehrte beim Herbstfest – selbstverständlich auch im Zuge der Währungsreform – ein Hauch vom echten Oktoberfest auf die Theresienwiese zurück. Mit diesem Jahr nahmen die von 1946 bis 1948 dauernden Herbstfeste als Ersatzfeste ein Ende.[147]

Um das 1949 abzuhaltende Fest wurde im Stadtrat heftig diskutiert; durch das vergnügliche Oktoberfest wurden kritische Blicke aus den USA befürchtet. Die Befürworter sprachen von der Möglichkeit eines finanziellen Aufschwungs, die Gegner aber kritisierten, dass in den schweren Nachkriegszeiten ein Volksfestvergnügen im großen Stil überhaupt noch nicht angemessen sei.[148] Außerdem bedeutete ein erstes Oktoberfest nach dem Zweiten Weltkrieg ein gewaltiges Risiko für die Stadt München und das Oktoberfest selbst. Denn „nicht zuletzt (...) stand mit dem Gelingen oder dem Scheitern dieses ersten Nachkriegsoktoberfestes der ganze künftige Ruf dieses einzigartigen Volksfestes auf dem Spiel."[149] Schließlich wurde doch ein Neubeginn gewagt, der durch die neuen wirtschaftlichen Bedingungen wie der Währungsreform und der wieder freien Nahrungsmittelversorgung auch geglückt ist[150].

---

[145] Spiegel 1984: 342
[146] Vgl. ebd.: 342; Molin 1985: 7
[147] Vgl. Hoferichter/ Strobl 1960: 83; Spiegel 1984: 344; Bauer und Fenzl 1985: 96f; Spiegel 1984: 343f; Dreesbach 2005: 5
[148] Vgl. Spiegel 1984: 339
[149] Hoferichter/ Strobl 1960: 100
[150] Vgl. ebd.: 100

Dieses erste echte Oktoberfest nach dem Zweiten Weltkrieg wurde im bewährten Ausmaß gefeiert. An Bierzelten fanden sich die Augustinerbrauerei, die Hackerbrauerei und die Familie Schottenhamel ein, die sowohl Münchner als auch Besucher die per Sonderzügen oder Omnibussen anreisten, versorgten. Zusammen mit dem Zentrallandwirtschaftsfest, das vom Bayerischen Bauernverband ausgerichtet wurde, zog das Oktoberfest ähnlich viele Besucher wie zum Jubiläum von 1910 an.[151]

In den ersten zehn Jahren nach dem Zweiten Weltkrieg stellte die Stadt München jährlich 200.000 DM zur Verfügung, um die Kriegsschäden an den technischen Anlagen und auf der Theresienwiese allgemein, zu beheben. Durch die Wiederherstellung der Theresienwiese konnte sich das Oktoberfest nach und nach wieder in seinem ursprünglichen Maße ausdehnen. 1950 wurden zudem noch zwei neue Eingangspforten an den Haupteingängen errichtet, die Straßen erneuert, größere Abortanlagen aufgestellt und mehr Parkplätze bereit gestellt. Für „verloren gegangene Kinder" wurde ein Aufenthaltsraum eingerichtet. Vom Stadtrat wurden für all diese Aktionen und die Durchführung des Oktoberfestes rund 370.000 DM im Haushalt veranschlagt. Diese Ausgaben, so war die Vorgabe, mussten komplett durch die Platzgeldeinnahmen gedeckt werden.[152]

Neben den Verschönerungsmaßnahmen des Oktoberfestes konnten 1950 erstmals wieder alle Münchner Großbrauereien auf dem Fest begrüßt werden. Bedingt durch die Aufteilung von Festzelten und Schaustellungen wurde bereits von der Wirtsbuden- und der Schaustellerstraße gesprochen. Viel wichtiger war allerdings, dass bei diesem Oktoberfest, das wieder viele auswärtige Gäste anzog, ein neuer Wiesnbrauch entstanden ist. Der damalige Oberbürgermeister von München, Thomas Wimmer, kam leicht verspätet zum Wiesn-Einzug der Wirte und konnte nicht wie üblich vorne weg marschieren. Die Familie Schottenhamel ließ den Oberbürgermeister daher in ihrer Kutsche mitfahren. Als Gegenleistung für diesen Chauffeurdienst sollte Thomas Wimmer den Anstich eines Bierfasses im Schottenhamel-Zelt übernehmen. Diese Aktion im Festzelt wurde vom bayerischen Fernsehen aufgenommen und dokumentiert, dass Thomas Wimmer mit insgesamt 17 Schlägen das erste Bierfass anzapfte. Dieses Spektakel bot für alle Zuschauer so viel Spaß, dass es im nächsten Jahr wiederholt werden sollte und dadurch ein neuer Brauch auf dem Oktoberfest geschaffen wurde.[153]

Mit dem Jahr 1951 kam zu den fünf Festhallen der Brauereien noch die „Bräurosl" der Pschorr Bräu AG hinzu und die Festzelte waren wieder komplett auf dem Oktoberfest. Bei diesem Fest konnten besonders viele Besucher aus den USA, der Schweiz und Österreich begrüßt werden. Dadurch stiegen, trotz der ständigen

---

[151] Vgl. ebd.: 84; Spiegel 1984: 340, 344; Bauer und Fenzl 1985: 97
[152] Vgl. StadtAM, Bestand Oktoberfest 202: Abschlussbericht, 1950; StadtAM, Zeitgeschichtliche Sammlung Oktoberfest/1, Nr. 297/1: Wissenswertes über das Oktoberfest 1950
[153] Vgl. Vorwort von Oberbürgermeister Christian Ude in Hölle/ Voss/ Streck/ Altmann 2006: 3; vgl. auch Hoferichter/ Strobl 1960: 85; Blecher 1980: 3; Hollweck 1981: 14; Bauer und Fenzl 1985: 97; Molin 1985: 7; Göbel 2005: 245

Streitereien um ein korrektes Schankmaß, die Umsätze aller Beschicker[154]. Mit den höheren Besucherzahlen und den steigenden Umsätzen der Beschicker, wurde das Oktoberfest „in zunehmendem Maß zum Wirtschaftsfaktor ersten Ranges"[155]. Durch die vielen Besucher zeigte sich jedoch auch eine unangenehmere Kehrseite der Wiesn: Es verschwanden immer mehr Keferloher, das heißt Bierkrüge aus den Festzelten. Kamen 1950 nur 20.000 Maßkrüge abhanden, so waren es ein Jahr später bereits 36.000 Exemplare, die von Souvenirjägern mit nach Hause genommen wurden[156].

Abb. 4: Ansicht des Oktoberfestes 1951, W. von Poswik, Foto

Mit dem Hofbräuhaus gesellte sich 1952 eine siebte Großbrauerei auf das Oktoberfest. Aber nicht nur die Anzahl der Brauereien auf der Wiesn stiegen Anfang der 1950er Jahre an, sondern auch die Kosten für die Gesamtaufwendungen der Stadt zur Durchführung des Oktoberfestes. Das Oktoberfest von 1952 war mit etwa einer halben Million DM veranschlagt worden und musste sich wie in den Jahren zuvor selbst durch die Platzgeldeinnahmen finanzieren. 1952 gab es noch zwei weitere Neuerungen für das Oktoberfest. Zum einen durften erstmals nach dem Zweiten Weltkrieg wieder Schießbuden auf der Theresienwiese aufgestellt werden und das Schützenfest fand wieder statt. Zum anderen wurde erstmals ein Plakatwettbewerb ausgeschrieben, um im In- und Ausland für das Oktoberfest zu wer-

---

[154] Vgl. StadtAM, Bestand Oktoberfest 263/1: Schlussbericht über das Oktoberfest 1951; vgl. auch Hoferichter/ Strobl 1960: 85
[155] Bauer und Fenzl 1985: 98
[156] Vgl. Hoferichter/ Strobl 1960: 84f

ben. Insgesamt wurden 50.000 Plakate hergestellt und hauptsächlich an Reisebüros verschickt. Damit war der Grundstein für die Serie der heutigen Plakate, die immer noch per Wettbewerb ausgeschrieben werden, gelegt. Außerdem hatte die Stadt München damit ein zweckmäßiges Mittel gefunden, um das Oktoberfest weltweit bekannt zu machen und die Besucher aus allen Regionen nach München zu locken.[157]

Wohl auch durch die neue Plakataktion stieg 1953 der Zustrom an auswärtigen Gästen enorm. Außerdem wurde das Oktoberfest optisch umgestaltet, was ein voller Erfolg zur Steigerung der Attraktivität des Festes war. Aus diesem Grund sollten ab sofort die künftigen Oktoberfeste ebenfalls umgestaltet werden, um die hohe Attraktivität beizubehalten. Im Abschlussbericht des Oktoberfestes wurde letztendlich breit über den Wirtschaftswert des Festes für die Stadt und die Region diskutiert. Schließlich würde nicht nur die Stadt München vom Oktoberfest profitieren, sondern auch der Handel und das Gastgewerbe in einem größeren Umkreis. Der Wirtschaftswert wurde letztendlich auf etwa 60 bis 80 Millionen DM beziffert.[158]

Wie beschlossen folgte 1954 wieder eine Umplatzierung der Betriebe auf dem Oktoberfest. Ausgenommen davon waren allerdings die gastronomischen Betriebe, die durch ihre speziellen Anforderungen wie Zu- und Ablaufrohre für Wasser an bestimmte Orte auf der Theresienwiese gebunden waren. Neben der Umplatzierung wurden die Eingangsportale zum Oktoberfest mit dem Münchner Kindl und den bayerischen statt hochdeutschen Grüßen „Gruaß di!" und „Pfüat di God!" neu gestaltet. Die Straßen, insbesondere die Wasserrinnen für den Abfluss von Regenwasser wurden zudem ausgebaut. Durch die städtischen Initiativen zur Verschönerung des Oktoberfestes inspiriert, ließen die Festwirte der Bräurosl, des Winzerer Fähndl, des Schottenhamel-, Augustiner- und Löwenbräuzeltes Galerien in die Festhallen einbauen. Alle Maßnahmen zusammengenommen bescherten den über 800 Beschickern des Oktoberfestes über fünf Millionen Besucher. Die Polizei stellte einen Massenandrang fest.[159]

Trotz aller Verschönerungen und der jährlichen Umgestaltung des Festplatzes kritisiert Karlo Schmidt in der Schaustellerzeitschrift „Der Komet", dass es auf dem Oktoberfest kein Feuerwerk gäbe. Auf allen Volksfesten seien Feuerwerke üblich, nur München bilde dabei eine Ausnahme. Gut geheißen wurde in dem Artikel jedoch, dass es erstmals auf dem Oktoberfest einen Gottesdienst für die Schausteller gab[160]. Die Stadt München ließ sich durch den Seitenhieb zum Feuerwerk nicht beirren und organisierte das Oktoberfest wie in den vorangegangen Jahren. Wie in den letzten Jahren üblich fanden alle wichtigen Veranstaltungen im Schottenhamel-Zelt statt. Dazu gehörten die Presseführung von etwa 50 Journalisten am Freitag vor Festbeginn, die Eröffnungsfeier mit 200 geladenen Gästen, der Presseempfang

---

[157] Vgl. Bauer und Fenzl 1985: 99f; StadtAM, Bestand Oktoberfest 263/2: Wissenswertes über das Münchner Oktoberfest 1952
[158] Vgl. StadtAM, Bestand Oktoberfest 263/3: Abschlussbericht über das Oktoberfest 1953
[159] Vgl. StadtAM, Zeitgeschichtliche Sammlung, Oktoberfest/1, Nr. 297/1: Wissenswertes über das Oktoberfest 1954; Hoferichter/ Strobl 1960: 86; Bauer und Fenzl 1985: 101f
[160] Vgl. Der Komet, 74. Jg./ Nr. 3390, 20.10.1956: Münchner Oktoberfest-Finale von Karlo Schmidt

am Montag nach Festbeginn mit etwa 35 Personen, die Einladung von 150 Befürsorgten der Stadt München und der Mitarbeiterabend von rund 140 am Oktoberfest beteiligten städtischen Dienstkräften. 1956 brach zudem der Bierstreit um die Bierpreise auf dem Oktoberfest aus und der Trachten- und Schützenzug wurde wieder zu einem festen Bestandteil der Wiesn[161].
Interessant ist im Zusammenhang mit dem Oktoberfest 1957, dass die Bundestagswahlen um eine Woche vorverlegt wurden, um nicht mit der Wiesneröffnung zusammenzufallen. Das bezeugte die herausragende Stellung und Strahlkraft des Oktoberfestes in Deutschland. In München freute man sich neben diesem politischen Sieg auch wieder über die übliche Umplatzierung der Betriebe auf dem Oktoberfest und die frisch geteerten Zwischenstraßen von der Wirtsbuden- zur Schaustellerstraße[162].
Das Oktoberfest von 1958 war das insgesamt 125. Oktoberfest, das stattfand. Durch einen Beschluss sollte dieses Jubiläum jedoch nicht gefeiert werden, da für 1960 zum 150-jährigen Bestehen der Oktoberfeste große Feierlichkeiten geplant wurden. Begründet wurde dieser Entschluss lapidar damit: „Jubiläumsfeiern sollen etwas Besonderes sein und nicht in Abständen von nur wenigen Jahren erfolgen."[163]. Allerdings gab es 1958 einige Neuheiten bei den Fahrgeschäften, die auf die Besucher warteten und besonders gut angenommen wurden. In Zukunft sollte darauf geachtet werden, dass der Charakter des Nationalfestes beibehalten, aber auch attraktive Neuheiten präsentierten werden würden[164].
Mit dem Jubiläumsoktoberfest von 1960 wurden zahlreiche Sonderveranstaltungen organisiert. Auf dem Südteil der Theresienwiese fand zum Beispiel das Jubiläums-Pferderennen statt, das an die Entstehung des Oktoberfestes erinnerte. An einem der letzten Tage – dies war wetterabhängig – wurde ein Jubiläumsfeuerwerk abgebrannt, das trotz der vor einigen Jahren kritischen Bemerkung in der Zeitschrift „Der Komet" eine Ausnahme bleiben sollte. Als drittes Standbein des Jubiläums gab es vom 6. September bis zum 15. Oktober in den Räumen des Kunstvereins in der Galeriestraße, eine vom Stadtmuseum aus organisierte Jubiläumsausstellung zu sehen. Bedingt durch den Eucharistischen Weltkongress wurde der Beginn des Oktoberfestes allerdings um eine Woche nach hinten verschoben. Damit wurde die Regel, dass das Oktoberfest am ersten Sonntag im Oktober zu Ende geht, außer Kraft gesetzt.[165]
Auch ein Jahr nach dem Jubiläum auf der Theresienwiese musste das Oktoberfest um eine Woche nach hinten verschoben werden. Diesmal war die Bundestagswahl wichtiger, als noch einige Jahre zuvor und verursachte die Verschiebung der Eröffnung. In beiden Jahren wurden die Befürchtungen von schlechtem Wetter, das dem

---

[161] Vgl. StadtAM, Bestand Oktoberfest 263/7a: Beschluss des Wirtschaftsausschusses vom 12.6.1957, nichtöffentlich, Betreff: Oktoberfest 1957; Bauer und Fenzl 1985: 102; Nagy 2007: 62
[162] Vgl. StadtAM, Zeitgeschichtliche Sammlung, Oktoberfest/1, Nr. 297/1: Wissenswertes über das Oktoberfest 1957; vgl. auch Bauer und Fenzl 1985: 103
[163] Vgl. StadtAM, Bestand Oktoberfest 263/8: Oktoberfest-Schlussbericht 1958
[164] Vgl. Ebd.
[165] Vgl. StadtAM, Bestand Oktoberfest 348: Wissenswertes über das Oktoberfest 1960; vgl. auch Hoferichter/ Strobl 1960: 148; Hollweck 1981: 15; Bauer und Fenzl 1985: 104ff

Oktoberfest durch die Verlegung zusetzen könnte nicht bewahrheitet. Die Oktoberfeste fanden wie jedes Jahr statt und zeigten sich wie üblich in einer durch die Umplatzierungen veränderten Gestalt. Außerdem konnte 1961 das Oktoberfest nicht nur in München gefeiert werden, sondern auch in Belgien. Bei der Weltausstellung in Brüssel konnte ein bayerisches Bierzelt bestaunt werden und in Wieze in Ostflandern wurde vom 23. September bis zum 8. Oktober ein „Oktoberfeesten" abgehalten.[166]

Kurios war 1962 ein Fund der Polizei: Sie entdeckte im Auto einer amerikanischen Familie insgesamt 43 Maßkrüge aller Münchner Brauereien. Damit stellte die Familie einen neuen Rekord im Bierkrugklau auf dem Oktoberfest auf und bestätigte den „internationalen Kurswert"[167] der bayerischen Krüge. Im gleichen Jahr begann der bis heute anhaltende Boom der Fahrgeschäfte auf dem Oktoberfest. Dagegen fanden aber auch die traditionellen Veranstaltungen auf dem Zentrallandwirtschaftsfest wie das Ochsenrennen oder die Reit- und Fahrturniere regen Zuspruch[168]. Auf dem Oktoberfest wurde für jeden Geschmack etwas geboten.

Thomas Wimmer, auf den der Bieranstich des ersten Fasses auf dem Oktoberfest zurückzuführen ist, stach als Alt-Oberbürgermeister im Jahr 1963 sein vierzehntes und letztes Fass auf der Wiesn an. Neben dem Oktoberfest fand auf dem Südteil der Theresienwiese die Weltverkehrsausstellung statt, die neben den üblichen Umplatzierungen der Schaustellergeschäfte auch einige gastronomische Betriebe von ihrem angestammten Platz vertrieb. Während in München gefeiert wurde, flogen der Bürgermeister Albert Bayerle und der Chef des Fremdenverkehrsamtes Otto Hiebl mit Camillo Noel vom Presse- und Informationsamt in die USA. Ihr Auftrag war, die Werbetrommel für das Oktoberfest, die Eröffnung des Nationaltheaters und die Internationale Verkehrsausstellung zu rühren. Auch in Berlin wurde die Werbetrommel für das Oktoberfest gerührt. Allerdings in anderem Maße und das bereits seit 15 Jahren. Denn in Berlin wurde ein fünfwöchiges Oktoberfest gefeiert, das vom zuständigen Bezirksbürgermeister per Fassanstich und mit Trachtentänzern sowie drei Kapellen eröffnet wurde.[169]

Nach dem Tod von Thomas Wimmer ging die Tradition des ersten Fassanstichs auf dem Oktoberfest in das Aufgabengebiet des Oberbürgermeisters über. Hans-Jochen Vogel hatte 1964 als erster das Vergnügen und trotz banger Befürchtungen glückte ihm der Fassanstich. Der Wirtschaftswert des Oktoberfestes wurde 1964 auf insgesamt 100 Millionen DM für die Stadt und Region München beziffert. Damit wurde der Stadt München ein weiteres Mal bestätigt, dass sie hinsichtlich des touristischen Aufkommens gute Arbeit leistete. Unermüdlich wurde an dem weiteren Erfolg gearbeitet und 1963 auf dem Südteil der Theresienwiese eine neue Straße als Verbindung von Wirtsbuden- und Schaustellerstraße gebaut. Dadurch

---

[166] Vgl. StadtAM, Bestand Oktoberfest 381: Oktoberfest-Schlussbericht 1961; Bauer und Fenzl 1985: 107; 379: Presse, 1961; Münchner Merkur, 25.9.1961: „Oktoberfeesten"
[167] Bauer und Fenzl 1985: 107
[168] Vgl. Ebd.
[169] Vgl. StadtAM, Bestand Oktoberfest 431: Wissenswertes über das Oktoberfest 1963; Bauer und Fenzl 1985: 106; Süddeutsche Zeitung, 3.10.1963: Bayerle fliegt nach Amerika; Deutsche Zeitung, 10.9.1963: Bayerische Bräuche in Berlin

konnten in Zukunft rund 60 Schausteller mehr auf dem Oktoberfest Platz finden.[170]
Weitere Baumaßnahmen folgten 1966 für rund 290.000 DM mit dem Ausbau der Anlieferstraßen, der Verbesserung der Stromversorgung und dem Neubau von Speispunkten. Die üblichen Auf- und Abbaukosten des Oktoberfestes beliefen sich auf etwa 170.000 DM. Damit mit diesen großen Summen maßvoll umgegangen wurde, erforderte die Organisation und der „reibungslose Ablauf dieses Riesenfestes eine bis ins kleinste durchdachte Organisation"[171].
Im Mai 1969 war die Theresienwiese dem Stadtrat noch nicht gut genug saniert und es wurde ein Mehrjahresinvestitionsprogramm von 1969 bis 1973 beschlossen. Dieses 480.000 DM teure Programm beinhaltete die Überholung des Straßennetzes, neue Feuermeldeanlagen und den Ausbau des Dienstwohngebäudes des Oktoberfestbauhofes. Außerdem reisten zwei Mitarbeiter der Stadtverwaltung nach Stuttgart, um sich Anregungen vom dortigen Cannstatter Volksfest zu holen. Mit den neuen Ideen und so gut hergerichtet, diente die Theresienwiese in den 1970ern schließlich sogar als Kulisse für eine Folge der französischen Fernsehserie um Chefinspektor Clouseau.[172]
Ab 1971 lief das hellere Festbier dem Märzenbier langsam den Rang ab. Dies bedeutete allerdings nicht, dass damit das „alljährliche Feilschen um den Bierpreis"[173] aufgehoben wurde. Vielmehr war der Streit um die Maß Bier längst zur „Tradition" geworden. Eine andere Tradition setzte ab 1972 der neue Oberbürgermeister Georg Kronawitter fort: den Bieranstich zur Wiesneröffnung. Im gleichen Jahr wurde das Oktoberfest wegen der Olympischen Spiele um eine Woche verschoben, das Hofbräuhaus eröffnete sein neues Festzelt und Feinkost Käfer betrieb erstmals seine Bauernschänke auf der Wiesn.[174]
Von 1974 an sollte wieder ein Mehrjahresinvestitionsprogramm bis 1978 auf der Theresienwiese laufen. Für insgesamt 1.741.000 DM sollte die Verkabelung der Leitungen für die Straßenbeleuchtung, die Feuermeldeanlage und die Stromversorgung erneuert werden. Dieses Investitionsprogramm wurde später bis 1981 ausgeweitet, um zusätzlich die Stromversorgung auf der Theresienwiese zu verstärken. Dafür wurden weitere Gelder vom Stadtrat bewilligt.[175]
Für die Musikkapellen in den Festzelten setzte sich 1974 eine Veränderung durch. Durften diese bisher erst ab 15 Uhr in den Zelten spielen, so war es ab jetzt bereits ab 12 Uhr gestattet. Diese Neuregelung war die letzte die vom Wirtschaftsamt der Stadt München als Veranstalter des Oktoberfestes erlassen wurde. Am 15. Mai

---

[170] Vgl. StadtAM, Bestand Oktoberfest 459: Wissenswertes über das Oktoberfest 1964; Bauer und Fenzl 1985: 108
[171] Vgl. StadtAM, Bestand Oktoberfest 510: Oktoberfest-Schlussbericht 1966
[172] Vgl. StadtAM, Oktoberfest, Abgabe vom 23.2.1981, Abgabeverzeichnis-Nr. 94/2: 5, Oktoberfest 1969: Beschluss des Wirtschaftsausschusses vom 6.5.1969, nichtöffentlich, Mehrjahresinvestitionsprogramm 1969-1973; Nagy 2007: 53; StadtAM Oktoberfest, Abgabe vom 10.8.2000, Abgabeverzeichnis-Nr. 94/6: 20
[173] Bauer und Fenzl 1985: 112
[174] Vgl. StadtAM Oktoberfest, Abgabe vom 3.12.1984, Abgabeverzeichnis-Nr. 94/3: 2, Oktoberfest 1972: Wissenswertes über das Oktoberfest 1972
[175] Vgl. StadtAM Oktoberfest, Abgabe vom 3.12.1984, Abgabeverzeichnis-Nr. 94/3: 4, Oktoberfest 1974: Sitzung des Wirtschaftsausschusses, 25.4.1974, öffentlich und StadtAM Oktoberfest, Abgabe vom 3.12.1984, Abgabeverzeichnis-Nr. 94/3: 6, Oktoberfest 1976: Beschluss des Wirtschaftsausschusses vom 23. September 1976, öffentlich, Mehrjahresinvestitionsprogramm 1976-1981

1975 übertrug der Stadtrat die Organisation und veranstalterische Leitung des Oktoberfestes dem Fremdenverkehrsamt und dem damit zuständigen 3. Bürgermeister Münchens. Die Entscheidungen über die Zulassungen und Veränderungen auf dem Oktoberfest sollte weiterhin der Wirtschaftsausschuss des Stadtrates treffen[176]. Ein Gerücht, dass das Festbier auf dem Oktoberfest aus Containern fließen würde verfestigte sich 1975. Zwar dementierten die Festwirte dieses Gerücht vehement, konnten die letzten Zweifel jedoch nicht ausräumen. Weniger um die Bierstreitereien, als vielmehr um das Wohlbefinden der Familien auf dem Oktoberfest bemühten sich die Beschicker wieder am Familientag.[177] Bei ermäßigten Preisen und gesonderten Aktionen konnten die Familien ausgelassen über die Theresienwiese bummeln. Um solch neue aber auch ältere Traditionen zu bewahren wurde am 28. September 1976 auf die Idee des ehemaligen Wiesnwirtes Xaver Heilmannseder (1903–1982) hin, der Verein „Münchner Oktoberfest-Museum e.V." gegründet[178]. Bis München aber tatsächlich ein Oktoberfestmuseum bekommen sollte, vergingen noch einige Jahre. Immer wieder wurde ein Anlauf genommen und verschiedene Varianten durchgespielt. Ein richtiges Museum für das Oktoberfest konnte aber erst 2005 mit dem Bier- und Oktoberfestmuseum in der Sterneckerstraße 2 in München eröffnet werden.

Ein Jubiläum auf dem Oktoberfest konnte 1975 das Hippodrom feiern, das seit 75 Jahren auf der Wiesn stand. Das Zelt wurde seit 15 Jahren vom Festwirt Claus Mayer geführt und zwar nach alter Tradition mit der Pferderennbahn in der Mitte des Zeltes. Hier konnte sich jeder der wollte gegen einen Obolus seiner Reitkünste versichern. Das Oktoberfest von 1978 ging als eines der lautesten in die Geschichte ein und es wurden Forderungen nach der Begrenzung der Technik laut. Durch die neuen elektronischen Verstärkeranlagen an den Fahrgeschäften war die Musik der Betriebe kein Vergnügen mehr, sondern wurde zur lautstarken Lärmbelästigung[179].

Mit dem Oktoberfest von 1980 verbinden auch heute noch viele Besucher ein trauriges Ereignis. Zwar wurde im Vorfeld der Freude vieles geplant, so zum Beispiel eine Besichtigungsreise des Münchner Wirtschaftsausschusses zum Cannstatter Wasen und einer anschließenden Diskussion mit den Stuttgarter Behörden. Doch wurde diese Reise wohl bedingt durch das schreckliche Attentat auf dem Oktoberfest abgesagt. Am 26. September des Jahres ging um 22.20 Uhr eine Bombe in einem Papierkorb am Haupteingang zur Wiesn hoch und riss 13 Menschen in den Tod. Weitere 213 Menschen wurden zum Teil schwer verletzt. Unter den Toten war auch Gundolf Köhler, dem später als Alleintäter der Bombenanschlag angelastet wurde. Einen Tag später entschied Oberbürgermeister Erich Kiesl, dass das Oktoberfest auf der Theresienwiese trotz dieses Anschlags weitergehen solle. Die

---

[176] Vgl. Bauer und Fenzl 1985: 115; StadtAM Oktoberfest, Abgabe vom 3.12.1984, Abgabeverzeichnis-Nr. 94/3: 5, Oktoberfest 1975: Presseerklärung, 21.8.1975
[177] Vgl. Bauer und Fenzl 1985: 115; StadtAM Oktoberfest, Abgabe vom 3.12.1984, Abgabeverzeichnis-Nr. 94/3: 5, Oktoberfest 1975: Presseerklärung 30.9.1975
[178] Vgl. Gastwirt und Hotelier, 9.10.1976: Aus Liebe zur Tradition: München bekommt ein Oktoberfest-Museum; Dering 1999: 5
[179] Vgl. StadtAM Oktoberfest, Abgabe vom 3.12.1984, Abgabeverzeichnis-Nr. 94/3: 7, Oktoberfest 1977: Presseerklärung 31.8.1977; Bauer und Fenzl 1985: 117

Entscheidung fiel wohl auch auf Drängen der Veranstalter und Beschicker, die sonst hohe Verluste zu verbuchen gehabt hätten. Allerdings blieb das Oktoberfest aus Pietätgründen und zum Gedenken an die Opfer am 30. September einen Tag geschlossen.[180] Auf dem Cannstatter Volksfest in Stuttgart wurden die Feierlichkeiten für eine Stunde im Gedenken an die Opfer in München unterbrochen. Das „Berliner Oktoberfest" blieb den ganzen Tag geschlossen. Außerdem stellte der Münchner Merkur am 30. September seine Presseberichterstattung über das Oktoberfest ein. „Es war einer der seltenen Fälle, daß ein Pressemedium die Möglichkeit nicht mehr wahrnahm, den Festverlauf mit publikumswirksamen Berichten und Kommentaren zu begleiten."[181] Für die Opfer und Hinterbliebenen des Bombenanschlags richtete die Stadt München ein Spendenkonto ein. Am 21. August 1981 wurde von Privatleuten nachts ein Mahnmal am Haupteingang der Theresienwiese errichtet, das an den „rechtsextremen" Anschlag erinnern sollte. Da aber ein rechtsextremer Hintergrund des Anschlags nicht nachgewiesen werden konnte, „ließ die Münchner Stadtverwaltung provisorisch errichtete Mahnmale nicht offizieller Herkunft rigoros entfernen"[182]. Am ersten Jahrestag des Attentats wurde schließlich eine offizielle Gedenktafel von Oberbürgermeister Erich Kiesl enthüllt. Die Ermittlungen wurden im Dezember 1982 ohne weitere Ergebnisse durch den Generalbundesanwalt Karl Rebmann eingestellt.[183]

Hatte man sich mit dem Bombenattentat arrangieren müssen, so brach 1981 durch das „Containerbier" große Aufregung aus. Die Konsumenten wollten sich gegen dieses „Plastikbier" wehren, hatten aber kaum eine Chance. Es war logistisch einfach besser zu bewerkstelligen, wenige große Biercontainer auf das Oktoberfest zu transportieren, als lauter kleine Holzfässer. Froh dagegen stimmte die Einführung des neuen Maßkruges mit einer vier Zentimeter hohen Schaumgrenze – auch bekannt als Eurokrug. Das Märzenbier wurde nur noch in zwei Festzelten ausgeschenkt.[184]

Das Oktoberfest von 1983 wurde wie bereits die Jahre zuvor mit stolzer Münchner Brust als das größte Volksfest Europas, sogar als das größte der Welt gefeiert[185]. Im gleichen Jahr wurde der Linienbetrieb der Straßenbahnen zur Theresienwiese stillgelegt. Am 9. Oktober 1983 fuhr die letzte Tram vom Sendlinger-Tor-Platz zur Theresienwiese. Ersetzt wurde die Tram durch die neue U-Bahn die „schnell und anonym, wie in New York, Tokio, Moskau"[186] auf das Oktoberfest fuhr. Der Bierpreis von 1983 war erstmals nicht mehr einheitlich und schwankte zwischen 5,80 und 5,90 DM. Außerdem durften in die Festzelte immer noch alkoholfreie Getränke mitgebracht werden, da dort weiterhin nur Bier ausgeschenkt wurde[187]. Seit der Nachkriegszeit zur Tradition geworden, lud die Stadt München wieder 250 Be-

---

[180] Vgl. Chaussy 1985: 98ff; StadtAM Oktoberfest, Abgabe vom 10.8.2000, Abgabeverzeichnis-Nr. 94/6: 20
[181] Dering 1985: 118
[182] Ebd.: 120
[183] Vgl. Chaussy 1985: 15ff; vgl. auch Dering 1985: 117ff; Bauer und Fenzl 1985: 118f; Gebhardt 1997: 132
[184] Vgl. TAM Presseinformation, Wies'n-Halbzeit, 27.9.1981; Bauer und Fenzl 1985: 120f
[185] Vgl. Petzoldt 1983: 412
[186] Reindl/ Miedl 1990: 17
[187] Vgl. Bauer und Fenzl 1985: 121

dürftige zur Bewirtung in das Schottenhamel-Zelt ein. Weitere 250 Personen wurden in der Fischer-Vroni von der Festwirtsfamilie Winter bewirtet.
Das Oktoberfest von 1984 wurde zu einem guten Vorboten für das Jubiläumsfest, das ein Jahr später folgen sollte. Zwar schenkten sechs Brauereien das umstrittene Containerbier aus, es flossen aber dennoch insgesamt 50.000 Hektoliter in die Kehlen der knapp sieben Millionen Besucher. Insgesamt standen in den Bierzelten und Wirtsbuden 94.342 Sitzplätze zur Verfügung. Die Zahl wurde jedoch dezimiert, als dem Wirt des Armbrustschützenzeltes wegen illegaler Beschäftigung die Konzession für das laufende Oktoberfest entzogen wurde[188]. Damit manövrierte sich der Festwirt für alle Zeit ins Aus und hatte seine Möglichkeit verspielt, je wieder auf dem Oktoberfest eine Konzession zu erhalten. Gut war in jedem Fall, dass dieser Skandal nicht im Jubiläumsjahr Furore machte, sondern ein Jahr zuvor.
Auf dem Jubiläumsoktoberfest von 1985 waren wieder alle sechs Münchner Großbrauereien mit sieben Festhallen vertreten. Auch die Traditionsgeschäfte wie der Schichtl, der Flohzirkus, die Krinoline, der Toboggan, das Riesen- und das Teufelsrad sowie die Schlangenschau und ein Familientag fehlten nicht. Erstmals wurde die Wiesnpressestelle angeboten. Außerdem wurde im Stadtmuseum vom 26. Juli bis 3. November 1985 eine große Jubiläumsausstellung gezeigt. Zur Ausstellung erschien ein umfangreicher Katalog, der von einer Festschrift der Stadt flankiert wurde. In den Brauerei-Festhallen wurden probeweise alkoholfreie Getränke ausgeschenkt und das Bier floss, bis auf die Fässer im Hofbräu- und im Augustinerzelt, aus den Biercontainern. Die beiden Festzelte sollten sich erst in den Jahren darauf der neuen Bevorratung des Bieres beugen. Außerdem wurden in allen Bierzelten zahlreiche Schankkontrollen durchgeführt, die dem schlechten Einschenken Einhalt bieten sollten. Das Oktoberfest von 1985 ging als friedliches und bisher meist besuchtes Fest in die Geschichte ein. Lediglich der Brand des Portals am Haupteingang am letzen Festsamstag trübte die friedliche Bilanz.[189]
Auf dem Oktoberfest von 1985 wurde auch erstmals eine Besucher- und Beschickerbefragung von einem Marktforschungsinstitut durchgeführt. Dabei stellte sich heraus, dass über die Hälfte der Besucher aus München stammten und insgesamt 83 Prozent Stammbesucher waren. Die Besucher gaben durchschnittlich 44 DM pro Besuch aus.[190] Durch diese Umfrage wurde auch in den folgenden Jahren bestätigt, dass „die Anziehungskraft des Oktoberfestes als größtes Volksfest der Welt" enorm war und der Wirtschaftswert über 500 Millionen DM betrug. Mit diesem Hintergrund wurden ab 1988 die Werbeaktivitäten gebremst und unabhängig davon der Belag der Wirtsbuden- und Schaustellerstraße erneuert. Außerdem wurde 1988 die Einführung eines festen Kindertages diskutiert. In den letzten Jahren hatten sich die Kindertage großer Beliebtheit erfreuen können und sollten endlich einen festen Platz im Ablauf der Oktoberfeste erhalten.[191]

---

[188] Vgl. ebd.: 122
[189] Vgl. TAM Oktoberfest-Schlussbericht 1985; TAM Presse-Information, September 1986
[190] Vgl. Ebd.
[191] Vgl. TAM Oktoberfest-Schlussbericht 1987 und 1988; StadtAM Oktoberfest, Abgabe vom 10.8.2000, Abgabeverzeichnis-Nr. 94/6: 1

Ende der 1980er Jahre wurde den Festzeltbetreibern erstmals vorgeschrieben, Ordner zur Kontrolle von Maßkrugdiebstählen abzustellen. Diese Diebstähle hatten sich in den vergangenen Jahren immer mehr verbreitet, so dass ein neuer Kostenfaktor entstanden war. Dem sollte nun Einhalt geboten werden. Im ersten Jahr der Durchführung solcher Kontrollen war das Konzept jedoch noch nicht ganz ausgereift und es fehlten an den Zeltausgängen die Plätze zum Abstellen der konfiszierten Bierkrüge. Dieses Problem wurde im nächsten Jahr bereits beseitigt. Bleibt man bei den Bierzelten, so gab es 1990 im Hippodrom eine Veränderung. Erstmals wurde ein Stehplatzbereich rund um das Musikpodium herum eingerichtet. Dieser Bereich erfreute sich solch großer Beliebtheit, dass er in den kommenden Jahren wieder eingerichtet werden sollte.[192]

Bedingt durch den innerdeutschen Mauerfall und die Öffnung des Eisernen Vorhangs gen östliches Europa, kamen 1990 vermehrt Besucher aus den neuen Bundesländern und den „Ostblockstaaten" auf das Oktoberfest[193]. Dieser Trend setzte sich im Folgejahr weiter durch, wobei dieser neuen Besuchergruppe eine Abnahme der Besucherzahlen aus den USA und Japan folgte. Anfang der 1990er Jahre ergab sich aber nicht nur eine veränderte Besucherstruktur, sondern auch ein Trend hin zur umweltbewussten und -schonenden Organisation der Großveranstaltung „Oktoberfest". War die Mülltrennung und Müllvermeidung 1990 noch auf freiwilliger Basis, so wurde sie 1991 per Verordnung für alle Betriebe auf dem Oktoberfest verpflichtend. Dieses neue Konzept wollten sich schließlich die Veranstalter des Cannstatter Volksfestes nicht entgehen lassen: Eine Stuttgarter Delegation reiste zum Erfahrungsaustausch nach München.[194] In den folgenden Jahren wurde das Umweltkonzept weiter verfolgt und sowohl in München als auch in Stuttgart zahlreiche Maßnahmen ergriffen.

Mit dem neuen Feiertag zur Deutschen Einheit am 3. Oktober konnte das Oktoberfest 1994 erstmals einen Tag länger als die üblichen 16 Tage gefeiert werden[195]. 2001 wurde per Beschluss die Regelung getroffen, dass das Oktoberfest verlängert wird, wenn der 3. Oktober auf einen Montag oder Dienstag fällt. Damit findet heute die „Gaudi auf der Wiesn" maximal 18 Tage statt.

Im Jahr 1995 konnten wieder zahlreiche Besucher aus den osteuropäischen Staaten auf dem Oktoberfest begrüßt werden. Seit diesem Jahr bestand auch die Möglichkeit, sich per Internet über das Fest der Feste zu informieren. Im ersten Jahr als das Fremdenverkehrsamt München die Möglichkeit des World Wide Webs nutzte, konnten rund 500.000 Nutzer des Angebots zur Wiesn im Internet registriert werden. Neu war in diesem Jahr auch die Wiesnführung, die interessierten Besuchern die Geschichte und das Leben auf dem Oktoberfest näher bringen wollte. Diese Führungen gibt es auch heute noch und sie sind wahrscheinlich weltweit einmalig für ein Volksfest. Weniger neu, aber dennoch sehr beliebt waren wieder die beiden

---

[192] Vgl. TAM Oktoberfest-Schlussbericht 1989 und 1990
[193] Vgl. Ebd.
[194] Vgl. ebd. 1991
[195] Vgl. ebd. 1994

Familientage mit ihren günstigeren Angeboten und besonderen Aktionen für Familien und besonders die kleinen Besucher.[196]
Wie wichtig allen Beteiligten des Oktoberfestes speziell die Kinder waren, konnte 1996 an einer Spende abgelesen werden. Die Marktkaufleute und die Schausteller der Wiesn spendierten der Kinderbetreuungsstelle auf der Theresienwiese eine neue und kindgerechte Möblierung. Weniger für den Innenbereich, vielmehr für die Verschönerung des Außenbereichs sorgte im gleichen Jahr das Hippodrom. Hier wurde erstmals ein Biergarten vor dem Zelt eingerichtet. Allerdings wurde gleichzeitig mit dieser Neuerung die Schlusszeit des Festzeltes neu geregelt. Bisher hatte das Hippodrom als eines von wenigen Zelten auf dem Oktoberfest die Erlaubnis, nachts länger geöffnet zu bleiben als es die Regel war. Damit sollte jetzt Schluss sein und das Hippodrom musste sich den regulären Öffnungszeiten und Schließzeiten unterordnen.[197]
Das allgemeine Tourismusaufkommen bescherte dem Oktoberfest 1997 zahlreiche Besucher aus dem Ausland. Trotz erhöhtem Besucheraufkommen gingen die Diebstähle bei den Bierkrügen stark zurück[198]. Außerdem konnten die Veranstalter gleich zwei Erfolge verbuchen. Zum einen wurden die Besucherzählungen der Festleitung bestätigt, die jedes Jahr per Hochrechnung aufgestellt werden. Grund dafür war der in Stuttgart schwelende Streit auf dem Cannstatter Volksfest über angeblich nach oben korrigierte Besucherzahlen. Deshalb ließ der Vorsitzende des Bundesverbandes der Schausteller und Marktkaufleute, Walter Weitmann, an den Ein- und Ausgängen des Oktoberfestes (!) die Besucher per elektronischer Zählung erfassen[199]. Dabei stellte sich heraus, dass die Hochrechnungen der Festleitung sogar etwas niedriger lagen als die alternative Berechnung und Walter Weitmann blamierte sich nicht nur in München, sondern auch in Stuttgart.
Der zweite Erfolg für das Jahr 1997 ging auf das Konto des seit den 1990er Jahren eingeführten Umweltkonzeptes bei der Organisation des Oktoberfestes. Die Stadt München bewarb sich mit insgesamt 120 Teilnehmern um den Wettbewerb „Umweltfreundliche Fremdenverkehrsorte". Im Februar 1997 wurde der Stadt München schließlich der Bundes-Projektpreis „Umweltrichtlinien für Großveranstaltungen" verliehen. Damit wurde die Stadt in ihren Bestrebungen bestärkt und baute die Maßnahmen weiter aus. Aber auch das Sicherheitskonzept wurde auf dem Oktoberfest weitergeschrieben. In insgesamt vier Phasen wurde von 1997 bis 2000 die Sicherheit auf der Wiesn enorm verbessert.[200] Wichtigste Eckpunkte waren unter anderem, dass an den Oktoberfestsamstagen keine Fußball-Bundesligaspiele mehr angesetzt werden durften, der Lieferverkehr reduziert und die Rettungswege weiter ausgebaut wurden. Weiterhin wurde der Kinderschutz in die Oktoberfestverord-

---

[196] Vgl. ebd. 1995
[197] Vgl. TAM Presse-Information: Kinderbetreuungsstelle im neuen Glanz, 2.10.1996; TAM Oktoberfest-Schlussbericht 1996
[198] Vgl. TAM Oktoberfest-Schlussbericht 1997
[199] Vgl. TAM Presse-Information: Wiesn-Besucherzählung der Festleitung durch elektronische Zählung bestätigt, 22.9.1997
[200] Vgl. ebd.: „Umwelt-Oscar" für die Wiesn. Bundes-Projektpreis für das Umwelt-Konzept, Juli 1997; TAM Presse-Information: Sicherheit auf der Wiesn, 27.7.2000

nung aufgenommen und in den Zelten musste die Ordnerzahl erhöht werden. In der zweiten Phase wurden vor allem die Engstellen auf der Theresienwiese entzerrt und dadurch die Fischer-Vroni an den Anfang der Wirtsbudenstraße verlegt. Außerdem bekamen die Brauereigespanne einen bestimmten Platz vor den Zelten zugewiesen, damit deren Ein- und Ausgänge frei blieben. In der dritten Phase wurde die Theresienwiese saniert, die Toilettenanlagen verbessert und die Reservierungsmöglichkeiten an den Wochenenden in den Zelten beschränkt. In der vierten und damit letzten Phase wurde der Bereich um die U-Bahnstationen entzerrt, das Ordnerkonzept in den Festzelten verbessert und die Sicherheitsmaßnahmen zur Sturmfestigkeit der Bierzelte erhöht. Bis heute wurde dieses Sicherheitskonzept weiter ausgebaut, um den Besuchern einen möglichst reibungslosen und vor allem sicheren Besuch auf dem Oktoberfest gewährleisten zu können.
Zum besseren Festablauf wurden im Juli 1998 die Büros der sechs Mitarbeiter der Abteilung Veranstaltungen des Fremdenverkehrsamtes ganzjährig in die Nähe der Theresienwiese verlegt. Damit wurden die Wege auf das Festgelände enorm verkürzt und auch der Ablauf des Bewerbungsverfahrens mit dem hohen Parteiverkehr verbessert. Der größte Clou des Jahres 1997 war allerdings die Einführung der Aktion „Wiesn Hits für Kids", die sich auch heute noch großer Beliebtheit erfreut. Bei dieser Aktion werden niedrigere Preise, kindgerechte gastronomische Angebote und Vergnügungen geboten. In einem extra aufgelegten Faltblatt, in dem auch die Wickelstation, der Kinderwagenabstellplatz und umliegende Spielplätze eingezeichnet sind, können sich Familien über die teilnehmenden Betriebe informieren. Außerdem werden vom Maskottchen des Angebots, dem Münchner Kindl, wichtige Tipps zu einem Wiesnbesuch mit Kindern gegeben. Mit der „Mittagswiesn" kehrte 1998 eine weitere Neuheit auf das Oktoberfest ein. Hier werden auch heute noch von bestimmten Betrieben – vom Fahrgeschäft über die Bierzelte bis hin zu den Imbissständen – zwischen 12 und 15 Uhr besonders günstige Preise angeboten. Damit sollte die Trendwende zu einer gemütlichen und familienfreundlichen Wiesn eingeleitet werden. Bestätigt wurde dies auch ein Jahr später, als mehr Familien auf dem Oktoberfest gezählt werden konnten.[201]
Nachdem in den vorangegangenen Jahren neue Angebote für Familien eingeführt worden waren, wurde sich ab 1999 dem biologisch und ökologisch bewussten Wiesnbesucher zugewendet. Die Stadt München forderte die Beschicker auf, bei ihren Lebensmitteln auch auf eine einwandfreie Herkunft zu achten und wenn möglich, biologisch erzeugte Produkte zu verwenden. Daneben wurden zahlreiche Tipps zu Bio-Lebensmitteln, deren Bezug und Verarbeitung gegeben. Einige Beschicker nahmen schließlich Bio-Produkte in ihr Sortiment auf und das Oktoberfest 1999 konnte erstmals ökologische Wiesn-Schmankerl anbieten. Daneben schlossen sich weitere Festzeltbetreiber dem im Vorjahr eingeführten Wasserrecycling an. Mit der Umleitung des Wassers aus den Bierkrugspülmaschinen in die Abortanlagen konnte das Abwasser in den Festzelten enorm reduziert werden.[202]

---

[201] Vgl. TAM Oktoberfest-Schlussbericht 1998 und 1999
[202] Vgl. TAM Presse-Information: Umweltkonzept auf der Wiesn 99, Juli 1999

Ein weiterer Meilenstein eines umweltbewussten Oktoberfestes wurde 2000 mit dem Angebot eines aus regenerativen Energien erzeugten Stroms gesetzt. Insgesamt 44 Prozent der Beschicker nutzten diesen nachhaltigen Strom. Zu mehr Stromverbrauch regte dagegen ein Stand der Firma Siemens an, der durch eine kostenlose E-Mail-Verschickaktion an die 20.000 E-Mails während des Oktoberfestes versandte. Außerdem gab es zum Millenniums-Oktoberfest eine neue Internetseite für das Fest: Unter www.oktoberfest.de können bis heute jeweils die neuesten und wichtigsten Informationen rund um das Oktoberfest abgerufen werden. Als Highlight galt aber nicht der neue Internetauftritt, sondern der Sonderfestzug zu Ehren des 150. Geburtstages der Bavaria, der vom Verein Bavaria 2000 e.V. veranstaltet wurde. Das Souvenir des Jahres wurde dennoch nicht die Bavaria, sondern der im Auftrag der Stadt München vom Cartoonisten Dietmar Grosse als Oktoberfest-Maskottchen entwickelte Wiesn-Wastl. Der rosarote Dackel mit dem Herzen am rechten Fleck und einem bayerischen Outfit war als Plüschversion zu erstehen, prangte aber auch auf Schlüsselanhängern, Regenschirmen, Schirmkappen, Baumwolltragetaschen, Rucksäcken und T-Shirts. Dieses Maskottchen wurde den Verkäufen förmlich aus den Händen gerissen. Zur Wiesn 2000 gab es aber auch weniger schöne Entwicklungen. Es wurde vor allem bemängelt, dass sich die Festzelte durch diverse Veranstaltungen und die neuen Showkapellen immer mehr zu Disco-Betrieben wandeln würden. Diesem Trend sollte dringend Einhalt geboten werden, wie es im Schlussbericht hieß.[203]

Viel schlimmer als der Trend der Bierzelte zu Disco-Betrieben waren jedoch die Terroranschläge vom 11. September 2001 in den USA. So sehr bestürzt über dieses Ereignis wurde in München über eine Absage des Oktoberfestes nachgedacht. Der Ältestenrat des Stadtrates hat sich schließlich am 14. September für ein Oktoberfest mit Einschränkungen ausgesprochen. Die Münchner Bevölkerung blieb gespalten. Das Oktoberfest mit Einschränkungen bedeutete konkret verstärkte und vor allem kurzfristige Sicherheitsmaßnahmen – vor allem die Installation von Videokameras auf dem Festgelände –, einen Verzicht des Einzugs der Wiesnwirte sowie ein Verzicht auf die Anzapfzeremonie. Lediglich eine kurze Ansprache des Oberbürgermeisters Christian Ude eröffnete das Oktoberfest. Die Beschicker des Oktoberfestes von 2001 mussten durch die ausbleibenden Besucher bis zu 50 Prozent an Umsatzeinbußen hinnehmen. Dennoch waren Veranstalter, Betreiber und Beschäftigte mit dem Verlauf des Oktoberfestes zufrieden. Immerhin konnte das Fest entgegen vieler Befürchtungen störungsfrei und friedlich veranstaltet werden.[204]

Das Oktoberfest von 2002 stand noch völlig unter den Nachwirkungen der Terroranschläge und die Besucher aus den USA blieben dem Fest fern. Damit den Besuchern aber auch in diesem Jahr ein hoher Grad an Sicherheit gewährleistet werden konnte, wurden wieder Videokameras auf dem Festgelände angebracht. Dies mag zwar Gedanken über eine ständige staatliche Beobachtung hervorrufen, aber für die Sicherheit und die Strafverfolgung auf dem Oktoberfest sind die Videokameras bis heute ein hilfreiches Werkzeug. Vor allem auch Familien fühlten sich sicherer auf

---

[203] Vgl. TAM Oktoberfest-Schlussbericht 2000
[204] Vgl. ebd. 2001; Weniger Bier 2001: 71f, 77

dem Oktoberfest und der Sonntag entwickelte sich im Laufe der letzten Jahre zu einem Familientag, während bis heute die Samstage von Familien möglichst gemieden werden. Als Alternativprogramm zur überfüllten Theresienwiese wurde vom 14. September bis zum 24. November im Münchner Stadtmuseum eine Ausstellung unter dem Titel „Mass für Mass – 50 Jahre Oktoberfest Plakate" präsentiert. In der Ausstellung wurde vor allem über das 50-jährige Bestehen des Oktoberfest-Plakatwettbewerbs informiert. Es waren aber auch frühere Plakate und andere Werbematerialien zum Oktoberfest zu bestaunen.[205]

Eine Anlaufstelle für Mädchen und Frauen in Not wurde erstmals 2003 als Security Point im Behördenhof eingerichtet. Außerdem wurde das Kinderwagenverbot an Sonntagen aufgehoben, damit sich dieser Tag, wie sich in den Jahren zuvor bereits abzeichnete, zu einem wirklichen Familientag entwickeln konnte. Das Kinderwagenverbot für die Wiesnsamstage wurde jedoch beibehalten. Im Zuge der familienfreundlichen Wiesn wurden 2003 außerdem zwei Kinderoasen eingerichtet. Hier konzentrierten sich die Kinderfahrgeschäfte und den Eltern wurden Ruhebänke angeboten.[206] Die beiden Kinderoasen gingen 2006 in das sogenannte Familien-Platzl über.

Nicht nur für die Kinder wurde auf der Wiesn gesorgt, sondern auch für eine gute Unterkunft der städtischen Mitarbeiter. Das neue Servicezentrum auf der Theresienwiese wurde am 10. August 2004 vom Oberbürgermeister Christian Ude in einem einfachen Festakt eröffnet. Der 84 Meter lange Kupferbau des Architekten Volker Staab löste den provisorischen Behördenhof ab und ist seither der ganzjährige Arbeitsplatz der Abteilung Veranstaltungen des Münchner Fremdenverkehrsamtes. Für das Oktoberfest 2004 wurde erstmals ein Faltblatt mit dem Titel „Spaß auf dem Oktoberfest" mit Hinweisen zu den Verhaltensregeln auf der Wiesn herausgegeben und eine Wiesn-Card eingeführt. Mit der Wiesn-Card auf die ein Guthaben in Höhe von 30, 40 oder 50 Euro geladen werden konnte, sollte die bargeldlose Bezahlung per Chip-Karte auf dem Oktoberfest einziehen. Die Karte gewährte zudem zehn Prozent Ermäßigung auf alle Leistungen, besaß aber in den Bierzelten keine Gültigkeit. Außerdem war die Wiesn-Card familienfreundlich gestaltet, da mit ihr keine Tabakwaren und auch kein Alkohol gekauft werden konnte. Allerdings hatte die Wiesn-Card starke Startschwierigkeiten und wurde bei den Besuchern kaum akzeptiert, weshalb der erhoffte Erfolg weitgehend ausblieb. Zwar wurde die Karte auch in Stuttgart gut geheißen und überlegt, eine solche Bezahlung auch auf dem Cannstatter Volksfest einzuführen, aber durch den ausgebliebenen Erfolg in München blieb die bargeldlose Bezahlung eine einmalige Angelegenheit.[207]

---

[205] Vgl. ebd. 2002
[206] Vgl. ebd. 2003; TAM Presse-Information: Auf geht's zur Wiesn 2003, 31.7.2003
[207] Vgl. TAM Oktoberfest-Schlussbericht 2004; vgl. auch TAM Presse-Information: Neu auf der Wiesn, 21.7.2004 und Cannstatter Zeitung, 4.8.2004, Bargeldlos auf dem Volksfest bezahlen

Abb. 5: Das Oktoberfest bei Nacht, Foto

Festliche Trachten prägten das Bild vom Oktoberfest 2005 und auch Familien sowie ältere Generationen kamen wieder gerne auf die Wiesn. Die von den Veranstaltern angestrebte Trendwende zu einer gemütlichen Wiesn war damit erfolgt. Mittags und nachmittags war die Stimmung entspannt, während ab 18 Uhr die Jugend in den Zelten ausgelassen zu feiern begann. Dieses Feierspektakel wurde in dem Kinofilm „Oktoberfest" verewigt, der am 1. September 2005 seine Premiere hatte. In dem Film wurde das Geschehen auf der Wiesn am letzten Tag mit Hilfe verschiedener Erfahrungen von Menschen fiktiv nachgezeichnet. Weniger für die Kinogänger, als vielmehr für die kleinen Besucher wurde im Stadtmuseum an einem Wiesnsamstag eine Alternative zum Trubel auf dem Oktoberfest geboten. In Zusammenarbeit mit den Münchner Schaustellern wurde das Angebot „G'schichten vom Oktoberfest" initiiert. Hier konnten die Sechs- bis Zwölfjährigen zuerst den Erzählungen von früheren Oktoberfesten lauschen und anschließend einer Führung durch die Abteilung Puppentheater und Schaustellerei des Museums folgen. Danach standen das Figurentheaterspielen und das Basteln von Pappfiguren nach alten Vorlagen im Vordergrund. Als Teilnahmegeschenk durften die Kinder eine Wiesn-Fibel mit nach Hause nehmen und bekamen einen Gutschein für ein Fahrgeschäft auf dem Oktoberfest.[208]

Nachdem die Kinder und Familien den Veranstaltern des Oktoberfestes stets sehr am Herzen lagen, wurden 2006 die beiden Kinder-Oasen vom Familien-Platzl ab-

---

[208] Vgl. TAM Oktoberfest-Schlussbericht 2005; TAM Presse-Information: G'schichten vom Oktoberfest. Eine Kinderaktion im Münchner Stadtmuseum, 21.7.2005

gelöst. Im Rahmen der Aktion „Wiesn-Hits für Kids" bot das neue Kleinod alles was Kinderherzen höher schlagen ließ. Neben den Kinderfahrgeschäften fanden sich zahlreiche kindgerechte gastronomische Betriebe und ein Biergarten, der etwa 100 Sitzplätze bot. Dazu gab es wieder die bereits bekannte Broschüre mit Tipps zum Familienausflug auf das Oktoberfest und den Hinweisen zum Kinderwagenparkhaus, der Wickelstation und der Mikrowelle zur Erwärmung von Babynahrung.[209] Dieses neue Konzept wurde sehr gut angenommen und bis heute stets weiter ausgebaut.

Beim Oktoberfest 2007 konnten neben den zahlreichen Stammgästen aus Italien, Österreich und der Schweiz viele weitere ausländische Besucher begrüßt werden. Mit dem Anstieg der ausländischen Besucher fiel auch deren Lust zur Tracht auf, die von den Einheimischen überschwappte. Durch die gestiegenen Besucherzahlen wurden aber auch wieder Änderungsvorschläge laut. So sollte vor allem die Diskussion um einheitliche Öffnungszeiten der Betriebe weitergeführt werden. Damit könnten die Schwierigkeiten bei der Anlieferung, vor allem an den Wochenenden, ausgeräumt und zudem den Besuchern eine einheitliche Regelung vermittelt werden[210]. Die bisherigen Öffnungszeiten sind nach der jeweiligen Betriebsart gestaffelt: Die Festzelte dürfen täglich von 9 bis 23.30 Uhr geöffnet haben, wobei dem Weinzelt und der Käfer Wiesnschänke eine Öffnung bis ein Uhr nachts gewährt wird. Die Schausteller dagegen dürfen von Sonntag bis Donnerstag von 10 bis 23.30 Uhr und an den Freitagen, Samstagen sowie an und vor Feiertagen bis Mitternacht geöffnet haben. Bei den Verkaufsständen gelten die gleichen Zeiten wie bei den Schaustellern, nur dass diese samstags und sonntags jeweils ab 9 Uhr öffnen dürfen. Ob sich aber eine Veränderung und damit Vereinheitlichung der Betriebszeiten auf dem Oktoberfest einführen und durchsetzen lässt wird sich in der Zukunft zeigen.

Neu auf dem Oktoberfest 2007 waren die Gastro-Inseln, die im Schaustellerteil eingerichtet wurden, und auch in den Festzelten hat sich einiges verändert. Die Familie Schottenhamel wartete zu ihrem 140-jährigen Wiesnjubiläum mit einer neuen Bestuhlung auf, im Armbrustschützenzelt wurde zur besseren Belüftung ein Cabrio-Dach eingebaut und die Fischer-Vroni sowie das Löwenbräuzelt wurden mit neuen Toiletten ausgerüstet. In allen Festzelten wurde außerdem das Mitbringen von Brotzeiten in die Biergärten nun offiziell erlaubt.[211] Außerdem wurden wieder traditionell 250 vom Sozialamt empfohlene Seniorinnen und Senioren zu einer Brotzeit in das Schottenhamel-Festzelt eingeladen und die Festwirte der 14 gastronomischen Großbetriebe luden weitere 2.250 Münchnerinnen und Münchner ein. Daneben wurden seit 2003 über 1.000 Vorschulkinder in einer gemeinsamen Aktion von Tourismusamt, Schulreferat, Marktkaufleuten und Schaustellern auf das Oktoberfest eingeladen. Ihnen soll die „Wiesn als Kulturgut durch einen Oktoberfestbesuch nähergebracht"[212] werden.

---

[209] Vgl. ebd. 2006
[210] Vgl. ebd. 2007
[211] Vgl. TAM Presse-Information: Auf geht's zur Wiesn 2007, 24.07.2007 und Neu auf der Wiesn 2007, 24.7.2007
[212] Ebd.: Soziale Aspekte auf der Wiesn, 24.7.2007

Im Zuge des Gesetztes zum Schutz der Nichtraucher, das zum 1. Januar 2008 in Bayern in der deutschlandweit schärfsten Form eingeführt wurde, traten die Wiesnwirte bereits zwei Monate zuvor geschlossen dem Arbeitskreis zum Erhalt der Gastwirtschaften und Kneipen bei. Die Wirte wollten sich nicht damit abfinden, dass ab dem Oktoberfest 2008 in den Festzelten ein absolutes Rauchverbot eingeführt werden sollte. Sie argumentierten vehement, dass bei den über 100.000 Sitzplätzen in den 14 Bierzelten nicht garantiert werden könne, dass der Nichtraucherschutz in vollem Umfang gewährleistet werde.[213] Auf Grund der Gegenwehr der Wiesnwirte und der Kritik aus der Gesellschaft wird nun das Gesetz zum Schutz der Nichtraucher in Bayern überarbeitet. Bisher wurde angekündigt, dass ebenso wie in Baden-Württemberg, eine Ausnahmeregelung für Bierzelte in Zukunft denkbar sei. 2008 durfte ausnahmsweise noch ein Mal auf dem Oktoberfest geraucht werden. Danach soll über das Gesetz neu entschieden werden.

Was das Rauchverbot betrifft, so stellten 2008 einige Festwirte freiwillig auf einen rauchfreien Zeltbetrieb um. Einer dieser Betriebe ist zum Beispiel die neue Kalbs-Kuchl, die auf gut 300 Sitzplätzen rauchfreien Genuss von verschiedenen Kalbfleischgerichten bot. Die Organisatoren setzten mit einem Verbot, in den Festzelten Tabakwaren zu verkaufen, ebenfalls ein Zeichen. Weniger wegen dem blauen Dunst, sondern mehr wegen einer besseren Lichtdurchflutung hat das Hofbräuzelt eine neue Fensterfront in der Galerie an der Westseite bekommen.[214]

Außerdem hat sich die Stadt München weiter um die Sicherheit auf der Wiesn bemüht und für die Zeit des Auf- und Abbaus des Oktoberfestes die Theresienwiese mit Bauzäunen eingegrenzt. „Diese Vorsichtsmaßnahme ist notwendig geworden, da in den vergangenen Jahren der Oktoberfest-Aufbau-Tourismus trotz einfacher Baustellenbeschilderung zugenommen hat; sogar Schulklassen und Kindergartengruppen wurden immer mehr auf dem Baustellen-Gelände gesehen."[215] Ein anderer Sicherheitsaspekt war der weitere Ausbau der mittleren Anlieferstraße sowie die Neuregelung der Lieferzeiten, um den Verkehr auf dem Oktoberfest zu entzerren. Weiter wurde die Straßenbeleuchtung verbessert, die Toilettenanlagen erneuert und der Müllsammelplatz neu positioniert sowie umgestaltet.[216]

Heute gilt das Oktoberfest in München als das größte Volksfest der Welt, welches eine so große Publizität genießt, dass sein Name schon gar nicht mehr übersetzt werden braucht. „Doch ist diese Entwicklung nicht von ungefähr gekommen, ist diese Anziehungskraft München nicht zufällig oder gar unverdient in den Schoß gefallen. Mit der geschickt inszenierten Wiedergeburt des Oktoberfestes trafen zwei überaus günstige Faktoren zusammen: Das Wiedererwachen von Lebenslust und Lebensfreude nach einer langen Periode der Entbehrung und eine durch die Entwicklung des Massentourismus begünstigte Reisefreudigkeit von bis dahin unbekannten Ausmaßen, die heute noch nicht einmal ihren Höhepunkt erreicht hat."[217]

---

[213] Vgl. Süddeutsche Zeitung online, 28.11.2007: Gegen das Rauchverbot
[214] TAM Presse-Information: Neu auf der Wiesn 2008, 22.7.2008; TAM Presse-Information: W 7 Sicherheit auf der Wiesn. Neuerungen für die Wiesn 2008, 22.7.2008
[215] Ebd.: W 7 Sicherheit auf der Wiesn. Neuerungen für die Wiesn 2008, 22.7.2008
[216] Ebd.
[217] Hoferichter/ Strobl 1960: 102

Wurde das Oktoberfest nach 1945 nochmals „als bayerische Selbstinszenierung in der Form, die sich vor dem Krieg herauskristallisiert hatte"[218] gefeiert, so kam sehr rasch die Trendwende zu einem kommerzialisierten Fest. Das Oktoberfest ist heute auch „ein Fest, das augenscheinliche Tradition mit lockerem Amüsement, vorgegebener Oberflächlichkeit und vor allem Stimmung, was immer das auch genau sein mag, verbindet, und das von so manchem Stammgast, welcher den Zeitenablauf allein mit Hilfe des Wies'n-Rhythmus terminiert, Jahr für Jahr aufs neue erwartet wird."[219] Das heißt genauer, dass trotz aller Vorwürfe, das Oktoberfest sei nicht mehr das, was es einmal war und dass nur noch Partygänger auf der Theresienwiese zu finden seien, das Fest nichts von seiner Beliebtheit eingebüßt hat. Das Oktoberfest, das heute von einem nur sechs Mitarbeiter umfassenden Stab des Münchner Tourismusamtes organisiert wird, der von weiteren zehn technischen Kräften des Oktoberfestbauhofes unterstützt wird[220], erfreut sich weiterhin als der Besuchermagnet des Münchner Tourismus schlechthin. Eine Umfrage über die Akzeptanz und die Bekanntheit deutscher Begriffe im Ausland wurde im Februar 1999 von der Deutschen Zentrale für Tourismus in Auftrag gegeben und bestätigte den Trend. Die Agentur Bates fand heraus, dass weltweit 91 Prozent der Befragten den Begriff „Oktoberfest" kannten. Unterstützt wird diese Bekanntheit zudem durch die rund 2.000 weltweiten „Oktoberfeste" die jedes Jahr veranstaltet werden. Die größten davon sind die Feste in Blumenau/Brasilien und in Kitchener/ Kanada die jeweils rund eine Million Besucher anziehen.[221]

2.3. Besondere Veranstaltungen/ Festelemente des Oktoberfestes

Üblicherweise finden während des Oktoberfestes zahlreiche Veranstaltungen statt. Dazu zählen neben dem traditionellen Einzug der Wiesn-Wirte auch der Trachten- und Schützenzug sowie zum Beispiel das heute nur noch im vierjährigen Rhythmus stattfindende Zentrallandwirtschaftsfest. Einige Veranstaltungen wurden aber auch durch die Umstände der sich wandelnden Gesellschaft abgeschafft. So wurden im 19. Jahrhundert jährlich ein oder mehrere Pferderennen auf dem Oktoberfest ausgetragen, die sich jedoch im 20. Jahrhundert verloren. Ähnlich erging es anderen Veranstaltungen, die aus Zweckmäßigkeit oder wegen der ausbleibenden Zuschauer wegfielen.
Dabei und auch bei der gesamten Entwicklung des Oktoberfestes können zahlreiche Parallelen zum Cannstatter Volksfest gezogen werden. Zwar gab es nicht immer die bis ins kleinste Detail gleichen Veranstaltungen – so finden zum Beispiel nur auf dem Oktoberfest die Schützenfeste statt – aber es lässt sich eine gemeinsame Linie finden. Aus diesem Grund sollen auch nur die Besonderheiten des Oktoberfestes genauer beleuchtet werden, die ein Pendant in Stuttgart haben.

---

[218] Göbel 2005: 253
[219] Dering 1985: 117
[220] Vgl. Dering 1985: 102
[221] Vgl. TAM Presse-Information: Wiesn-Wirtschaft, Das Oktoberfest als Wirtschaftsfaktor, 24.7.2007

Im folgenden Abschnitt werden zunächst die früheren Pferderennen, das Zentrallandwirtschaftsfest sowie die Funktion der Bavaria betrachtet. Danach wird näher auf die Eröffnungsfeierlichkeiten, den Trachten- und Schützenumzug, die Schaustellerei und die Entwicklung der Bierzelte auf dem Oktoberfest eingegangen.

2.3.1. Die Pferderennen

Die Theresienwiese als Veranstaltungsort des Oktoberfestes ist heute noch durch das Oval der einstigen Pferderennbahn bestimmt. Das Pferderennen war auch der eigentliche Entstehungsgrund der Oktoberfeste. „Volksfestvergnügen, wirtschaftlicher Nutzen und Vereinigung der Nation – dies sind zusammen mit dem dynastischen und damit profanen Festanlaß Elemente einer Festtheorie des 18. Jahrhunderts, die 1810 mit einem Rahmenprogramm in die Form des Pferderennens umgesetzt wurden und auf ungeheure Resonanz stießen."[222] Zwischen 1810 und 1913 waren die Pferderennen damit konstanter Bestandteil des Oktoberfestes, eine Wiederbelebung nach dem Ersten Weltkrieg missglückte jedoch durch die veränderten Rahmenbedingungen. Nun aber zurück zu den Anfängen der Pferderennen auf der Theresienwiese, das erstmals zu Ehren der Kronprinzenhochzeit 1810 ausgetragen wurde.
Von 1810 bis 1817 gab es jedes Jahr ein Pferderennen, während ab 1818 bis 1875 ein zweites Rennen als Nachrennen am Sonntag nach dem Oktoberfest eingeführt wurde[223]. Unumstrittener Sieger der ersten Pferderennen war der stadtbekannte Xaver Krenkl mit seinen aus England importierten Pferden. Nachdem aber stets die ausländischen Pferde auf den ersten Plätzen der Rennen rangierten wurden schnell die Teilnahmebestimmungen beschränkt. Zum Hauptrennen wurden schließlich nur noch inländische Pferde zugelassen, um die bayerische Pferdezucht zu fördern. Xaver Krenkl konnte deshalb 1826 nur noch beim Nachrennen am zweiten Festsonntag einen Preis erringen[224].
Mit dem organisatorischen Übergang der Oktoberfeste in die Hand des Magistrats, organisierte die Stadt München ab 1819 auch die Pferderennen. Im Laufe des 19. Jahrhunderts wurden noch weitere Varianten der Pferderennen eingeführt. So zum Beispiel 1830, 1860, 1863 und 1910 ein Ringelstechen in Form eines Zielreitens. Anfangs galten die Pferderennen auf dem Oktoberfest vor allem als Zeitvertreib für „die hobbyreitenden Großbürger"[225], die erst ab 1865 mit der Gründung des ersten Rennvereins und den besseren Zuchtpferden verdrängt wurden. Bis zum Trend der Professionalisierung der Pferderennen, waren diese bis zur Mitte des 19. Jahrhunderts eher als Volksbelustigungen gedacht. Insgesamt war die Entwicklung der Pferderennen auf dem Oktoberfest bis zum Beginn des 20. Jahrhunderts schließlich durchaus positiv. Zwischen 1907 und 1913 wurden neben dem Haupt-

---

[222] Dering 1985: 126
[223] Vgl. Möhler 1980: 82; Dering 1985: 126
[224] Vgl. Dering 1985: 127
[225] Möhler 1981: 72

rennen ein Trabrennen und zwei weitere Trabrennen mit Wagen ausgetragen. Zwischen 1934 und 1938 gab es nur noch ein Hauptrennen, ein Trabrennen sowie verschiedene Reitturniere. Danach rückten die Pferderennen auf dem Oktoberfest aus dem Fokus[226].
Nach dem Zweiten Weltkrieg waren die Pferderennen nur noch ein Bestandteil des Zentrallandwirtschaftsfestes und wurden 1972 durch den Bau des Olympiastadions auch von diesem Fest verdrängt[227]. Die Pferderennen „als ältester und beliebtester Veranstaltungspunkt"[228] auf dem Oktoberfest, verschwanden bis zur Mitte des 20. Jahrhunderts allmählich vom Festplatz und sind heute nur noch in Geschichten zu finden.

2.3.2. Das Zentrallandwirtschaftsfest

Anders als beim Cannstatter Volksfest ist das Zentrallandwirtschaftsfest in München nicht der eigentliche Grund des ersten Oktoberfestes gewesen. Erst nach dem erfolgreichen Pferderennen von 1810 wurde überlegt, die Veranstaltung jedes Jahr stattfinden zu lassen und dazu ein landwirtschaftliches Fest zu feiern. So gab es 1811 neben dem Pferderennen eine erste Viehausstellung mit einem Viehmarkt. Die zugehörigen Viehprämierungen galten als „Herzstück des Landwirtschaftsfestes"[229], wie zahlreiche Gemälde bezeugen. Es wurden neben Geld- und Ehrenpreisen auch symbolische Preise wie Fahnen, Urkunden, Münzen, Medaillen oder Bücher zur Landwirtschaft auf dem Landwirtschaftsfest verliehen[230].
Bevor aber das erste Zentrallandwirtschaftsfest gefeiert werden konnte, musste erst der Landwirtschaftliche Verein gegründet werden. Bereits 1809 soll ein Antrag zur Gründung eines solchen Vereins gestellt worden sein, dessen Statuten am 9. Oktober 1810 vom König bestätigt wurden. Mit der Gründung des Landwirtschaftlichen Vereins in Bayern entstanden in den darauf folgenden Jahren zahlreiche kleinere Vereine, die neben dem Zentrallandwirtschaftsfest in München kleinere Kreislandwirtschaftsfeste vor Ort im Königreich für die Bauern organisierten, die sich den weiten Reiseweg nach München nicht machen oder leisten konnten. Der Landwirtschaftliche Verein in Bayern galt von 1811 bis 1913 als der Veranstalter des Zentrallandwirtschaftsfestes und organisierte 1811 und 1812 sogar das Gesamtfest. In der Zeit zwischen den beiden Weltkriegen war die Landesbauernkammer der Veranstalter des Zentrallandwirtschaftsfestes und ab 1949 der Bayerische Bauernverband als der Nachfolger des Landwirtschaftlichen Vereins.[231]
Bis 1816 wurde das Zentrallandwirtschaftsfest jedes Jahr in seiner Ausgestaltung erweitert. Neben der Ausstellung landwirtschaftlicher Produkte gab es eine Ausstellung neuer Gerätschaften zur Verbesserung des Ackerbaus und eine Auszeich-

---

[226] Vgl. ebd.: 12ff; Dering 1985: 126ff
[227] Vgl. Dering 1985: 126
[228] Ebd.: 11
[229] Möhler 1981: 24
[230] Vgl. Dering 1985: 151f
[231] Vgl. Möhler 1980: 31; Möhler 1981: 29, 43; Dering 1985: 150f; Erichsen 2006: 177

nung landwirtschaftlicher Dienstboten kam hinzu. Ab 1820 gab es beim Zentrallandwirtschaftsfest auch landwirtschaftliche Geräte oder Maschinen, Werkzeuge, Vieh und nützliche Lehrbücher zu gewinnen. Auf dem Fest von 1822 wurden die technischen Gerätschaften bereits vorgeführt und die Bauern mussten nicht mehr die Katze im Sack kaufen. Ein Jahr später wurde noch eine weitere Preiskategorie eingeführt: Beamte und Gemeindevorsteher, die sich um die Landwirtschaftsförderung verdient gemacht haben, wurden ausgezeichnet. Produkte aus der Seidenzucht und Spinnerei wurden ab 1827 ausgestellt und prämiert. Ab 1836 kamen weitere Preise zur Betriebsverbesserung und zur Landesverschönerung hinzu. Dem Zentrallandwirtschaftsfest und damit dem Landwirtschaftlichen Verein kam in der ersten Hälfte des 19. Jahrhunderts eine sehr große Bedeutung zu. Verdeutlicht werden kann diese Entwicklung durch die Mitgliederzahl, die von anfänglich 500 bis 1837 auf insgesamt 10.338 angestiegen war.[232]

Abb. 6: „Preiß-Vertheilung am Octoberfest zu München", 1824, Albrecht Adam, kolorierte Lithographie

Im Verlauf des 19. Jahrhunderts nahmen „die Ausstelllungen zur Demonstration des Fortschritts und der Leistung (...) gigantische Ausmaße an"[233]. Dafür musste 1876 die Landwirtschaftsausstellung um weitere 42 Stände vergrößert werden. 1885 wurden schließlich im Glaspalast neben den üblichen Ausstellungen des Zentral-

---

[232] Vgl. Die Feier des Landwirtschafts- oder Oktoberfestes 1837: 4; Dering 1985: 151
[233] Möhler 1980: 65

landwirtschaftsfestes eine bayerische Landesobst-, Landesweintrauben- und Landeshopfenausstellung gezeigt.[234] Mit dem Beginn der Industrialisierung kam vor allem der Geräte- und Maschinenausstellung eine besondere Rolle auf dem Zentrallandwirtschaftsfest zu. Diese Bedeutung verstärkte sich in den Anfängen des 20. Jahrhunderts immer weiter. Nach dem Ersten Weltkrieg hing sogar das gesamte Zentrallandwirtschaftsfest von den Anmeldungen der Industriefirmen ab.[235] Während bereits unter Luitpold das Zentrallandwirtschaftsfest im Königreich Bayern nicht mehr als Hauptbestandteil des Oktoberfestes galt, so wurde es während der nationalsozialistischen Herrschaft noch unbedeutender. In dieser Zeit wurde nur ein einziges Zentrallandwirtschaftsfest gefeiert und zwar 1933. Erst wieder nach dem Zweiten Weltkrieg sollte das Zentrallandwirtschaftsfest als Leistungsschau und Informationsbörse für die Landwirte auferstehen. Mit dem ersten Zentrallandwirtschaftsfest der Bundesrepublik Deutschland wurde 1949 auch gleich ein zwei- bzw. dreijähriger unregelmäßiger Rhythmus für die Feste vereinbart. Von 1975 bis 1996 wurde der Rhythmus auf drei Jahre festgelegt.[236]

Anfängliches Ziel der Zentrallandwirtschaftsfeste war die Förderung der Landwirtschaft und das Vorführen effizienter Arbeitsmethoden für die Bauern im Königreich Bayern. Mit dem Wandel zu einem Industriestaat ist dies mittlerweile hinfällig geworden und die Anziehungskraft für die Besucher musste seit den 1950er Jahren durch besondere Attraktionen wie einem Modellbauernhof oder einem fränkischen Weinberg mit Ruinen und Fachwerkdorf angekurbelt werden. Denn die längst ertrags- und leistungsorientierte Landwirtschaft sowie das zugehörige Fest haben sich auch auf die Maschinen-, Fleischverarbeitungs- oder Brauindustrie eingestellt. Heute benötigt die Landwirtschaft keinen staatlichen Ansporn mehr. „In diesem Sinn ist das Zentral-Landwirtschaftsfest trotz der genannten historisierenden Tendenzen in einem umfangreichen Programmbereich letztendlich eine von den entsprechenden Firmen zum Großteil finanzierte Absatzförderungsveranstaltung."[237]

Bis heute hat sich daran nichts mehr geändert und auf dem Zentrallandwirtschaftsfest, das immer noch vom Bayerischen Bauernverband auf dem Südteil der Theresienwiese veranstaltet wird, finden sich neben bayerischen Unternehmen auch internationale Vertreter der Landwirtschaft[238]. Von 1811 bis heute hat das Zentrallandwirtschaftsfest einen beachtlichen Wandel vollzogen und war selbst stets mehreren Veränderungen unterworfen als das Oktoberfest. Das Zentrallandwirtschaftsfest findet seit 1996 nur noch alle vier Jahre neben einem kleineren Oktoberfest statt.

---

[234] Vgl. Hoferichter/ Strobl 1960: 45; Bauer und Fenzl 1985: 57
[235] Möhler 1981: 36; Dering 1985: 151f
[236] Vgl. Hoferichter/ Strobl 1960: 104; Möhler 1980: 32; Möhler 1981: 40ff; Dering 1985: 11, 152; Bauer und Fenzl 1985: 98
[237] Dering 1985: 152
[238] Vgl. Dering 1985: 152

2.3.3. Die Bavaria

Bereits 1810 wurden die Gedanken zu einem großen Denkmal laut, das zu Ehren der Kronprinzenhochzeit von hoch oben auf die Wiese des Pferderennens schauen sollte. Aber erst unter König Ludwig I., der von einer förmlichen Bauwut beseelt „eine Stadt im Aufbruch von der Provinzhauptstadt zum leuchtenden Isar-Athen"[239] erstehen lassen wollte, wurde die Idee eines Denkmals auf der Theresienwiese weiterverfolgt. Am 28. Mai 1837 wurden schließlich die Verträge zur Herstellung der Bavaria unterzeichnet. Die Bavaria selbst sollte den König 286.346 Gulden und die dazugehörige Ruhmeshalle ganze 614.987 Gulden kosten. Das technische Meisterwerk der Bavaria wurde vom Bildhauer Ludwig von Schwanthaler angeblich nach dem Vorbild seiner Angebeteten Cornelia entworfen, von Ferdinand von Miller in seiner Erzgießerei gegossen und von Leo von Klenze erbaut.[240]

Nach insgesamt sechs Jahren Gießzeit – 1845 wurde die Brust der Bavaria gegossen – konnte die 18 Meter hohe und 87.360 Kilogramm schwere erste Kolossalplastik der Neuzeit aufgestellt werden. Die Enthüllung der Bavaria wurde am 9. Oktober 1850 feierlich begangen und krönte das Oktoberfest. Der Bavaria wurde ein Löwe als bayerisches Wappentier zur Seite gestellt, die beide seit ihrer „Errichtung (...) die Gesamtansichten der Festwiese, die sonst überwiegend auf die Stadtsilhouette ausgerichtet waren, eine neue Orientierung"[241] gaben. Hinter der Bavaria wurde 1853 die 67 Meter lange Ruhmeshalle, eine Nachempfindung der Walhalla eröffnet und komplettierte die Anlage.[242] Seither überragt die Bavaria das Geschehen auf der Theresienwiese und zu ihren Füßen wird jedes Jahr auf dem Oktoberfest das Standkonzert veranstaltet. Als fester Bestandteil der Wiesnarchitektur werden, wann immer möglich, Jubiläumszüge zu Ehren der Bavaria veranstaltet. Und im Gegensatz zur Fruchtsäule auf dem Cannstatter Volksfest in Stuttgart ist die Bavaria das ganze Jahr über zu sehen.

2.3.4. Der Festeinzug und die Eröffnung

Im Zusammenhang mit dem Oktoberfest spielen die Einzüge und Umzüge heute eine große Rolle. Früher zogen alle Besucher und Teilnehmer gemeinsam von der Stadt auf die weit vor den Toren Münchens liegende Theresienwiese. Heute bleibt dies den Festwirten am Eröffnungstag und den Teilnehmern des Trachten- und Schützenzuges am ersten Festsonntag vorbehalten[243]. Beide Umzüge gelten zudem

---

[239] Behringer 1997: 142
[240] Vgl. Destouches 1910, Säkular-Chronik: 81; Molin 1985: 6; Nöhbauer 1987: 334; Behringer 1997: 142; Fischer 1997: 6, 25; Blath 2004: 36f
[241] Dering 1985: 63
[242] Vgl. Destouches 1910, Säkular-Chronik: 81; Destouches 1910, Gedenkbuch: 28; Destouches 1912: 18; Hoferichter/ Strobl 1960: 26ff; Blecher 1980: 2; Bauer und Fenzl 1985: 38; Nöhbauer 1987: 334f; Fischer 1997: 21; Blath 2004: 37
[243] Vgl. Dering 1985: 11

heute als ein markanter Bestandteil des Oktoberfestes und erfreuen sich bei den Besuchern großer Beliebtheit. Wie sich aber die Eröffnungsfeierlichkeiten sowie der Trachten- und Schützenumzug seit dem ersten Oktoberfest 1810 entwickelt haben, soll hier genauer beleuchtet werden.

Der Einzug der Wiesn-Wirte geht auf Hans Steyrer (1849–1906) zurück, der 1887 mit einem Zweispänner feierlich durch München auf die Theresienwiese zog. Diese Aktion brachte dem Wirt eine gehörige Geldstrafe ein, doch er scheute sich im darauf folgenden Jahr nicht vor einer Wiederholung. Bald schauten sich die übrigen Festwirte den Einzug auf das Oktoberfest ab und ahmten Hans Steyrer nach. Der Brauer Georg Pschorr (1830–1894) ließ 1894 sogar ein prächtiges Pferdefuhrwerk nach Wiener Vorbild anspannen und zog mit stolz geschwellter Brust auf die Theresienwiese ein. Einen gemeinsamen Einzug der Wiesnwirte gab es allerdings erst 1925 mit dem Zug der Löwen-, Pschorr- und Thomasbrauerei, die mit prächtig bespannten Pferdefuhrwerken und ihrem gesamten Festhallenpersonal auf die Wiesn einzogen. Der Durchbruch zu einer offiziellen Veranstaltung wurde erst in weiteren sechs Jahren geschafft, als Hans Schattenhofer eine polizeiliche Genehmigung für die Aktion erhielt. Als sich die Festkutsche der Stadt in den Einzug der Wiesnwirte einreihte, wurde dieser Festbestandteil offiziell anerkannt.[244]

Abb. 7: Oberbürgermeister Thomas Wimmer beim Einschenken der ersten Wies'n-Maß, 1951, Foto

Nach dem Ende des Zweiten Weltkrieges ist der Einzug der Wiesnwirte jährlich im Programm und das Münchner Kindl reitet dem Festzug voran. Danach folgt die Festkutsche der Stadt mit dem Zweiten Bürgermeister, der auch als Wiesnbürgermeister bekannt ist. Im weiteren Verlauf folgen die einzelnen Festzeltbetreiber und in der Kutsche der Familie Schottenhamel findet auch der Oberbürgermeister Münchens seinen Platz. Seit 1978 fährt auch der bayerische Ministerpräsident im Zug mit. Mit dem Einzug der Wiesnwirte ist „ein brauchmäßiger lebendiger Bestandteil des Festes entstanden"[245] der sich jedes Jahr großer Beliebtheit erfreut.[246]

---

[244] Vgl. Möhler 1981: 176; Dering 1985: 245f; vgl. auch Hoferichter/ Strobl 1960: 46; Bauer und Fenzl 1985: 52; Molin 1985: 6; Göbel 2005: 244
[245] Dering 1985: 230

Mit dem Einzug der Wiesnwirte auf die Theresienwiese ist die Eröffnung des Oktoberfestes aber noch nicht zu Ende. Erst mit dem Anstich des ersten Bierfasses durch den Oberbürgermeister der Stadt München gilt das Oktoberfest als eröffnet. Dieses Zeremoniell war eine Idee Michael Schottenhamels, der 1950 dem Oberbürgermeister Thomas Wimmer aus der Patsche half und den zu spät Gekommenen in seiner Kutsche zur Festwiese mitnahm. Als Gegenleistung sollte Thomas Wimmer das erste Fass im Festzelt der Familie Schottenhamel anzapfen, woraus schließlich das Eröffnungszeremoniell entstanden ist. Das Anzapfen war allerdings anfangs ein Privileg für Thomas Wimmer, das erst mit dessen Tod in das Aufgabengebiet des Oberbürgermeisters übergehen sollte. 1964 bis 1971 wurde das Anzapfen in die Hände von Hans-Jochen Vogel gelegt. Dessen letzter Bieranstich von 1971 ging wahrscheinlich mit purer Absicht als der feuchteste aller Anstiche in die Geschichte ein. Die weiteren Oberbürgermeister, die das erste Fass auf dem Oktoberfest anzapfen durften, waren von 1972 bis 1977 und nochmals von 1984 bis 1992 Georg Kronawitter, von 1978 bis 1983 Erich Kiesel und seit 1993 ist es die Aufgabe von Christian Ude.[247]

Kuriositäten und kleinere Katastrophen beim Anzapfen fehlten schließlich über die Jahre hinweg nicht. 1973 bemerkte Georg Kronawitter zum Beispiel nicht, dass er ein Loch in seinem Bierkrug hatte. Erich Kiesl vergaß 1978 sogar vor lauter Aufregung den Ausspruch „O'zapft is!" und erntete großes Gelächter. Die größte Anzapfkatastrophe wäre aber beinahe 1993 mit dem damals neuen Oberbürgermeister Christian Ude passiert. Denn erst kurz vor dem Anstich wurde bekannt, dass Ude ein Linkshänder ist[248]. In Windeseile musste das gesamte Podium umgebaut werden, da sonst der neue Münchner Oberbürgermeister seinen Allerwertesten der Weltöffentlichkeit in die Kameras gehalten hätte. Seither konnte Christian Ude als Oberbürgermeister viele Jahre üben und wird auch noch die nächsten Jahre für diese Aufgabe genügend Zeit haben, um am dritten Samstag im September um Punkt 12 Uhr im Schottenhamel-Zelt mit dem ersten Fassanstich das Oktoberfest zu eröffnen.

Einen Tag nach der Eröffnung des Oktoberfestes folgt der Trachten- und Schützenzug, der mit jährlich rund 8.000 Teilnehmern durch München auf die Theresienwiese zieht. Dieser Umzug „zählt zu den großen Ritualen und Attraktionen des bayerischen Kalenders"[249] und ist der größte seiner Art in ganz Deutschland[250]. Der Trachten- und Schützenzug wird jährlich von vielen Zuschauern bestaunt – die einen säumen die Straßen, die anderen schauen von ihren Fenstern aus zu und wieder andere gönnen sich Tickets für die eigens zu den Umzügen der ersten beiden Oktoberfesttage aufgestellten Tribünen. Zwar genießt der Einzug der Wiesnwirte heute durch das damit verbundene Eröffnungszeremoniell eine größere Bekanntheit, doch geht der Trachten- und Schützenzug historisch viel weiter zurück.

---

[246] Vgl. Möhler 1981: 177f; Niemeier 1997: 11
[247] Vgl. Gebhardt 1997: 127; Memmel e.a. 2007: 17ff
[248] Vgl. Bauer und Fenzl 1985: 117; Gebhardt 1997: 127; Memmel e.a. 2007: 20
[249] Ermeier 2005: 62
[250] Vgl. Niemeier 1997: 16

Ein erster Schützenzug ist bei Ulrich von Destouches bereits 1819 erwähnt, wobei es wohl seit 1816 ähnliche Einzüge auf die Theresienwiese gegeben haben dürfte. Ab 1820 trafen sich schließlich alle die am Festschießen teilnehmen wollten am Montag nach dem Hauptfestsonntag am Rathausplatz und zogen, weniger in Festkleidung als mehr in Alltagskleidung, auf die Festwiese hinaus. Eine festliche Kleidung wurde erst zum Ende des 19. Jahrhunderts vorgeschrieben. In der gleichen Zeit erweiterten die Armbrustschützengesellschaft sowie der Verband der Zimmerstutzenschützen das Programm des Festschießens und die Einzüge wurden farbiger. Mit der Zeit etablierten sich drei Schützenzüge und der Zwang zur Teilnahme am Festzug fiel weg, da viele Schützen per Tram auf die Wiesn gebracht wurden.[251]

Neben den Schützenzügen gab es von Anfang an einen feierlichen Umzug zum Pferderennen, bei dem die Preisfahnen vorne weg getragen wurden. Außerdem wurden zu besonderen Anlässen spezielle Umzüge veranstaltet. So fanden zum Beispiel 1835, 1910 und 1935 Jubiläumsfestzüge statt, die vor allem der Huldigung des Königshauses dienten sowie Ende des 19. Jahrhunderts zwei Trachtenzüge, die als Vorläufer des heutigen Trachten- und Schützenfestzuges galten. Weitere besondere Anlässe fanden sich 1842, als für das königliche Hochzeitspaar weitere 35 Brautpaare durch die Stadt zogen, und als 1850 der Festzug zur Enthüllung der Bavaria stattfand.[252]

Zwischen 1853 und 1893 gab es keine Festzüge zum Oktoberfest. Die an diese festzugslose Zeit anschließenden beiden Trachtenumzüge wandelten sich zu privat organisierten Schauumzügen und begannen eine neue Ära der Festzüge. Im 19. Jahrhundert können schließlich zwei Umzugsperioden ausgemacht werden. In der ersten waren die Wege der Festzüge kurz und die Inszenierung erfolgte auf dem Oktoberfest. In der zweiten Umzugsperiode waren die Wege lang und die Inszenierung erfolgte bereits während des Umzuges. In den 1930er Jahren etablierte sich bei den Festzügen eine Vereinstracht, die im Gegensatz zu den historischen Trachten stand. Außerdem wurden die Vereinstrachten ebenso wie das gesamte Oktoberfest umgedeutet und alles Monarchische sowie Demokratische verschwiegen.[253]

Einen Neubeginn der Festzüge nach dem Zweiten Weltkrieg wurde 1949 gewagt und Oberländer Vereinstrachten vorgeführt. Der Schützenfestzug wurde vorerst von der Militärregierung verboten. In den folgenden Jahren wurden regelmäßige Festzüge aus „nostalgisch-traditionellen"[254] Beweggründen heraus veranstaltet. Außerdem entwickelte sich der heutige Trachten- und Schützenfestzug zu einem festen Bestandteil des Oktoberfestes und wurde zu einer Touristenattraktion[255]. Den Grundstein zu dieser Entwicklung legte die Stadt München zwischen 1950 und 1955, als sie die Organisation aller Umzüge inne hatte. Für eine bessere Organisation wurde 1955 der Münchner Festring e.V. gegründet, der ab 1956 der Veran-

---
[251] Vgl. Möhler 1980: 236f; Möhler 1981: 172
[252] Vgl. Möhler 1980: 268ff; Möhler 1981: 174ff, 186; Haller 1983: 30f; Dering 1985: 11, 225ff
[253] Vgl. Dering 1985: 225ff; Möhler 1981: 199ff
[254] Dreesbach 2005: 17
[255] Vgl. Dering 1985: 225; Göbel 2005: 229; Nagy 2007: 62

stalter des Trachten- und Schützenfestzuges werden sollte. Dieser Verein wurde ab 1966 vom Münchner Verkehrsverein unterstützt, mit dem er 1976 zum Münchener Verkehrsverein-Festring e.V. verschmolz. Wegen zahlreicher Verwechslungen mit dem Münchner Fremdenverkehrsamt wurde der Verein, der neben dem Trachten- und Schützenfestzug auch den Einzug der Wiesn-Wirte organisiert in Festring München e.V. umbenannt[256].
Der Erfolg dieser von der Stadt München bezuschussten neuen Organisationseinheit sollte sich bald zeigen. Denn 1966 konnte mit 6.000 Teilnehmern in 171 Gruppen aus sieben verschiedenen Ländern ein neuer Rekord aufgestellt werden. 1982 schaffte der Trachten- und Schützenzug schließlich den Sprung in das Fernsehprogramm der ARD und im Bayerischen Fernsehen sowie im ZDF wurden im Abendprogramm Aufzeichnungen ausgestrahlt[257]. Heutzutage wird der Trachten- und Schützenfestzug am ersten Oktoberfestsonntag von über 200.000 Zuschauern an den Straßen sowie von zahlreichen Fernsehzuschauern bejubelt und ist aus dem Festgeschehen des Oktoberfestes nicht mehr wegzudenken.

2.3.5. Die Schausteller

Für das heutige Oktoberfest sind neben den verschiedenen Veranstaltungshighlights auch die Schausteller von sehr großer Bedeutung. Das war jedoch nicht immer so und musste sich über die beiden Jahrhunderte hinweg erst entwickeln. Generell kann die Schaustellerei auf dem Oktoberfest nach Gerda Möhler[258] in drei Perioden eingeteilt werden. Die erste Periode beginnt mit der ersten erwähnten Schaustellung auf dem Oktoberfest von 1818 und dauert bis weit über die Mitte des 19. Jahrhunderts. In dieser Phase gibt es vor allem für Schaustellungen, Spiele und Schießbuden sichere Belege, aber auch einige wenige Karussells sowie Schaukeln werden erwähnt. Die zweite Periode fängt in den 1860er Jahren an, als die Gewerbefreiheit eingeführt und die Bedingungen für das wandernde Gewerbe gelockert wurden. In dieser Zeit ist vor allem ab 1886 ein Aufschwung bei den Schaustellergeschäften auf dem Oktoberfest zu sehen: Es gab bereits 18 Schaustellungen, 12 Spiele und 13 Fahrgeschäfte. Bis 1921 erhöhten sich diese Zahlen sogar bis auf 40 Schaustellungen, 55 Spiele sowie 63 Fahrgeschäfte; die Schausteller auf dem Oktoberfest hatten sich zu dieser Zeit etabliert. Gerda Möhler setzt schließlich die dritte und letzte Periode der Schaustellungen auf der Theresienwiese von 1925 bis heute an. Ab diesem Zeitpunkt zeichnete sich der Trend weg von den Schaustellungen und hin zu den Fahrgeschäften ab. Nach dem Zweiten Weltkrieg wurde dieser Trend noch eindrucksvoller sichtbar.
Damals wie heute wird großer Wert darauf gelegt, dass bei den Betrieben auf dem Oktoberfest viele Einheimische Schausteller vertreten sind. In den Anfängen der Oktoberfeste war es sogar ausschließlich Ortsansässigen erlaubt, ihre Buden auf der

---

[256] Vgl. http://www.festring-muenchen.de/uns.htm vom 24.01.2008; Dering 1985: 230
[257] Vgl. Bauer und Fenzl 1985: 110; TAM Oktoberfest-Schlussbericht 1982
[258] Vgl. Möhler 1981: 93

Theresienwiese aufzustellen. Der Grund dafür lag darin, dass die Behörden das Oktoberfest nie als Jahrmarkt im Sinne von Märkten sowie Dulten ansahen und es auch niemals damit in Verbindung brachten. Denn bei Jahrmärkten drehte sich zwar auch vieles um das Vergnügen, im Vordergrund stand aber der Warenverkauf. Das Oktoberfest dagegen wurde eben nicht als Verkaufstribüne, sondern als reines Vergnügen, inklusive einer Huldigung an das bayerische Königshaus, gesehen. Zudem waren die Schausteller im frühen 19. Jahrhundert ohnehin weniger auf Jahrmärkten zu finden; vielmehr zogen sie im Sinne eines heutigen Zirkus von Ort zu Ort. Nach Gerda Möhler muss sowohl zwischen den wandernden Verkäufern auf den Jahrmärkten und dem Schaustellerdasein als auch zwischen dem fröhlichen Jahrmarktleben und dem festlichen Treiben auf dem Oktoberfest unterschieden werden.[259] Im Folgenden werden also die Schausteller und nicht die wandernden Verkäufer genauer betrachtet.

Die Schaustellerei machte vor allem im 19. Jahrhundert einen großen Wandel durch. Zu Beginn des Jahrhunderts gab es lediglich kleinere Wanderunternehmungen, die sich bis zum Ende des Jahrhunderts in „durchorganisierte Zirkusunternehmen"[260] umstrukturierten. Die Professionalisierung setzte vor allem ab 1850 ein, als die Schausteller nicht mehr nur in den Wirtshäusern übernachteten, sondern sich fahrbare Heime aus Brettern zimmerten. Dabei waren selbstverständlich die größeren Unternehmen die ersten, die in hölzernen Wohnwägen durch die Lande zogen. Bis heute wurden die Wohnwägen immer luxuriöser ausgestattet und sind durchaus mit einem Eigenheim zu vergleichen. Außerdem wurde mit den Wohnwägen auch das neue Selbstverständnis des reisenden Gewerbes dokumentiert. Seither gehören zu jedem Volksfest auch die bekannten Wohnwagensiedlungen hinter den Budenstraßen.[261]

Nun aber zu den Anfängen der Schaustellerei auf dem Münchner Oktoberfest, die ihre Wurzeln in den Spielen zur Kirchweih oder anderen Kirchen- und Arbeitsjahrfesten findet. Als erste Spiele auf dem Oktoberfest wurden zum Beispiel das Topfschlagen, Schubkarrenrennen, Kegeln, Sacklaufen und ähnliche Vergnügungen sowie die Tänze bei den Wirten bekannt. Sie bildeten ein kleines Rahmenprogramm zum Gesamtfest, das sich sowohl auf das Pferderennen als auch auf das Zentrallandwirtschaftsfest stützte. Ab 1816 ist schließlich der erste Glückshafen auf dem Oktoberfest als Erlös und Wohltätigkeit für die Armen belegt. Mit einer glorreichen Idee des Praterwirts Anton Gruber kamen 1818 schließlich die ersten beiden Schaukeln und das erste Karussell auf die Theresienwiese. Anton Gruber montierte seine Vergnügungseinrichtungen auf der Münchner Praterinsel ab und baute sie auf dem Oktoberfest wieder auf.[262] In dieser Zeit waren die Bauten noch nicht für die Reise geeignet und konnten nur stationär betrieben werden. Das war auch der Grund, warum das Aufstellen von Belustigungseinrichtungen in der Anfangszeit

---

[259] Vgl. ebd.: 94ff
[260] Ebd.: 102
[261] Vgl. Blecher 1980: 3; Möhler 1981: 102; Dering 1986: 23
[262] Vgl. Möhler 1980: 144f; Möhler 1981: 8, 115ff; Bauer und Fenzl 1985: 19; Weishäupl 1996: 288; Dreesbach 2005: 67

den Ortsansässigen vorbehalten blieb. Daneben konnten vereinzelt „reisende Artisten"[263] auf dem Oktoberfest bestaunt werden.
Bis in die Mitte des 19. Jahrhunderts hinein spielten die Schaustellungen auf dem Oktoberfest lediglich eine untergeordnete Rolle. Dies wird auch dadurch deutlich, dass erst ab 1838 ein erstes echtes Verzeichnis der Lizenzen auf der Theresienwiese existiert. Als schließlich ab der Mitte des 19. Jahrhunderts die Vergnügungseinrichtungen transportabel wurden, fanden sich nach und nach auch mehr Geschäfte auf dem Oktoberfest ein. Ab 1861 konnte eine Belebung des Vergnügungsareals auf der Theresienwiese festgestellt werden. „Von diesem Jahr an gewährte der Magistrat Konzessionserleichterungen für Gewerbsleute und Schausteller und ließ darüber hinaus die Hauptstraße auf dem Festgelände in eine jahrmarktsähnliche Budenstraße umwandeln. Von einem reinen Verkaufsmarkt wollte man sich aber immer noch deutlich distanzieren; denn auf ein aus Oberösterreich stammendes Konzessionsgesuch zum Warenverkauf antwortete der Magistrat, *„dass das Oktoberfest nicht in die Kategorie eines Marktes fällt und außerdem nur in hiesiger Stadt gewerblich Berechtigten, nicht aber Auswärtigen der Waaren-Verkauf gestattet wird"*.[264] Ab 1862 erhielt das Königreich Bayern schließlich eine neue Gewerbeordnung und ein Jahr später eine neue Wandergewerbeordnung; dazu kam ab 1868 die Gewerbefreiheit. Damit wurden auch die Zünfte aufgelöst und die Berufsfreiheit eingeführt. Es wurde nur noch zwischen sesshaftem und wanderndem Gewerbe unterschieden.[265]
Vor allem 1867 galten noch die Volksbelustigungen, insbesondere des Wiesnwirtes Hermann, als die Attraktionen schlechthin auf dem Oktoberfest. Der Wirt kündigte „durch illustrierte Plakate"[266] Belustigungen wie ein Wurstrennen oder Mus-Essen an. Dies sollte sich aber mit dem Aufblühen des Schaustellergewerbes schnell ändern, was sich vor allem in der wachsenden Zahl der Betriebe auf dem Oktoberfest widerspiegelte. Neben der Gewerbefreiheit, dem Ende der Kleinstaaterei und der Eisenbahn kamen sowohl mehr Besucher, als auch mehr Schausteller auf die Theresienwiese. Aufgrund des Schaustellergewerbes, das sich in den 1870ern massiv ausbreitete, dehnte sich auch in anderen Bereichen das Vergnügungsangebot auf dem Oktoberfest aus. Ab 1871 organisierte der Magistrat schließlich turnerische Vorführungen auf dem Oktoberfest, die er später sogar bezuschusste. Daraus entwickelten sich die gymnastischen Spiele, die aber ebenso wie die turnerischen Vorführungen bei den Oktoberfestbesuchern keine so große Begeisterung auslösten. Aus diesem Grund wurden die sportlichen Betätigungen bald wieder aus dem Programm genommen[267].
Sehr viel beliebter und sogar zu großem Ruhm schaffte es Michael August Schichtl (1851–1911), der 1872 sein erstes Theater auf dem Oktoberfest eröffnete. Er selbst blieb nahezu 40 Jahre auf der Wiesn und galt mit seinem Zauber- und Illusionstheater als einer der findigen Köpfe. Vor allem Schichtls Enthauptung einer lebenden Person zählte lange zu den absoluten Attraktionen auf dem Oktoberfest. Die-

---

[263] Dering 1985: 340
[264] Bauer und Fenzl 1985: 42; vgl. auch Dering 1985: 340
[265] Vgl. Möhler 1980: 148; Möhler 1981: 94ff; Dering 1986: 10, 340
[266] Destouches 1910, Säkular-Chronik: 105
[267] Vgl. Möhler 1981: 121; Dering 1985: 11, 340

ser Erfolg kam jedoch nicht von ungefähr, denn Michael August Schichtl war Spross einer bis in das 17. Jahrhundert zurückreichenden Schaustellerdynastie. „Die Schichtls gehören zu den herausragenden Familien, die im 19. und 20. Jahrhundert den volkstümlichen Vergnügungssektor in Deutschland geprägt haben."[268] Sie bereisten vor allem Jahrmärkte und Volksfeste sowie später auch internationale Varieteebühnen. Michael August Schichtl gründete schließlich 1869 zusammen mit seinen Geschwistern das Münchner Schichtl-Theater, das er nach 1879 als „Münchner Zaubertheater" alleine weiter betrieb. Sein Ruf wurde sprichwörtlich und sein Theater auf dem Oktoberfest für die Stadt äußerst bedeutend. Denn wo der Schichtl auftrat, da hatten es andere schwer und seine Anpreisungen für sein Theater waren ohnehin bereits legendär. Als Michael August Schichtl 1911 starb, führte seine Witwe die Saison noch zu Ende und versteigerte danach das Theater. Der neue Schichtl wurde von 1912 bis 1953 der langjährige Mitarbeiter Johann Eichelsdörfer, dessen Witwe Franziska das Traditionsgeschäft danach noch bis 1985 weiter führte. Von 1986 bis 1999 gaben sich der Gastronom Wolfgang Leyrer und der Großhandelskaufmann Manfred Schauer gemeinsam die Schichtlehre. Die beiden Geschäftsmänner trennten sich jedoch nach fast 15-jähriger gemeinsamer Arbeit auf dem Oktoberfest und seit 2000 führt schließlich Manfred Schauer alleine die Geschäfte des Schichtltheaters. Das Schichtltheater auf dem Oktoberfest lebt auch heute noch als Traditionsgeschäft weiter und machte dessen Gründer weltberühmt.[269]

Nachdem Michael August Schichtl 1872 sein Debüt auf dem Oktoberfest glorreich bestanden hatte und mit ihm viele andere Neuheiten auf die Theresienwiese einzogen, gab es bereits vier Jahre später die ersten Klagen über zu viele Schausteller auf dem Festgelände. Genau hier setzte die Phase ein, dass viele Besucher bis heute ausrufen, dass doch früher alles viel schöner und besser gewesen sei. Im letzten Viertel des 19. Jahrhunderts dachte aber niemand mehr daran, dass noch wenige Jahre zuvor die Monotonie auf dem Oktoberfest beklagt wurde[270]. Heute mag sich dagegen niemand mehr daran erinnern, dass das Gedränge auf dem Oktoberfest in der Mitte der 1980er Jahre noch viel stärker war. Schließlich fanden sich in jenen Jahren über sieben Millionen Besucher ein, während es heute in der Regel „nur" noch gute sechs Millionen sind.

Als es wieder ruhiger wurde um die angeblich zu vielen Schausteller auf dem Oktoberfest, kam dies Ende der 1870er Jahre nochmals ins Gerede. Ein Zeitungsartikel prangerte „Unsittliche Schaustellungen auf dem Oktoberfeste 1878" an. Damit war insbesondere das „Anatomische und ethnologische Museum" von Mehlberg gemeint, der an Wachsfiguren verschiedene Hautkrankheiten darstellte. Ein Jahr später hatten sich die Wogen wieder geglättet und es gab viele neue Attraktionen zu bestaunen. Unter den Neuheiten war unter anderem Hagenbecks Nubierkarawane zu finden, die eine lange Reihe an Völkerschauen auf dem Oktoberfest eröffnete[271].

---
[268] Dering 1990: 7
[269] Vgl. ebd.: 7ff, 43 und Dering 1985: 356f; vgl. auch Hoferichter/ Strobl 1960: 44; Baur 1970: 10; Möhler 1981: 107f; Niemeier 1997: 47; Dreesbach 2005: 37ff; Käfer 2005: 12
[270] Vgl. Möhler 1980: 151
[271] Vgl. Bauer und Fenzl 1985: 52

In den 1880er Jahren konnte sich das Schaustellergewerbe durch Interessensverbände institutionalisieren und hatte ab 1883 mit der Zeitschrift „Der Komet" ein Fachorgan. Außerdem erlebte das deutsche Schaustellergewerbe seine erste Blütezeit, so dass bald nicht mehr genügend Platz auf dem Oktoberfest vorhanden war, um alle Schausteller zulassen zu können. Aus diesem Grund wurden die Plätze auf der Theresienwiese in den 1890ern an den Höchstbietenden versteigert. Erst ab etwa 1900 wurde schließlich dazu übergegangen, dass die Veranstalter geeignete Schausteller für das Oktoberfest auswählten.[272]

Abb. 8: Schaustellerstraße 1899, Foto

Ende des 19. Jahrhunderts wendeten sich auch die Schausteller neuen Errungenschaften der Industrialisierung zu, andere wiederum feilten Altbewährtes aus. So ist zum Beispiel die wahrscheinlich erste transportable Rutschbahn 1885 von Robert Daggesell als Neuheit auf dem Münchner Oktoberfest aufgestellt worden. Zwei Jahre später brachte Hugo Haase (1857–1933) das erste Dampfkarussell auf die Theresienwiese, das ihm mit seinen technischen Neuheiten zahlreichen Beifall einbrachte. Um 1890 tauchte die uns noch heute bekannte Form der Schiffschaukel auf dem Oktoberfest auf und in den 1890er Jahren kam ein ebenfalls noch heute bekanntes Traditionsgeschäft das erste Mal auf die Theresienwiese: die Krinoline. Allerdings bekam dieses Fahrgeschäft erst 1900 seinen Namen. Der zum „Karussellkönig"[273] aufgestiegene Hugo Haase wurde nicht müde und präsentierte 1891

---

[272] Vgl. Dering 1985: 340f; Dering 1986: 23; vgl. auch Möhler 1981: 149
[273] Dering 1986: 163

mit der ersten elektrischen Berg- und Talbahn eine weitere Neuheit auf dem Oktoberfest. Ein Jahr später wurde die Verwendung von Dampfantrieben für die Fahrgeschäfte auf dem Oktoberfest amtlich verboten. Hugo Haase ließ sich davon jedoch nicht abschrecken und stellte seine Fahrgeschäfte komplett auf einen elektrischen Antrieb um.[274]

An der Wende zum 20. Jahrhundert erlaubten sich ein paar Studenten einen Spaß. Sie bauten auf dem Oktoberfest ein Zelt auf, in dem für ein Zehnerl das größte und stärkste Weib der Welt zu sehen sein sollte. Im Zelt befand sich letztendlich ein Schlitz, durch den die Bavaria zu sehen war. Dieses „Geschäft" wurde jedoch sehr rasch von der örtlichen Polizei verboten. Zu diesem Studentenstreich gab es auf dem Cannstatter Volksfest mit dem Blick ins Jenseits ein Pendant, bei dem durch ein Loch auf das jenseitige Neckarufer geschaut werden konnte. In die Reihe der Späße sind auch die Menschenfresser vom Nyassa-See auf dem Oktoberfest einzuordnen. Bei dieser Truppe handelte es sich um Seeleute aus Baltimore/ USA, die in Hamburg ihr Schiff verpasst hatten. Per Mundpropaganda hörten sie von den lukrativen Möglichkeiten auf dem Oktoberfest und machten sich als Menschenfresser auf nach München.[275] Auch hierzu gab es auf dem Cannstatter Volksfest mit den Wakamba-Negern ein Gegenstück.

Sowohl die Menschenfresser, als auch die Wakamba-Neger ließen sich von den seit dem ausklingenden 19. Jahrhundert beliebten Völkerschauen inspirieren. Mit den Völkerschauen machte sich ab 1901 Carl Gabriel (1857–1931) einen ähnlich großen Namen wie es Michael August Schichtl mit seinem Theater oder Hugo Haase mit seinen Fahrgeschäften geschafft hatten. Carl Gabriel wurde aber nicht nur durch seine Völkerschauen bekannt. Er brachte auch zahlreiche Neuheiten wie den Kinematographen, 1895 die Hexenschaukel, 1908 die erste Achterbahn Deutschlands – 1910 wurde durch Hugo Haase die erste transportable Achterbahn aufgestellt – oder 1910 das Teufelsrad nach München. Teilweise fanden seine Premieren auf dem Oktoberfest statt, teilweise aber auch im nahe gelegenen Ausstellungspark, in dem zum Beispiel seine erste Achterbahn aufgebaut worden ist.[276]

Als sich der Film immer mehr durchsetzte und beliebter wurde, gelangten vor allem die Völkerschauen ins Hintertreffen, bis sie schließlich ganz vom Oktoberfest verschwanden. Ausnahmen stellten die Südseetruppe von 1954 und die Thailandgruppe von 1974 dar. Waren bisher fremde Menschen auf den Völkerschauen zu bestaunen, gaben bald die rollenden Bilder der Kinematographen auf dem Oktoberfest ein umfassenderes Bild der fremden Welten. Aber auch die Kinematographen wurden mit ihren neuen Kinobauten „sesshaft"[277] und waren auf den Volksfesten bald nicht mehr zu finden. Ähnlich erging es den Menagerien, die sich um 1900 auf dem Oktoberfest noch großer Beliebtheit erfreuten, bald aber durch die Zoos ersetzt wurden. Mit den neuen Medien hatten sich die Schausteller in der

---

[274] Vgl. Hoferichter/ Strobl 1960: 52; Bauer und Fenzl 1985: 62; Dering 1986: 113ff, vgl. Destouches 1910 Säkular-Chronik: 118; Ramus 2004: 58f; Dreesbach 2005: 48
[275] Vgl. Hoferichter/ Strobl 1960: 139f
[276] Vgl. Möhler 1981: 108; Dering 1985: 366; Dering 1986: 165; vgl. auch Dreesbach 2005: 51ff
[277] Möhler 1981: 111

ersten Hälfte des 20. Jahrhunderts ihre eigene Konkurrenz herangezüchtet und gelten heute fast ausschließlich nur noch als Betreiber von Fahrgeschäften.[278]
In den 1920er Jahren waren viele kleine Fahrgeschäfte wie Karussells sehr beliebt, aber auch das Riesenrad, das mit der heutigen Dimension eines Riesenrades in keiner Weise vergleichbar ist, galt als große Attraktion. In diesem Jahrzehnt setzte der Trend weg von den Schaustellungen und hin zu den Fahrgeschäften ein. 1925 gab es immerhin bereits doppelt so viele Fahrgeschäfte wie Schaustellungen. Aber es gab auch Originale, die sich auf dem Oktoberfest jenseits von Schaustellungen und Fahrgeschäften behaupten konnten. Ein Beispiel dafür war Lorenz Tresenreiter (1901–1960), der viele Jahre als Vogeljakob auf der Theresienwiese zu finden war.[279] Selbst heute gibt es noch Nachahmer, sowohl auf dem Oktoberfest, als auch auf dem Cannstatter Volksfest, die in die Fußstapfen des ersten Vogeljakobs getreten sind.
Zwischen den beiden Weltkriegen gab es noch zwei weitere Neuheiten im Bereich der Fahrgeschäfte auf dem Oktoberfest. 1926 brachte Hugo Haase den ersten Autoscooter auf die Theresienwiese und 1932 folgte die erste Geisterbahn, die ein Nachfolger der „unsittlichen" Tunnelbahn von 1913 war. In den 1950er bis 1970er Jahren verschwanden immer mehr Schaustellungen zu Gunsten der Fahrgeschäfte vom Oktoberfest. Allerdings blieben die Schieß- und Wurfgeschäfte sowie die Verkaufsstände in derselben Zeit prozentual relativ konstant. Die Schaustellungen hatten bei dem immer mehr verwöhnten Fernsehpublikum das Nachsehen. Anne Dreesbach und Michael Kamp gehen mit ihrer Meinung sogar so weit, dass an die glanzvollen Zeiten der Schausteller auf dem Oktoberfest nur noch die „Schaustellerstraße" erinnern würde.[280]
Seit dem Ende der 1970er Jahre geht der Trend der Fahrgeschäfte auf den Volksfesten hin zu „immer höher, rasanter und imposanter". 1979 wurde der Barth'sche Doppellooping vorgestellt und 1979 gab es das erste Riesenrad, wie es noch heute bekannt ist. Das 50 Meter hohe und 400 Fahrgäste fassende Fahrgeschäft war die neue Attraktion. Es gab in der Zeit aber auch laute und konkrete Forderungen, die Technik auf dem Oktoberfest zu begrenzen. Insbesondere die elektronischen Verstärkeranlagen erregten als Lärmbelästigung großes Ärgernis. Spätestens seit der „Nostalgiewelle"[281] ab 1985 sind wieder die kleineren und traditionellen Schaugeschäfte in den Mittelpunkt der Aufmerksamkeit gerückt. Mitte der 1980er Jahre gab es in der Bundesrepublik Deutschland noch etwa 30 traditionelle Fahrgeschäfte, von denen noch immer einige in langer Familientradition Jahr für Jahr auf dem Oktoberfest aufgebaut werden. Die Traditionsgeschäfte auf der Wiesn sind unter anderem die Krinoline, das kleine Russenrad, das Schichtltheater, der Flohzirkus, die Hexenschaukel, der Toboggan das Doppelstock-Karussell oder das Teufelsrad.[282]

---

[278] Vgl. Dering 1985: 342; Molin 1985: 88; Dreesbach 2005: 33
[279] Vgl. Möhler 1981: 114; Dering 1985: 377; Molin 1985: 65, 92f
[280] Vgl. Möhler 1981: 131; Dering 1985: 342; Dreesbach 2005: 33f
[281] Dering 1985: 342
[282] Vgl. Bauer und Fenzl 1985: 117; Molin 1985: 99; Dering 1986: 137ff; Weishäupl 1996: 292; Ramus 2004: 120; Dreesbach 2005: 43ff; Ermeier 2005: 53f

Heute gilt die Devise, dass zwar auch die stets reparaturanfälligen Traditionsgeschäfte eine Zukunft, oft aber nur noch die größeren Unternehmen eine Überlebenschance haben. Die immer neuen technischen Wunderwerke der Fahrgeschäfte, die die Besucher reizen, können sich heute fast nur noch Großinvestoren leisten. So bedurfte zum Beispiel der Olympia-Looping einen enormen finanziellen Aufwand, bis er 1989 erstmals auf dem Oktoberfest aufgestellt werden konnte und auch sofort zum Besuchermagnet wurde. Die Stadt München als Veranstalter versucht daher heute stets eine bunte Mischung aus Tradition und Neuheit sowie Hightech und Nostalgie auf dem Oktoberfest zu bieten. Sowohl die Schausteller, als auch die anderen Betriebe werden jedes Jahr nach einem Punktesystem ausgewählt. Dabei werden auch heute noch ortsansässige Schausteller bevorzugt, aber auch auswärtige haben unter anderem durch Neuheiten oder aber nostalgische Geschäfte die Chance auf einen Platz auf der Theresienwiese. Dabei gilt das Münchner Oktoberfest als sehr begehrtes Volksfest unter den Schaustellern, die in der laufenden Saison oft zwar bereits ihre Betriebskosten gedeckt haben, aber noch keinen Gewinn erwirtschaften konnten. Dabei soll ihnen das Oktoberfest helfen.[283]

Neben den Schaustellungen und Fahrgeschäften, zu denen auch die Belustigungs- und Geschicklichkeitsgeschäfte zählen, gibt es aber noch eine dritte Gruppe der Schausteller die auf dem Oktoberfest vertreten sind: die Verkaufsgeschäfte[284]. Zu den Verkaufsgeschäften zählen nach Florian Dering sowohl die Imbiss- und Süßigkeitsstände, als auch die Stände an denen Spielzeug, Scherzartikel oder Lose gekauft werden können. Darunter wiederum sind die Imbiss- und Süßwarenbuden die wichtigste und älteste Gruppe auf der Theresienwiese, um die es hier auch kurz gehen soll. Denn „das größte Fest war schon immer mit dem üppigsten Mahl verbunden"[285] und die Festessen galten neben dem alltäglichen, oft kargen Essen als etwas Besonderes. Diese Festessen führte Gerda Möhler ebenso wie die Anfänge der Spiele und Schaustellungen auf dem Oktoberfest auf kirchliche Festtage wie die Kirchweih zurück, zu der jeweils groß aufgekocht wurde.

Bei den Besuchern des Oktoberfestes stellte sich nun anfangs hauptsächlich an dem einen und einzigen Festtag der Hunger ein. Nach der langen Anreise oder den Veranstaltungspunkten wie Pferderennen oder Zentrallandwirtschaftsfest wurde entweder eine kleine Brotzeit zu sich genommen, die jeder selbst von zu Hause mitbrachte. Oder man griff auf die durch ihre charakteristischen Pelzhauben ausgezeichneten Standfrauen zurück, die in ihren Körben unter anderem Obst und Backwaren anboten. Selbst der königliche Hof nahm im Königszelt ein Frühstück oder Erfrischungen zu sich. Bei den Verkäufern wurde jedoch von Anfang an darauf geachtet, dass es sich um bedürftige und vor allem ortsansässige Personen handelte. Denn ein Jahrmarkttreiben war auf dem Oktoberfest schließlich nicht erwünscht. Später wurde der Nahrungsmittelverkauf der Standfrauen durch den bald notwendig gewordenen Erwerb einer Lizenz erschwert. Der Verkauf von Backwerk, Obst, Käse, Wurst, Nüssen, Birnwein oder ähnlichem erforderte eine Lizenz.

---

[283] Vgl. Dering 1985: 342; Weishäupl 1996: 292; Götz 1999: 15; Dreesbach 2005: 59
[284] Vgl. Dering 1986: 9
[285] Möhler 1981: 135

Dagegen wurde der Verkauf von selbst gebasteltem Spielzeug ohne Lizenz gestattet.[286]
Mit der Zeit entwickelten sich unter den Standfrauen besonders beliebte Bereiche heraus. So gab es den Käskäufler, der bis zur Mitte des 20. Jahrhunderts die wichtigste Zuspeise zum Bier im Angebot hatte. Mit dem Beginn der Feinkostbuden und Käsestände auf dem Oktoberfest verloren sie aber an Bedeutung. Der Käse verschwand gar völlig „als oktoberfestspezifische Speise"[287]. Viel wichtiger ist heute noch die Breze, die 1836 ihren Vorläufer in der Form der Fastenbreze hatte und heute vom Oktoberfest nicht mehr wegzudenken ist. Mit der Waffel- und Stritzelbäckerin Christliebe Zeller kehrte 1846 eine Neuheit auf der Wiesn ein. Zuerst wurde der Dame eine Erlaubnis für das Oktoberfest verwehrt, als sie jedoch ihre persönliche Situation darlegte und anführte, dass sie neben den Dulten auch auf den Volksfesten in Augsburg, Nürnberg, Cannstatt, Karlsruhe und Wertheim Zutritt habe, durfte sie auf die Theresienwiese. Christliebe Zeller gilt als Vorreiterin für auswärtige Spezialitäten auf dem Oktoberfest. Mit der Gewerbefreiheit wurde es dauerhaft möglich, den Besuchern von Volksfesten auswärtige Speisen und Süßigkeiten anzubieten. Damit verwischten auch langsam die Unterschiede der einzelnen Volksfeste. Heute werden die Buden und Stände sogar oft von Fabriken beliefert und sind wahrlich keine Spezialitäten mehr, sondern Massenwaren.[288]
Durch die Gewerbefreiheit wurde auch der Weg zu einem warmen Schmankerl auf dem Oktoberfest geebnet. Neben dem „Garkoch" gab es nun zahlreiche Fisch- und Hühnerbratereien. Bei den Hühnerbratereien wagte 1885 die Familie Ammer den ersten Schritt auf das Oktoberfest. Nach und nach wandelte sich das Essen und Trinken im Stehen mit den größer gewordenen kulinarischen Genüssen zu einem einträglichen Geschäft mit Tischen und Sitzplätzen. Die Stadt München konnte sich sicherlich über diese Entwicklung freuen, konnte sie doch dadurch höhere Einnahmen bei den größer gewordenen Standplätzen verbuchen. „Nicht mehr das Zuschauen beim Pferderennen und Landwirtschaftsfest war in der zweiten Hälfte des 19. Jahrhundert der Hauptfestinhalt. Neben dem frei auszuwählenden Angebot an Schaustellungen und Vergnügungen, das den Besucher innerhalb des ganzen Festzeitraumes terminlich locker planen ließ, wurde das Treffen von Freunden und Bekannten zum gemeinsamen Essen immer wichtiger. Undenkbar aber ist solche Geselligkeit ohne die Bierbude des Wies'nwirtes, in die schon im ersten Viertel des 19. Jahrhunderts Käse oder Wurst und Brot als Beilage zum Bier mitgenommen wurde."[289] Neben den Imbiss- und Süßwarenständen entwickelten sich die Bierbuden zum Ende des 19. Jahrhunderts prächtig. Ein weiteres Jahrhundert später spielt sich der Mittelpunkt des Oktoberfestes für einige nur noch in den Zelten ab. Daneben haben aber die kleinen Stände, die über die ganze Theresienwiese verteilt sind, durchaus noch ihr Auskommen, zumal seit 2007 die Gastro-Inseln im Schaustellerteil eingeführt wurden[290].

---

[286] Vgl. ebd.: 136ff
[287] Ebd.: 141
[288] Vgl. ebd.: 140ff
[289] Ebd.: 144
[290] Vgl. TAM Presse-Information: Auf geht's zur Wiesn 2007, 24.07.2007 und Neu auf der Wiesn 2007, 24.7.2007

Mittlerweile sind Schmankerl wie die Breze, die auf dem Oktoberfest gleich vier Mal so groß ist wie sonst, und die Fischsemmel von der Wiesn nicht mehr wegzudenken. Sie werden ergänzt von Steckerlfisch und Knödeln, aber auch von süßen Leckereien wie Dampfnudeln, Apfelkücherl und Kaiserschmarrn[291]. In den letzten Jahren lassen sich mittlerweile auch viele Besucher Kebab, Gyros und Sushi auf dem Oktoberfest schmecken und bestätigen die Münchner als „multikulturell gesinnte, weltoffene Bayern"[292]. Daneben werden aber die gebrannten Mandeln die „traditionelle Süßigkeit"[293] der Volksfeste bleiben. Auch die Lebkuchen, die bereits seit dem Anfang des 19. Jahrhunderts auf dem Oktoberfest verkauft werden und seit den 1920er Jahren als Lebkuchenherzen „zum Oktoberfestcharakteristikum aufgestiegen"[294] sind, sind auf der Wiesn heiß begehrt. Allerdings wird dieses Wiesnschmankerl heute wohl weniger gegessen, sondern vielmehr als Souvenir dem oder der Liebsten mit nach Hause gebracht.

2.3.6. Von der Bude zum Bierzelt

Als „Zentrum des Oktoberfestkosmos"[295] verdient das Bierzelt selbstverständlich eine genauere Betrachtung. Wie aber konnte es so weit kommen, dass die Bierbuden zu Bierzelten wurden und heute „festspezifisch"[296] sind? Und was ist das Besondere daran, dass es „für deren Ausmaß und Platzkapazität (...) weltweit nichts Vergleichbares gibt"[297]? Diesen Fragen soll durch eine historisch-gegenwartsbezogene Betrachtung auf den Grund gegangen werden.

Das Bier an sich galt nicht immer als Genussmittel, sondern war vor 1800 ein Nahrungsmittel, das weniger stark gebraut, als alltägliche Speise auch den Armen gegeben wurde. Seit dem Beginn des 19. Jahrhunderts verlor das Bier jedoch die Bedeutung in der Nahrungsmittelkette und wandelte sich nach und nach zu dem noch heute bekannten Genussmittel[298]. Dabei muss jedoch erwähnt werden, dass dieser Wandel nicht abrupt geschah, sondern sich bis zum Ende des 19. Jahrhunderts hinzog und sich in den Bierburgen manifestierte. Auf dem Oktoberfest galt das Bier mit seinen Buden seit jeher mehr als Genussmittel und als „tragendes Element"[299] des ganzen Festes. „So bestimmten die Bierbuden zunächst als festbegleitender, dann als festkonstituierender Bestandteil das Erscheinungsbild der Theresienwiese in wesentlichen Bereichen."[300] Zuerst wurden in den Bierbuden, damals waren es noch „bescheidene Hütten"[301], auf der Sendlinger Anhöhe Speisen und Getränke

---

[291] Vgl. Niemeier 1997: 52; Ermeier 2005: 24f
[292] Ermeier 2005: 31
[293] Ebd.: 25
[294] Möhler 1981: 142
[295] Ermeier 2005: 12
[296] Dering 1999: 7
[297] Ebd.: 7
[298] Vgl. Möhler 1981: 146ff
[299] Dering 1985: 251
[300] Ebd.: 272
[301] Ebd.: 7

ausgegeben. Das gastronomische Angebot von 1810 wurde außerhalb des Festes präsentiert, denn die Sendlinger Anhöhe gehörte nicht zur Theresienwiese. Später, als die Bierbuden auf das Festgelände wanderten, wurden diese hinter dem Königszelt kreisförmig im sogenannten Wirtsbudenring angeordnet, der lange Zeit das Erscheinungsbild des Oktoberfestes bestimmte. Ab 1895 expandierten schließlich die Bierbuden zu Bierburgen und veränderten wieder das Oktoberfest in ihrer markanten Weise. Mit der Zeltbauweise im 20. Jahrhundert wurde der letzte Schritt unternommen und das Oktoberfest in der uns noch heute bekannten Weise optisch gestaltet.[302]

Wie aber ging der Bierausschank auf dem Oktoberfest genau von statten? Ab 1810 war es, wie erwähnt, nur auf der Sendlinger Anhöhe gestattet, Bier und Speisen auszugeben. Aber auch Wein oder andere Getränke durften bei den „*Traiteurs*"[303] gekauft werden. In den nächsten sieben Jahren änderte sich nicht besonders viel, bis 1818 die erste Konzession auf dem Oktoberfest ausgegeben wurde. Der Praterwirt Anton Gruber hatte als erster die Erlaubnis, neben seinen Belustigungseinrichtungen auch Bier und Speisen auf der Theresienwiese anzubieten. Dabei ging Gruber äußerst geschickt vor, denn er sicherte sich dieses Recht von Anfang an mit einer Fünf-Jahres-Lizenz. Andere Wirte machten es ihm nach und so wanderten immer mehr Buden in das Innere der Rennbahn. In den 1820er Jahren wurden die Buden immer größer und es gab nicht mehr nur Stehplätze, sondern es kamen neuerdings auch Tische und Stühle für die Gäste hinzu. Später wurden die Sitzbereiche der Buden sogar überdacht und die Besucher waren nicht mehr dem Regen ausgeliefert. Auch das Angebot neben dem gastronomischen Bereich wurde von den Wirten in diesen Jahren ausgebaut. Es wurden Sacklaufen, Hosenrennen und Baumsteigen organisiert, aber auch Kegelbahnen und Tanzböden aufgebaut. Allerdings wurden die Kegelbahnen sowie die Tanzplätze in den 1860er Jahren wegen diverser Ausschreitungen wieder verboten.[304]

Als die Bierbuden noch hauptsächlich auf das Bier spezialisiert waren, brachten sich die Besucher häufig von zu Hause eine Brotzeit mit oder kauften sich etwas an den Ständen der Standfrauen. Gerne wurden Rettich oder Nüsse zum Bier genossen. Für 1826 ist belegt, dass die Wirte der immer größer gewordenen hölzernen Stadt den Ausschank bereits in der Vorwoche des Oktoberfestes genehmigt bekamen. Ohne große Kontrolle wurden die Bretterbuden auf der Theresienwiese kreuz und quer aufgestellt, was optisch nicht sehr ansprechend war. Daraufhin kam 1829 erstmals der Vorschlag zur Verschönerung des Oktoberfestes und die Bretterbuden wurden nach einer Vorlage angeordnet und hübsch ausgestaltet. In den kommenden dreißig Jahren wurde der Schmuck auf dem Oktoberfest immer ausgefeilter. Der ganze Budenplatz wurde reich mit blau-weißen Bändern, Tannenbäumen, Eichenlaubgirlanden und ähnlichen Accessoires geschmückt. Ein richtiger Konkurrenzkampf der schönsten Buden trat in den 1850er Jahren ein, als sich immer mehr Wirte auf der Theresienwiese tummelten und die Stadt beschränkend eingreifen

---

[302] Vgl. ebd.: 251; Dreesbach 2005: 15
[303] Bauer und Fenzl 1985: 12
[304] Vgl. Dering 1985: 251; Dreesbach 2005: 16, 69; Käfer 2005: 12

musste. In diesem Jahrzehnt waren in der Regel 18 Bierwirte oder Brauer zum Oktoberfest zugelassen sowie drei Sonderwirte der Schützengesellschaft. Um diese Plätze stritten sich enorm viele: 1856 waren es 52 und 1858 bereits 54 Bewerber. Am 21. September 1860 beschloss schließlich die Stadt München, dass zum Oktoberfest nur noch Wirte zugelassen werden, die eine eigene Bude besitzen. Damit stellte die Stadt unter anderem auch sicher, dass die Betreiber der Bierbuden auf ihr Eigentum aufpassten und stets darum bemüht waren es zu verschönern. Wären die Buden nicht im Besitz der Betreiber gewesen, so hätte es leicht sein können, dass sich die Wirte nicht sonderlich viele Gedanken um den Bretterverschlag gemacht hätten. Sorgten die Wirte für das leibliche Wohl der Wiesnbesucher, so wurde für alle auch eine musikalische Unterhaltung gepflegt. In der Mitte des Wirtsbudenrings wurde jedes Jahr ein Musikpodium aufgebaut, auf dem Militärkapellen oder Stadtmusikanten ihr Können beweisen konnten.[305]

Bis in die 1860er Jahre hinein wurde das Bier auf dem Oktoberfest von den einzelnen Wirten in geringen Mengen abgegeben.

„Erst die Gewerbefreiheit, die die Begrenzung der Pfannenzahl, die ein Brauer aufstellen durfte, aufhob, brachte den Durchbruch des Bieres zum begehrten Genußmittel. Der Aufschwung der Münchner Brauereien ging mit der Umstellung auf fabrikmäßige Herstellung des Bieres und mit dem Erreichen einer gleichmäßigen Bierqualität Hand in Hand. Das Sommersudverbot konnte aufgehoben werden. Die unablässigen Herstellungsverbesserungen in der ersten Hälfte des 19. Jahrhunderts machten sich in der zweiten Hälfte durch eine beherrschende Marktstellung mit Exportmöglichkeiten der großen Brauereien bezahlt. Sie ließen ihre Hausmarken schützen. Pschorr erhielt bei der nun notwendigen Anmeldung beim kaiserlichen Patentamt in Berlin auch seine Medaillen bestätigt."[306]

Damit manifestierte sich nicht nur das Bier als Genussmittel, sondern auch die Brauereien konnten ihre Macht auf dem Oktoberfest in großem Umfang ausbauen. Schließlich hieß es 1895 im jährlichen Oktoberfestbericht des Wiesenpolizeikommissars, dass es nicht mehr um die Konkurrenz der Wiesnwirte, sondern um die der Bierbrauer geht[307]. Bis heute hat sich daran nichts mehr geändert und Jahr für Jahr bewerben sich die einzelnen Brauereien um eine Zulassung zur Wiesn und nicht die Wirte selber.

Eine Ausnahme stellt jedoch das Zelt der Familie Schottenhamel dar. Michael Schottenhamel (1838–1912) begründete 1867 mit seiner ersten Bierbude auf dem Oktoberfest „die älteste, noch heute bestehende Dynastie der Wiesn-Wirte"[308]. Bis heute konnten sich die Schottenhamels als einzige von Brauereien unabhängige Festwirte auf dem Oktoberfest behaupten. In den über 140 Jahren auf dem Oktoberfest konnte das Zelt der Familie wachsen und gedeihen. Die erste Bierbude bot insgesamt 50 Personen Platz, während das riesige Zelt von heute mit seinem Biergarten zusammen 10.000 Personen fasst. Auf Michael Schottenhamel geht auch das Märzenbier auf dem Oktoberfest zurück, das er 1872 einführte und damit die

---
[305] Vgl. Möhler 1980: 205ff; Möhler 1981: 149ff; Dering 1985: 251; Bauer und Fenzl 1985: 41; Glöckle 1985: 55
[306] Möhler 1981: 146f
[307] Vgl. ebd.: 153; Möhler 1980: 209
[308] Dering 1999: 22

Sommerbiere ablöste. Erst Anfang der 1950er Jahre wurde das Märzenbier von den süffigeren Edelhell-Bieren als typisches Oktoberfestbier verdrängt.[309] Mitte der 1870er Jahre wandelte sich nach Hanns Glöckle das Oktoberfest „zum größten Bierfest der Welt"[310], dessen Bierruhm noch heute sprichwörtlich ist. Ab dieser Zeit konnten sich die Bierbuden auf dem Oktoberfest in schnellen und großen Schritten weiterentwickeln und es wagten sich immer mehr Brauereien auf die Theresienwiese. Die Spaten-Brauerei bekam zum Beispiel 1879 mit Hans Steyrer, auf den der heutige Einzug der Wiesnwirte zurückgeht, eine Vertretung auf dem Oktoberfest[311]. Ein Jahr später wurden des schöneren Aussehens wegen die Bretterbuden durch Holzbauten ersetzt. Die erste Ochsenbraterei kam 1881 mit dem Metzgermeister Johann Rössler auf das Oktoberfest, während 1885 „Ammers Hühnerbraterei" als erste ihrer Art Premiere hatte.[312] In jenen Jahren, als den Wurstständen erlaubt wurde Tische und Bänke aufzustellen, wandelten sich die Bierzelte zu Plätzen, an denen gemeinsam warm gegessen werden konnte. Dadurch wurden vor allem Käse, Obst und Backwaren auf dem Oktoberfest zurückgedrängt.

Diese Entwicklung verlangte auch Neuerungen in der Bauweise der Bierbuden. Zwar hatten die schöneren Holzbauten bereits die Bretterbuden abgelöst, doch 1886 kam eine weitere Neuheit hinzu. Der Donisl-Wirt Franz Graf stellte das erste moderne Leinwandzelt auf, dem 1896 das erste Riesenbierzelt mit 1.500 Sitzplätzen des Michael Schottenhamel folgte. Nachdem sich neben den großen Bierbauten auch immer mehr Schausteller in das Rennbahnrondell drängten, musste 1890 eine neue „Straße", die heutige Schaustellerstraße, angelegt werden. Wohl durch diese Umgestaltung gelang dem Nürnberger „Krokodilwirt" Georg Lang ein besonderer Coup. Mit der Hilfe von Strohmännern umging er drei Zulassungsbedingungen für eine Wiesnkonzession: erstens war er selbst kein Münchner, zweitens bewirtschaftete er seinen Ausschank nicht selbst und drittens baute er seine Riesenhalle auf insgesamt fünf Wirtbudenplätze statt auf einer. Die Besucher des Oktoberfestes waren von der Bierburg des deutschlandweit bekannten Krokodilwirts begeistert. Vor allem, weil er wohl als erster Wirt zur Unterhaltung eine echte „Hauskapelle" von 40 Mann engagierte. Damit „wurde die Stimmungsmusik der Blaskapellen zur ‚klassischen' Bierzeltunterhaltung"[313], die sich bis heute erhalten hat.[314]

Um 1900 trat also mit den neuen Großzelten der Festwirte ein richtiger „Bierzeltgigantismus"[315] ein, der die ehemalige Bierbude „vom festbegleitenden Bestandteil zum festkonstituierenden"[316] wandelte. Mit den größeren Menschenmengen, die nun in den Bierzelten Platz fanden, mussten auch neue Ordnungsorgane geschaf-

---

[309] Vgl. Hoferichter/ Strobl 1960: 131; Möhler 1981: 147ff; Bauer und Fenzl 1985: 49; Dering 1985: 246; Blath 2004: 113; Behringer 1997: 189; Dreesbach 2005: 72f
[310] Glöckle 1985: 55
[311] Vgl. Behringer 1997: 190; Gebhardt 1997: 130; Laturell 1997: 211
[312] Vgl. Möhler 1980: 200, 227; Möhler 1981: 164, 194; Bauer und Fenzl 1985: 55; Molin 1985: 44
[313] Dering 1985: 252
[314] Vgl. Möhler 1981: 154ff; Möhler 1980: 209ff; Bauer und Fenzl 1985: 58; Dering 1985: 272; Molin 1985: 20f; Gebhardt 1997: 129f
[315] Molin 1985: 24
[316] Möhler 1980: 218

fen werden. Seit 1900 achteten extra engagierte Aufsichten und Wachen für Recht und Ordnung in den Bierzelten. Anfangs war deren Aufgabengebiet hauptsächlich die Bettelei von den Zelten fern zu halten. Später waren sie für das Eindämmen des Maßkrugdiebstahls zuständig. Denn es war ein regelrechter „Bierkrugtourismus"[317] ausgebrochen, bei dem immer mehr Krüge aus den Festzelten verschwanden. Bis heute hat sich daran kaum etwas geändert.

Mit dem neuen Jahrhundert kamen auch wieder viele Neuheiten auf das Oktoberfest. Carl Gabriel baute zum Beispiel 1902 sein Hippodrom auf, das eine Mischung aus Wirts- und Vergnügungsbetrieb darstellte. In der Mitte gab es eine Manege, in der geritten werden konnte, während die anderen Besucher außen herum standen und zuschauten. 1904 wurde gegen die Wiesnwirte eine erste offizielle Verwarnung wegen betrügerischem Biereinschank ausgesprochen[318]. Die Problematik des schlechten Einschenkens schaukelte sich im Verlauf des 20. Jahrhunderts immer weiter nach oben, bis zum Schluss von den Wirten eine Möglichkeit des Nachschenkens an einem bestimmten Tresen eingerichtet werden musste.

1907 wurden die 18 kleinen Bierbuden durch die sechs großen Brauereihallen ersetzt und brachen damit den früheren Wirtsbudenring komplett auf. „Letzte Rudimente des Rondells verschwanden erst 1930 im Zuge einer größeren Umgestaltung der Festwiese, die zur Grundlage auch der heutigen Anordnung wurde."[319] Mit dieser Neuordnung war es ab 1907 kleineren Wirten kaum noch möglich, sich gegen die großen Brauereizelte durchzusetzen. In rascher Folge kamen immer größere und neuere Festzelte auf das Oktoberfest. 1912 war die „Riesen-Bier-Bude zum Franziskaner-Leist-Bräu" von Michael Schottenhamel zu bestaunen, die insgesamt 8.000 Personen fasste. Ein Jahr später zog die Pschorr-Bräu-Rosl mit etwa 5.500m² und 12.000 Plätzen nach. Bis heute ist das „der größte Zeltbau in der Geschichte des Oktoberfestes"[320] geblieben.

Zieht man hier ein erstes Resümee, so „lassen sich im Wesentlichen drei Entwicklungsphasen der ‚Bier-Architektur' des Oktoberfestes unterscheiden. Seit der Frühzeit des Oktoberfestes bis zur Mitte der 1890er Jahre existierten auf dem Festplatz ausschließlich holzgezimmerte Wirtsbuden. Zwischen 1896 und 1913 gingen die entscheidenden Veränderungen vor sich, die über aufwendige, große festgebaute Hallen und Bierburgen mit vielgestaltigen Grund- und Aufrissen zu den gewaltigen Brauereifestzelten führten. Seit den 1920er Jahren blendete man den mächtigen, rechteckigen Zeltkonstruktionen nur mehr an der Hauptschauseite eine Fassade vor, die Neben- und Rückseiten blieben – meist mit Ausnahme der Nebeneingangsbereiche – nahezu ungeschmückt und zeigten hier nach außen die reine Zeltkonstruktion."[321]

In den 1930er Jahren war die Stadt München bestrebt, dass alle ortsansässigen Brauereien auf dem Oktoberfest vertreten waren, was jedoch noch nicht gelingen sollte. Das Hofbräuhaus sah bis 1953 keinen Anlass seinen Betrieb auf der Wiesn

---

[317] Dering 1999: 7; vgl. auch Möhler 1981: 164
[318] Vgl. Gallwas 1984: 7; Molin 1985: 36f; Dreesbach 2005: 28
[319] Dering 1985: 273; vgl. auch Rischert 1955: o.S.; Möhler 1981: 159
[320] Dering 1985: 273
[321] Ebd.: 273

zu eröffnen. Auch ohne das Hofbräuhaus wurde nach dem Zweiten Weltkrieg bereits offen und ironisch über die „Bierleichen" auf dem Oktoberfest in der Süddeutschen Zeitung berichtet. Schließlich gab es ab 1949 wieder das gewohnte Vollbier in den drei Bierhallen und niemand musste sich mehr mit Dünnbier zufrieden geben. Aber auch auf früheren Postkartenzeichnungen wurde das Ausmaß des Bierkonsums auf dem Oktoberfest festgehalten.[322]
Im Jahr, als im Festzelt der Familie Schottenhamel vom damaligen Oberbürgermeister Thomas Wimmer der Fassanstich als Zeremoniell begründet wurde, gab es insgesamt fünf Bierhallen auf dem Oktoberfest. In den Festzelten wurden insgesamt 15.000 Hektoliter Bier ausgeschenkt und es kamen den Wirten 20.000 Maßkrüge abhanden. Ein Jahr später, 1951, waren neben dem Schottenhamel-Festzelt und den Brauereifestzelten von Augustiner-, Hacker-, Löwen- und Paulanerbräu auch wieder die Ochsenbraterei vertreten. Das Festzelt des Staatlichen Hofbräuhauses folgte im Jahr 1953 und machte die fehlende Wiesntradition spielend mit seiner internationalen Bekanntheit wett. Im darauf folgenden Jahr bauten die Festwirte der Bräurosl, des Winzerer Fähndl, vom Schottenhamel und vom Augustiner- sowie Löwenbräu die ersten Galerien in ihre Zelte ein.[323] Damit sollte den Besuchern ein angenehmerer und vom Massengedränge im Hauptschiff abgeschlossener Bereich angeboten werden.
In den 1960ern gab es neben den üblichen Streitereien um den Bierpreis, die für sich längst zur Wiesntradition geworden sind, zwei besondere Jubiläen. Die Familie Schottenhamel konnte 1967 ihr 100-jähriges und das Winzerer Fähndl sein 60-jähriges Wiesnjubiläum feiern. In diese Zeit fällt auch die Verdrängung des Märzenbiers als Oktoberfestbier. Als neue Biersorten wurden ab 1971 das Edelhell bzw. Edelstoff bekannt. Ein Jahr später eröffnete das Hofbräuhaus seine neue Bierhalle und Feinkost Käfers Bauernschänke wurde erstmals auf dem Oktoberfest in Betrieb genommen.[324]
Mitte der 1970er erschütterte ein Gerücht die Bierliebhaber auf dem Oktoberfest: Das Festbier solle aus Containern und nicht mehr aus den Holzfässern kommen. Die Festwirte dementieren dieses Gerede jedoch anfangs vehement. Allerdings war man 1981 wieder der Meinung, dass die Containerbevorratung des Oktoberfestbieres unumgänglich sei. Das Bier auf dem Oktoberfest floss seit diesem Jahr nicht mehr aus den 200-Liter-Hirschen, sondern aus 5.000-Liter-Containern. Spätestens Mitte der 1980er Jahre waren alle Festzelte auf den Containerbetrieb umgerüstet. 1983 war auch das Jahr, in dem aufgrund eines Schanktests auf dem Oktoberfest bekannt wurde, dass die Verbraucher auf der Theresienwiese um mehr als eine Million Liter Bier geprellt wurden. Selbst der seit 1981 übliche gläserne Euromaßkrug änderte daran nichts. Aus diesem Grund setzte die Stadt einen umfangreichen Maßnahmenkatalog durch, der unter anderem hohe Bußgelder für einen sogenannten Unterschank aussetzte. Außerdem sollte den Besuchern die Möglichkeit

---

[322] Vgl. Möhler 1981: 165; Speckle 1999: 43ff
[323] Vgl. StadtAM Bestand Oktoberfest 263/2: Wissenswertes über das Münchner Oktoberfest 1952; Hoferichter/Strobl 1960: 84f; Bauer und Fenzl 1985: 101; Molin 1985: 48
[324] Vgl. Dering 1985: 300; Bauer und Fenzl 1985: 110ff

des Nachschenkens gegeben werden. Zwar wurde diese Forderung umgesetzt, sie erwies sich jedoch in der Praxis als sehr schwierig.[325]
Seither gab es in den großen Festzelten auf dem Oktoberfest keine größeren oder einschneidenden Veränderungen mehr. Eine wichtige Neuheit gab es zuletzt 1984, als die Familie Kuffler mit ihrem Weinzelt auf das Oktoberfest einzog. Das Weinzelt löste zahlreiche Vorläufer wie Weinburgen oder Bodegas ab und zählt heute zum festen Bestand auf dem Oktoberfest. Unter den zahlreichen Wiesnjubiläen der einzelnen Festzelte sind unter anderem das 85-jährige der Fischer-Vroni von 1989, das 100-jährige der Bräurosl von 2001 oder das 25-jährige der Ochsenbraterei von 2005 aufzuzählen. Selbstverständlich gab es auch einige Umbauten in und an den Festzelten. Zu nennen sind hier die jüngsten wie 2004 die Neugestaltungen der Bräurosl und des Hacker-Festzeltes. 2007 warteten das Armbrustschützenzelt mit einem Cabrio-Dach zur besseren Belüftung und die Familie Schottenhamel mit einer neuen Bestuhlung auf. Außerdem wurde das Mitbringen von Brotzeiten in die Biergärten der Festzelte nun offiziell erlaubt.[326]
Heute sind auf dem Oktoberfest jedes Jahr 14 große Festzelte und zahlreiche kleine und mittlere Betriebe zu finden. Zu den ganz großen gehören die Fischer-Vroni, das Hippodrom, der Schottenhamel, Käfer's Wies'n-Schänke, das Weinzelt, die Armbrustschützen-Festhalle, das Schützen-Festzelt, das Winzerer Fähndl, das Hofbräu-Festzelt, das Hacker-Festzelt, die Löwenbräu-Festhalle, die Bräurosl, die Augustiner-Festhalle und die Spatenbräu-Festhalle alias Ochsenbraterei. Vor allem in diesen Großbetrieben leistet eine Gruppe besonders treue und gute aber schwere Dienste: die Bedienungen. Sie sind diejenigen, die zwar ihr Zelt bis ins kleinste Detail hinein kennen, von dem Oktoberfest selber aber am allerwenigsten mitbekommen. Außerdem müssen sie nicht nur starke Arme für den Transport der Maßkrüge haben, sondern sich bei jeder Gästegruppe auch durchsetzen können. Wer das nicht kann, hat von Anfang an schlechte Karten. Die schwierigsten Gäste, so sagte eine Bedienung, seien die Italiener, die das Bier nicht vertrügen und bei der aufgeheizten Stimmung auf die seltsamsten Ideen kämen.[327] Eine andere Wiesnbedienung fand die Münchner als angenehmste Gäste: „Da braucht man sich normalerweise sowieso keine Sorgen machen. Die wachsen mit der Wiesn auf und wissen schon, was sich gehört und was nicht."[328]
Neben dem Bier und den Hendln ist die Musik in den Festzelten mit der Zeit immer wichtiger geworden. „Die Festkapelle hat den Stimmungsverlauf zu steuern, ‚anzuheizen' oder das Brodeln wieder zu beruhigen."[329] „Sie dirigiert die Menge im Bierzelt, markiert Erholungspausen, in denen ‚ungestört' getrunken und gegessen werden kann, und sie fordert mit Trinksprüchen zum Bierkonsum auf."[330] Der bekannteste Trinkspruch „Ein Prosit, ein Prosit der Gemütlichkeit! Eins, zwei, drei –

---

[325] Vgl. Gallwas 1984: 7f; Bauer und Fenzl 1985: 115ff; Gebhardt 1997: 12, 131; Dering 1985: 305
[326] Vgl. TAM Presse-Information: Auf geht's zur Wiesn 2007, 24.07.2007 und Neu auf der Wiesn 2007, 24.7.2007
[327] Vgl. Schulz 1998: 38ff
[328] Ebd.: 141
[329] Dering 1985: 314
[330] Ebd.: 313

g'suffa!" stammt allerdings nicht aus Bayern, sondern geht laut einem Textheftchen wohl auf einen aus Chemnitz stammenden Herrn Dittrich zurück.[331]
Für den regelmäßig wiederkehrenden Fall, dass die Musik zusammen mit dem Bier und der gesamten Atmosphäre auf dem Oktoberfest die Stimmung überschäumen lässt, existiert ein ausgefeiltes System der Notfallmedizin. Meistens sind es heute die jüngeren Wiesnbesucher die sich ihren abendlichen Exzessen in den Bierzelten hingeben und danach ärztliche Hilfe benötigen. Bereits bei Destouches wird zwar 1858 in der Oktoberfestchronik berichtet, dass für Verletzte Sesselträger bereit gestellt wurden und 1885 eine eigene Sanitätswache auf dem Oktoberfest eingerichtet wurde[332], doch sind diese in keiner Weise mit der heutigen Sanitätsstation des Bayerischen Roten Kreuzes zu vergleichen.
Auf dem Oktoberfest arbeiten heute je nach erwartetem Patientenaufkommen täglich drei bis sieben Notärzte und eine bis zu 80-köpfige Mannschaft aus Sanitäts- und Rettungsdienstpersonal. Bei Bedarf kann eine weitere Schnell-Einsatz-Gruppe zur Hilfe gerufen werden. In der Sanitätsstation können von dem Personal vor Ort bis zu 30 Patienten gleichzeitig versorgt werden. Dabei können aber nicht alle Patienten auf der Rettungsstation behandel werden; ein Teil muss stets zur Weiterbehandlung in ein Krankenhaus überwiesen werden.[333]
Friederike Ursula Lang untersuchte das Oktoberfest 1998, bei dem 2.635 Patienten auf der Notfall- und Sanitätsstation des Bayerischen Roten Kreuzes versorgt wurden. Hinzu kamen weitere etwa 2.500 kleinere Hilfeleistungen. Dabei wurde festgestellt, dass über zwei Drittel der Patienten in der Regel männlich sind. Sehr wichtig für einen reibungslosen Ablauf auf der Station waren laut Lang neben der materiellen und räumlichen Versorgungsstrukturen vor Ort auch das Zusammenspiel des seit Jahrzehnten Hand in Hand arbeitenden Personals. Damit sind auf der Massenveranstaltung „Oktoberfest" alle Bedingungen für eine katastrophenmedizinische Versorgung gegeben.[334]
Anfänglich stellte sich die Frage, wie es kommen konnte, dass sich das Oktoberfest zu einem Bierfest entwickelt hat. Die Antwort lautet: Ende des 19. Jahrhunderts setzte die Trendwende zum Bierfest ein und steigerte sich bis heute immer weiter nach oben. Mit der Zeit sind „so aus den primitiven Bretterbuden immer gigantischere Sauf- und Freß-Paläste von temporärer Existenz"[335] geworden. Häufig wird sogar ein „Spaß- und Partyzwang in den Bierzelten"[336] beklagt, dessen Lebenselixier das Bier sei. Nachdem diese Entwicklung erkannt wurde, setzte das Münchner Tourismusamt wirksame Mittel ein, um diesen Trend zu bremsen. Einerseits wurden vor ein paar Jahren die Auflagen für die Lautstärkeregelung der Musik in den Festzelten reguliert, andererseits wurde ein besonderes Augenmerk auf ältere Besucher und Familien gelegt. Mit diesen Mitteln ist es zwar nicht gelungen, den Partyspaß der Jugend vom Oktoberfest zu verdrängen, doch es gelang eine Zweiteilung

---

[331] Vgl. ebd.: 314; Niemeier 1997: 41
[332] Vgl. Dering 1985: 110f
[333] Vgl. Lang 2002: 13f
[334] Vgl. ebd.: 60ff
[335] Laturell 1997: 97
[336] Ermeier 2005: 27

des Publikums: von der Öffnung bis zum frühen Abend herrscht heute auf der Theresienwiese eine gemütliche Atmosphäre, während die Wiesn allabendlich hauptsächlich durch die Jugend zu der Münchner Partyzone schlechthin umfunktioniert wird. So war früher und ist auch heute noch auf dem Oktoberfest für jeden etwas dabei.

2.4. Zusammenfassung: Vom Landwirtschaftlichen Fest zum Massenvergnügen

Das heutige Oktoberfestareal hat mit 31 Hektar Größe knapp doppelt so viel Fläche wie das Cannstatter Volksfest, was aber nicht mehr oder weniger Aufwand für die Organisatoren bedeutet. Das Oktoberfest wird seit 1819 von der Stadt organisiert und seit 1975 von dessen Fremdenverkehrsamt bzw. dem Tourismusamt. Für die Planung und Organisation des Festes ist heute das ganze Jahr über ein kleines Team des Amtes zuständig. Nach dem Abbau des Oktoberfestes beginnt bereits im November die neue Ausschreibung für das nächste Jahr. Bis zum 31. Januar gehen dann jedes Jahr 1.500 Bewerbungen, davon ca. 140 Wirte, für die 700 zu vergebenden Plätze ein. Ausgewählt wird nach einem Punktesystem, wobei Münchner Betriebe Vorrang haben und das Prinzip „bekannt und bewährt" groß geschrieben wird. Die endgültige Entscheidung für die Zulassung der einzelnen Geschäfte trifft einzig und allein der Wirtschaftsausschuss des Stadtrates. Ende Mai werden schließlich die Zulassungen für das jeweilige Oktoberfest an die Beschicker weitergeleitet. Im Juli werden die großen Festhallen aufgebaut und alle anderen Geschäfte folgen nach und nach. Für den reibungslosen Ablauf des Festes sorgen jedes Jahr die im Behördenhof untergebrachten Einrichtungen und Behörden wie das Kreisverwaltungsreferat, die Polizei, das Jugendamt, das Fundamt, das Rote Kreuz mit seinen Sanitätern sowie der Kindersammelstelle, das Finanzamt, die Stadtwerke, die Feuerwehr, der TÜV und einige Bankfilialen.[337]

Macht man den Schritt in die Vergangenheit des Oktoberfestes, so können nach Gerda Möhler drei Oktoberfestperioden ausgemacht werden. Die erste Periode ist mit der ersten Hälfte des 19. Jahrhunderts gleichbedeutend und stellte die Bauern, das Preisvieh, die Nationalgarde, den König sowie die Pferderennen in den Vordergrund. Lediglich bei der Vor- und Nachfeier war eine ausschweifende Geselligkeit bei Brotzeit und Bier üblich. Die zweite Periode geht mit der zweiten Hälfte des 19. und dem beginnenden 20. Jahrhundert einher. Es wurden von der Eisenbahn immer mehr Fremde in die Stadt gebracht und neue technische Errungenschaften wie die Elektrizität zogen auf das Oktoberfest ein. Zudem wurde das Vergnügen in den Schaubuden und den Bierburgen immer wichtiger und das Landwirtschaftsfest auf einem abgetrennten Areal als eigene Veranstaltung gefeiert. Vom Ersten Weltkrieg bis zum Ende des Zweiten Weltkrieges trat das Oktoberfest in eine Zwischenperiode ein; es entstand nach Gerda Möhler ein „Vakuum". Die

---

[337] Vgl. Weishäupl 1996: 287ff; Dering 1985: 103f; vgl. auch Gebhardt 1997: 6; Nagy 2007: 336

dritte Periode der Oktoberfeste folgte schließlich in der zweiten Hälfte des 20. Jahrhunderts. Auf dem Oktoberfest ist seither alles möglich und für jeden Geschmack etwas dabei. „Praktisch gibt es keine Zuschauer mehr, sondern nur noch Teilnehmende" und ein rasanter „Bewegungsrausch"[338] setzte ein.[339]
Dieser bis heute wirkende Bewegungsrausch wurde durch die Möglichkeiten der modernen Technik ausgelöst. Es gilt immer wieder den Nervenkitzel und immer neue Superlative zu finden. Ab circa 1850 zeichnete sich diese Entwicklung bereits ab, als die Vorwoche immer bedeutsamer wurde und jedes Jahr mehr Buden und Schausteller auf dem Festgelände anzutreffen waren.[340]
In den 1880ern wurde das Ausmaß der Vergnügungen rein flächenmäßig für alle Zeit festgelegt. Seit der Bavariaring angelegt wurde gibt dieser der Theresienwiese ihre äußere Form. Zwar erfährt die auf die Fläche bezogene äußere Form des Oktoberfestes seit dieser Zeit keine Wandlungen mehr, so gilt dies nicht für das gesamte Erscheinungsbild des Festes. Das von 1810 bis heute insgesamt 24 Mal ausgefallene bzw. durch „Herbstfeste" ersetzte Oktoberfest wurde einem mannigfachen Bedeutungswandel unterzogen. Durch politische, wirtschaftliche und gesellschaftliche Veränderungen haben sich das Erscheinungsbild, die einzelnen Bestandteile und die Festintention grundlegend gewandelt. Das Oktoberfest spiegelte stets den Zeitgeist wider, so den der Monarchie, den des Aufbruchs und Reichtums des Bürgertums um 1900, den der Not- und Kriegszeiten, den des rasanten Wirtschaftsaufschwungs der 1950er und 1960er Jahre, den des Umstiegs vom quantitativen zum qualitativen Wachstum der Besucherzahlen und schließlich den der ökologischen Besinnung[341].
Heute bemüht sich das Team des Münchner Tourismusamtes um Gabriele Weishäupl den jeweiligen Zeitgeist für das Oktoberfest aufzuspüren und umzusetzen. Gleichzeitig bemüht es sich um die Aufrechterhaltung der engen Verknüpfung von Stadt und Oktoberfest. „Denkt man an die Stadt, denkt man auch an das Fest. Die Wies'n prägt das Image und trägt viel zum touristischen Erfolg der Stadt bei."[342] So soll es auch nach dem Willen der Organisatoren bleiben. Trotz dem, dass das Oktoberfest nicht nur geliebt, sondern auch viel gescholten wird „ist dieses große Fest Bestandteil des Stadtlebens, Teil der Tradition, Wirtschafts- und Imagefaktor, Höhepunkt des Münchner Jahres und kollektive Münchner Ausnahmesituation."[343]
Ausnahmesituation wahrscheinlich auch, weil das Oktoberfest von manch einem als Love Parade, Musikantenstadl, Fußball-WM und Promi-Parade zugleich angesehen wird[344].
Für München gilt, dass „die Mischung aus Wirtschaftszentrum und Freizeitstadt, aus altbayerischer Tradition, toleranter Weltoffenheit, aus Charme und Grant, (...)

---

[338] Möhler 1980: 303
[339] Vgl. ebd.: 299ff; Möhler 1981: 223f
[340] Vgl. Möhler 1980: 50; Blecher 1980: 3
[341] Vgl. Dering 1985: 102; Weishäupl 1996: 287f
[342] Weishäupl 1994: 59
[343] Weishäupl 1996: 287
[344] Vgl. Dilloo 2007: 87

reizvoll und anziehend"[345] zugleich wirkt. Ähnlich kann dies auf das Oktoberfest übertragen werden, das für München und sein Umland eine enorme wirtschaftliche Bedeutung hat und immer mehr an Wirtschaftskraft an sich zieht. Für die Stadtverwaltung selbst wirft das Oktoberfest allerdings nur einen kleinen finanziellen Gewinn ab. Die Kosten von jährlich rund drei Millionen Euro können zu circa drei Viertel durch die Platzgeldeinnahmen finanziert werden. Der Rest kommt durch die Anschluss- und Leistungsgebühren sowie Lizenzeinnahmen zustande.[346]

Über eine Oktoberfest-Befragung die 2000 von der Forschungsgruppe Kammerer durchgeführt wurde, war zu erfahren, dass der Wirtschaftswert des Oktoberfestes rund 954 Millionen Euro beträgt. Aufgeteilt wird dieser Betrag in direkte Ausgaben der Besucher auf dem Oktoberfest (449 Mio. Euro), in Ausgaben für Übernachtungen (301 Mio. Euro) und in Ausgaben für die Verpflegung, diverse Einkäufe und ähnliche Bedürfnisse (205 Mio. Euro). In der Befragung wurde auch die Besucherstruktur untersucht. Dabei stellte sich heraus, dass das Oktoberfest immer noch ein „bayerisches Fest" ist und als Gemeinschaftserlebnis genossen wird. Insgesamt 71,4 Prozent der Besucher kommen aus Bayern, 12,7 Prozent aus dem restlichen Deutschland und 15,8 Prozent aus dem Ausland. Daraus ergibt sich, dass viele Besucher bereits in der Vergangenheit auf dem Oktoberfest waren – nur 22,3 Prozent waren Erstbesucher – und das Fest mehrmals im Jahr besuchen. Ebenfalls über die Befragung konnte in Erfahrung gebracht werden, dass die meisten Besucher mit den öffentlichen Verkehrsmitteln auf die Theresienwiese kommen und einem Stau bzw. auch möglichen Alkoholkontrollen aus dem Weg gehen wollen. Das interessanteste Ergebnis der Befragung war aber, dass das Oktoberfest PR-mäßig ein absoluter Selbstläufer ist und die Bekanntheit des Festes kaum noch durch Werbung erhöht werden kann. Prozentual heißt das, dass 57,2 Prozent das Oktoberfest bereits kannten, 7,9 Prozent wurden auf das Fest über Freunde oder Bekannte aufmerksam gemacht und 21 Prozent wurden über das Fernsehen, Radio, Reisebüros, Berichte, Anzeigen, das Fremdenverkehrsamt, Programme, Plakate, Reiseführer oder Prospekte auf das Fest hingewiesen.[347]

Wagt man nochmals einen Bogen von 1810 bis heute zu spannen, so kann kritisch festgestellt werden, dass vor allem die großen Feste und damit auch das Oktoberfest

> „heute ihren ursprünglichen Fest-Charakter völlig verloren (haben) und (...) zu einem Touristenspektakel mit beträchtlichem Marktwert für die Fremdenverkehrsstatistik und die Münchner Hotellerie und Gastronomie verkommen (sind). Das Oktoberfest veränderte sich von einem Huldigungsfest für die Wittelsbacher mit Pferderennen und Tierprämierung zum „größten Volksfest der Welt", zur „Bierolympiade" oder ganz einfach zum „Bayerischen National-Rausch", wie das Münchner Stadtmuseum seine Ausstellung zum 175jährigen Jubiläum des Oktoberfestes hintersinnig nannte."[348]

---

[345] Weishäupl 1994: 58
[346] Vgl. Bauer und Fenzl 1985: 98; Weishäupl 1996: 288; Weishäupl 1996: 292
[347] Vgl. Oktoberfest-Befragung 2000
[348] Laturell 1997: 96

Dieser Wandel vollzog sich vor allem seit Beginn des 20. Jahrhunderts, als das Oktoberfest als überregionales Volksfest stark an Bedeutung gewann. Deutlich wird dies an den sich verändernden Besucherzahlen, die in den 1820ern auf 50.000 geschätzt wurden. Zum Jubiläum 1910 kamen bereits 300.000 Menschen nach München und in den letzten 25 Jahren hat sich die Zahl zwischen fünf und sechs Millionen pro Jahr eingependelt.[349]

Sieht man die Entwicklung vom Huldigungsfest für die Monarchie und vom Landwirtschaftsfest zum jährlichen Massenvergnügen nicht so eng, kann „das Miteinander von Tradition und Moderne"[350] entdeckt werden. Selbst heute wird noch großer Wert auf die historischen Wurzeln gelegt und ein stetes Abwägen zwischen Altem und Neuem hat das Oktoberfest wohl so berühmt gemacht. Heute sind immer noch historische Fahrgeschäfte wie die Krinoline oder der Toboggan auf der Theresienwiese vertreten und lassen vor allem auch ältere Besucher in ihre eigene Vergangenheit blicken. Daneben stehen wie selbstverständlich die riesigen Fahrgeschäfte und Bierzelte, die wiederum – hauptsächlich abends – die jungen Besucher zu Nervenkitzel und übermäßigem Bierkonsum reizen. Eine so große Institution wie das Münchner Oktoberfest bringt eben nicht nur begrüßenswerte Entwicklungen mit sich, sondern ist auch den Strömungen des Zeitgeistes unterworfen und muss sich diesen stellen, um zu überleben.

---

[349] Vgl. Dering 1985: 15; vgl. auch Behringer 1997: 260; Dreesbach 2005: 16
[350] Hölle/ Voss/ Streck/ Altmann: 18

3. Das Cannstatter Volksfest

> „Es ist ein frohes Jahrmarktsgewühl, ein kunterbuntes Treiben: wer dabei ist muss mitschwimmen, mitlachen, mittrinken aus dem Becher der Freude."
>
> August Lämmle, Das Cannstatter Volksfest, 1949 (183)

Neben dem Oktoberfest in München ist das Cannstatter Volksfest in Stuttgart das zweitgrößte Volksfest Süddeutschlands und das größte Schaustellerfest der Welt. Jährlich zieht das seit 2007 auf 17 Tage ausgedehnte Spektakel mehrere Millionen Besucher in seinen Bann. Ebenso wie das Oktoberfest, hat das längst zur Institution[351] gewordene Cannstatter Volksfest im Volksmund einen Kosenamen erhalten: Wasen. Dieser Begriff ist spätestens in der Mitte des 19. Jahrhunderts belegt und bereits bei Mannbach[352] nachzulesen. Die Begriffe Wasen sowie Wiesn bedeuten dasselbe und meinen eine Wiese – die zu Beginn der beiden Feste jeweils weit vor den Toren der Stadt lag.

Charakteristisch für das Cannstatter Volksfest, das „ein Stück schwäbischer Geschichte und schwäbischen Volkslebens geworden"[353] ist, ist die Fruchtsäule, die von Beginn an auf dem Wasen zu sehen war. Dagegen hatten das Königszelt, die Rennbahn und andere frühere Bauten nicht mithalten können und verloren mit der Zeit ihre Bedeutung, bis sie gar nicht mehr auf dem Wasen Platz fanden. Diese Bauten hatten das Nachsehen und schafften spätestens nach dem Ende der Monarchie ausreichend Raum für den immer größer werdenden Bereich der Schausteller und der gastronomischen Betriebe.

Als weitere Bestandteile der frühen Zeit des Cannstatter Volksfestes sind das Landwirtschaftliche Hauptfest und der Krämermarkt zu nennen. Das Landwirtschaftliche Hauptfest war einst die Initialzündung für das Cannstatter Volksfest, verlor aber gegen Ende des 19. Jahrhunderts immer mehr an Bedeutung, so dass es heute sogar nur noch im 4-jährigen Rhythmus – zeitgleich mit dem Volksfest – gefeiert wird. Der Krämermarkt auf dem Wasen konnte sich durch die nahezu 200-jährige Geschichte des Wasens stets behaupten, musste jedoch Einbußen hinnehmen. Gab es früher jeweils einen Krämer-, einen Fass-, einen Kübel- und einen Geschirrmarkt, so sind heute all diese verschiedenen Märkte allein im Krämermarkt aufgegangen.

„Dieses Jahrmarktsvergnügen um die gewaltige Fruchtsäule in grandioser Aufmachung ist auch heute noch ein überregionaler Anziehungspunkt"[354] und ist daher durchaus mit dem Münchner Oktoberfest einen Vergleich würdig. Im folgenden Kapitel wird das Cannstatter Volksfest von seinen Anfängen bis in die Gegenwart hinein genauer untersucht werden, um das bunte Treiben besser verstehen zu können.

---

[351] Vgl. Viezen 1970: 6
[352] Vgl. Mannbach 1844: 8
[353] Lämmle 1922: 1
[354] Weber-Kellermann 1981: 15

3.1. Die Zeichen der Zeit

König Wilhelm I. von Württemberg (1781–1864) hatte es sich 1816 bei seiner Thronbesteigung zur Pflicht und Aufgabe gemacht, ein marodes Staatswesen und ein von Krieg und Hunger gebeuteltes Land in die Zukunft zu führen. Mit „einem kräftigen Willen zum Helfen und zur Fürsorge beseelt"[355] machte er sich an zahlreiche Reformen heran. Aus diesen Reformen ging schließlich unter anderem das Landwirtschaftliche Hauptfest hervor, das mit verschiedenen Volksbelustigungen nicht nur der Belehrung, sonder auch der Freude dienen sollte. Diese „Verbindung von Volksfest und Landwirtschaftsausstellung war zwar naheliegend, doch in der in Württemberg praktizierten Form eine geschickte obrigkeitliche Maßnahme, die viele Nachteile von vornherein zu vermeiden wußte."[356] Einer dieser Nachteile war wohl der, dass durch eine bloße Landwirtschaftsausstellung die Bereitschaft zu langen und beschwerlichen Reisen aus allen Teilen des Landes nicht besonders groß gewesen sein dürfte. Aber mit der Aussicht auf eine Preisverleihung für das mitgebrachte Vieh und Volksbelustigungen wie das Pferderennen, konnten durchaus alle Menschen des Landes angesprochen werden, um nach Stuttgart zu eilen.

3.1.1. Der gesellschaftliche und politische Hintergrund

Die Residenzstadt Stuttgart hatte 1801 insgesamt 21.131 Einwohner, die bis 1850 auf rund 50.000 angestiegen waren. Die Bevölkerung stieg weiter und so wohnten 1875 bereits 107.273 Menschen in der Stadt; 1900 zählte Stuttgart 176.706 Einwohner. Insbesondere aber im ersten Jahrzehnt des 19. Jahrhunderts konnten in Stuttgart zahlreiche neue Einwohner begrüßt werden, die es letztendlich auch zu ernähren galt.[357]
Ähnlich wie in Stuttgart sah es mit dem rasanten Bevölkerungswachstum im ganzen Königreich Württemberg aus. Herzog Friedrich (1754–1816) konnte durch geschickte politische Bündnisse nach den napoleonischen Kriegen sein Territorium nahezu verdoppeln und bekam zudem von Napoleon am 1. Januar 1806 die Königswürde verliehen. Das nunmehr neu geschaffene Königreich Württemberg bestand aus Altwürttemberg, vielen kleinen Reichsstädten, geistlichen Territorien und Adelsherrschaften.[358] Das ehemals kleinteilige und über weite Landschaften versprengte Herzogtum Württemberg hatte durch die Erhebung zum Königreich ein einheitlicheres Bild bekommen.
König Friedrich von Württemberg widmete sich vornehmlich dem Ausbau und der Modernisierung Stuttgarts zu einer für ihn angemessenen königlichen Haupt- und Residenzstadt. Diese Aufgabe übertrug er dem Hofbaumeister Thouret, der Stuttgart nach Friedrichs Wünschen modellierte. Allerdings stand diesem neuen Glanz

---

[355] Weber 2003: 53
[356] Petzoldt 1990: 162
[357] Vgl. Stroheker/ Willmann 1978: 20; Mack/ Neidiger 1988: 19; Weber 2003: 57
[358] Vgl. Mack/ Neidiger 1988: 10

der Stadt ein in sehr starkem Maße reglementiertes gesellschaftliches Zusammenleben gegenüber: König Friedrich verstand sich als absolutistischer und alleinherrschender Monarch, der unter anderem die Presse zensieren oder seit dem Jahr 1806 Volksversammlungen verbieten ließ.[359]
Das Verhältnis von König Friedrich zu seinem Volk war demnach äußerst zwiegespalten: Einerseits versuchte er Stuttgart, wenn auch nur für seine Repräsentationslust, zu modernisieren, andererseits herrschte er als absolutistisch denkender Monarch und unterdrückte sein Volk. Aber nicht nur die Einwohner Württembergs hatten unter König Friedrich zu leiden, sondern auch sein Sohn Friedrich Wilhelm, der spätere König Wilhelm I. von Württemberg. Vater und Sohn lagen oft im Streit und letztendlich floh Wilhelm nach Paris, um erst 1805 wieder nach Württemberg zurückzukehren. Wilhelm widmet sich in der Zeit nach seiner Rückkehr der Natur und den Pferden, wobei er seine „Liebe zur Landwirtschaft"[360] entdeckte. Er beschäftigte sich auf dem Gut Scharnhausen und den Gestüten in Marbach sowie Weil bei Esslingen eingehend mit dem Ackerbau, der Viehzucht und dem Weinbau. Aus diesem Grund kann durchaus behauptet werden, dass durch den Streit von Vater und Sohn sowie den Rückzug des Sohnes auf das Land die nötigen gedanklichen Voraussetzungen für die spätere Reform der württembergischen Landwirtschaft geschaffen werden konnten.
Der Unmut des Sohnes gegen den Vater wurde noch verstärkt, als der Thronfolger 1808 auf Geheiß seines Vaters und nicht ohne Einwirkung Napoleons Charlotte von Bayern heiraten sollte. Diese Ehe sollte die Spannungen zwischen Bayern und Württemberg beenden, bewirkte aber sechs Jahre später, als die Ehe annulliert wurde, genau das Gegenteil.[361] Erst in den 1820ern gelang es dem württembergischen Gesandten von Schmitz-Grollenberg die Beziehung der benachbarten Königreiche „freundschaftlich zu gestalten"[362].
1814 lernte schließlich der Frauenschwarm Wilhelm in London die hübsche russische Zarentochter Katharina Pawlowna (1788–1819) kennen und heiratete sie am 24. Januar 1816 in Petersburg. Im Herbst 1816 kam das Paar nach Stuttgart, wobei Katharina keinerlei Startschwierigkeiten in der neuen Umgebung hatte. Durch die württembergischen Wurzeln ihrer Mutter und den Unterricht durch einen schwäbischen Lehrer kannte sie nicht nur die Sprache und die Mentalität ihrer neuen Heimat, sondern auch deren wirtschaftlichen Gegebenheiten. Wohl auch deshalb ist sie später maßgeblich an der Stiftung des Landwirtschaftlichen Hauptfestes beteiligt gewesen.[363]
Mit dem plötzlichen Tod von König Friedrich am 30. Oktober 1816 wurden dem jungen Kronprinzenpaar Wilhelm und Katharina mit der Thronfolge keine einfachen Aufgaben übertragen. Württemberg lag durch die napoleonischen Kriege und zahlreiche Missernten der vergangenen Jahre im Elend. Erschwerend kam 1816

---

[359] Vgl. ebd.
[360] Sauer 1997: 53
[361] Vgl. ebd. 1997: 58f und Stroheker/ Willmann 1978: 38
[362] Sauer 1997: 104
[363] Vgl. Stroheker/ Willmann 1978: 38ff; Sauer 1997: 122

eine weitere witterungsbedingte Missernte dazu, die die ohnehin bereits miserable Lage verschlimmerte.[364] Bedingt durch die schlechte Situation der württembergischen Bevölkerung konnte auch Wilhelm I. die Massenauswanderung, vor allem in den Jahren 1817 und 1818, nicht verhindern[365]. Trotz der zahlreichen Reformen und damit der Verbesserungen im Leben der Bevölkerung wurde Württemberg „im 19. Jahrhundert das Auswanderungsland in Deutschland schlechthin, und erst König Wilhelm II. nahm die Verantwortung wahr und gründete 1917 in Stuttgart das „Deutsche Ausland-Institut" für die inzwischen 30 Millionen gebürtigen Deutschen, die im Ausland lebten."[366] Diese im 19. Jahrhundert beginnende Auswanderungswelle brachte aus heutiger Sicht dem Cannstatter Volksfest einen durchaus kräftigen Bekanntheitsschub. Denn vor allem in die USA fand der Wasen zahlreiche Nachahmungen durch verschiedene Volksfest- und Schwabenvereine sowie Wohltätigkeits- und Geselligkeitsvereine.

Wilhelm I. von Württemberg der von 1816 bis 1864 regierte, übernahm ein schweres Erbe, wurde aber „einer der bedeutendsten Regenten und Staatsmänner des 19. Jahrhunderts" und verwandelte den „rückständigen Agrarstaat (in) ein wirtschaftlich aufstrebendes Land"[367].

3.1.2. Der (land-)wirtschaftliche Hintergrund

Württemberg war bei der Erhebung zum Königreich fast ausschließlich ein Agrarland. „80 Prozent der 1,4 Millionen Bewohner bewirtschafteten nahezu zwei Drittel der Gesamtbodenfläche."[368] Das Land wurde jedoch nicht optimal bewirtschaftet und die Viehzucht seit Jahrzehnten nicht verbessert. Zudem fegten 1816 Stürme über das Königreich hinweg, die eine weitere katastrophale Missernte auf bereits schlechte Erntejahre folgen ließ und eine große Hungersnot samt einhergehender Teuerung hervorrief. Doch „trotz Wirtschaftsmisere, wachsender Not und Armut Anfang des Hungerjahrs 1816/17, verbreitete sich neue Zuversicht"[369], da der Tod König Friedrichs als eine Art Befreiung angesehen wurde und Wilhelm der weitaus beliebtere Herrscher in der Bevölkerung war. In Wilhelm I. sah die gebeutelte Bevölkerung Württembergs durchaus einen Heilsbringer, der das Land künftig vor solch massiven Folgen von Naturkatastrophen durch gezielte Maßnahmen und Vorbereitungen besser schützen könne. Zweifellos wurde Wilhelm der I. als „König unter den Landwirten und Landwirt unter den Königen"[370] bekannt und 1817 mit der seit Jahren ersten guten Ernte belohnt.[371]

---

[364] Vgl. Stroheker/ Willmann 1978: 23; Sauer 2006: 82; vgl. Mack/ Neidiger 1988: 10
[365] Vgl. Sauer 2006: 82
[366] Das Königreich Württemberg 2006: 113
[367] Beide Sauer 1997: 7
[368] Stroheker/ Willmann 1978: 21
[369] Sauer 1997: 130f; vgl. auch Stroheker 1995: 7
[370] Viezen 1970: 22
[371] Vgl. ebd.: 22; Stroheker/ Willmann 1978: 22; Stroheker 1995: 7; Sauer 1997: 154; Weber 2003: 50f

Als schließlich im Oktober 1816 Kronprinz Wilhelm den Thron bestieg, konnten nach und nach unter anderem zahlreiche Reformen der Landwirtschaft eingeleitet werden. Außerdem schuf das Königspaar mehrere Einrichtungen zur Bekämpfung der Not, wie zum Beispiel die Armenpflege. Am 1. August 1817 gründete König Wilhelm I. als erste Tat zur Verbesserung der Landwirtschaft, den „Verein zur Belebung und Verbreitung der landwirtschaftlichen Industrie", aus dem 1818 das landwirtschaftliche Institut in Hohenheim hervorging. Dieses Institut wurde wiederum in den späteren Jahren zur landwirtschaftlichen Hochschule und schließlich zur heutigen Universität Hohenheim hochgestuft. Daneben siedelten sich in Hohenheim zahlreiche landwirtschaftliche Fabriken an, so auch 1819 die erste Landmaschinenfabrik Südwestdeutschlands, die Hohenheimer Ackergerätefabrik, die immer mehr an Bedeutung gewann.[372]

Neben dieser Vereins- bzw. Institutsgründung ist das Landwirtschaftliche Hauptfest „eine der ersten Maßnahmen zur Förderung der Landwirtschaft"[373]. Das Landwirtschaftliche Hauptfest wurde nach bayerischem Vorbild gestiftet und sollte erstmals am 28. September 1818, am Tag nach des Königs Geburtstag, abgehalten werden. Die ebenfalls neu gegründete landwirtschaftliche „Centralstelle" in Stuttgart sollte zum Landwirtschaftsfest Prämien für die Landwirte aussetzen, die auf dem gleichzeitig abzuhaltenden Viehmarkt in Cannstatt überreicht werden sollten.[374]

„Von dieser großartigen Stiftung des Jahres 1818 gingen nicht nur wirtschaftliche und agrarische Impulse ins Land hinaus. Hier auf dem Wasen spielte sich auch immer wieder deutsche und europäische Geschichte ab."[375] Denn das Landwirtschaftliche Hauptfest bot neben den wirtschaftlichen Wirkungen auch die Repräsentationsmöglichkeiten des Herrschers „zur außen- wie innenpolitischen Demonstration seines Verhältnisses zur Bevölkerung – der gemeinsame Auftritt König Wilhelms I., mit Kaiser Napoleon III. (1808–1873) und Zar Alexander II. (1818–1881) war 1857 dafür ein deutlicher Ausdruck."[376] Ein weiterer politischer Höhepunkt konnte 1876 gefeiert werden, als Kaiser Wilhelm (1797–1888) vom 21. bis 29. September Stuttgart und das Cannstatter Volksfest besuchte[377].

3.2. Das Cannstatter Volksfest von 1818 bis heute

Die Antwort auf die Frage, warum König Wilhelm I. das Cannstatter Volksfest bzw. das Landwirtschaftliche Hauptfest auf einer freien Fläche in Cannstatt gestiftet hat und nicht direkt in Stuttgart, findet sich in der Liebe des Königs zum Ort selber und in der Tatsache, dass Cannstatt zentral am Kreuzungspunkt wichtiger überregionaler Straßen lag. Daiber geht 1878 mit einer Äußerung sogar so weit,

---

[372] Vgl. Mack/ Neidiger 1988: 10; Petzoldt 1990: 161; Sauer 1997: 156, 347; Weber 2003: 52
[373] Das Königreich Württemberg 2006: 296
[374] Vgl. Petzoldt 1990: 161; Das Königreich Württemberg 2006: 296
[375] Stroheker 1995: 17
[376] Mack/ Neidiger 1988: 10f, 31f
[377] Vgl. Sauer 1999: 221

dass König Wilhelm I. mit der Stiftung des Landwirtschaftlichen Hauptfestes die Stadt Cannstatt gehuldigt hätte. Die Verortung des Festes barg allerdings vermarktungstechnische Schwierigkeiten in sich, die erst ab dem 20. Jahrhundert zu Tage traten. Denn die alte Römerstadt Cannstatt gehörte zwar durch die Eingemeindung seit 1905 zu Stuttgart, aber dies nahm und nimmt kaum ein Tourist zur Kenntnis. Zudem wussten die Einwohner des weitaus eigenständigen Cannstatts bisher zahlreiche Bemühungen zu verhindern, das Cannstatter Volksfest in „Stuttgarter Volksfest" umzubenennen. Schon aus traditionellen Überlegungen wäre eine Umbenennung nicht sinnvoll gewesen, wurde aber in den 1970ern breit diskutiert. An der Meinung von Stroheker und Willmann, die Ende der 1970er in ihrem Buch vom Cannstatter Volksfest als Landesfest sprechen, als das es gestiftet worden sei und somit die Cannstatter kein „Eigentumsrecht"[378] am Fest hätten äußerte sich das Ende der Namensdiskussion.[379]

Diese Schwierigkeiten der Umbenennung am Ende des 20. Jahrhunderts wären den Besuchern zu Beginn des 19. Jahrhunderts sicherlich nicht all zu wichtig gewesen. Viel bedeutender war es, dass das Fest als Erlebnis, in das die ganze Bevölkerung einbezogen war, gefeiert wurde. Denn lange Zeit war es an den Höfen üblich, alleine unter Seinesgleichen zu feiern und das Volk höchstens als „Statisten" einzuladen. Für das Cannstatter Volksfest sollte sich dies zum ersten Mal ändern und die Bevölkerung wirklich beteiligt werden[380].

Dieser Volksbeteiligung kommt nach Meinung der Aufklärer des 19. Jahrhunderts jedoch noch eine weitaus wichtigere Rolle zu: Vom Herrscher würden Feste und Feiern gezielt eingesetzt werden, um das Volk in Schach zu halten. „Ganz im Sinne der Aufklärung handelte König Wilhelm I., als er 1818 das landwirtschaftliche Hauptfest und Cannstatter Volksfest stiftete."[381] Mit der Zeit konnte so das „Nationalfest der Schwaben"[382], das auch zahlreiche Auslandsschwaben anlockte, alljährlich auf dem Wasen gefeiert werden. „Das dem bayerischen Vorbild nachgeahmte Landwirtschaftliche Fest entwickelte sich rasch zum beliebtesten und meistbesuchten Fest des Landes"[383] und regte die ganze Bevölkerung zum Mitmachen und Mitfeiern an.

Ein Beleg dafür, dass sich die Bevölkerung am Fest in Cannstatt beteiligen sollte und wollte, liegt darin, dass von Anfang an das Landwirtschaftliche Hauptfest mit einem Volksfest samt Schifferstechen und Pferderennen geplant war. Außerdem sollen 1818 bereits 30.000 Besucher beim großen Fest der Schwaben dabei gewesen sein[384]. So konnte sich neben dem Landwirtschaftlichen Hauptfest ein Volksfest etablieren, dass diesem bereits in der Mitte des 19. Jahrhundert „an Großartigkeit in Deutschland nur das Münchener Oktoberfest zur Seite gestellt werden kann."[385]

---

[378] Stroheker/ Willmann 1978: 199
[379] Vgl. Daiber 1878: 27, 77; Viezen 1970: 16; Stroheker 1995: 9 und Weber 2003: 53
[380] Vgl. Stroheker 1995: 10
[381] Mack/ Neidiger 1988: 30
[382] Ebd.: 31
[383] Sauer 1997: 347; vgl. auch Lang 2006: 286
[384] Vgl. Ebner 1868: 11; Daiber 1878: 78; vgl. auch Viezen 1970: 23 und Petzoldt 1990: 162
[385] Ebner 1868: 11

Demnach war es nicht verwunderlich, dass zu dieser Zeit im Herbst in Cannstatt und Stuttgart alle Hotels belegt waren. Gefördert wurde dies selbstverständlich auch durch jede neu eröffnete Eisenbahnlinie, die immer mehr Besucher auf den Wasen brachte. Und wer wollte nicht zu denjenigen gehören, die aus nächster Nähe den „geliebten Monarchen"[386] bestaunen können? „Mit jedem Jahr kamen nicht nur mehr Besucher, sondern auch mehr und mehr sogenannte „Volksfestbuden" mit Schaustellern und Bierausschank hinzu"[387]. Das einstige Landwirtschaftliche Hauptfest veränderte sich zu dem uns heute bekannten größten Schaustellerfest. Nachdem sich das Landwirtschaftliche Hauptfest im 19. Jahrhundert immer mehr und mehr zur landwirtschaftlichen Messe wandelte und auch die Vergnügungen immer vielfältiger wurden, konnte darüber nachgedacht werden, das Fest zu verlängern. Wurde das Landwirtschaftliche Hauptfest in den Folgejahren von 1818 nur an einem Tag im September abgehalten, so dauerte das sich später mehr zum Volksfestvergnügen wandelnde Fest 1868 bereits vom Sonntag vor bis zum Sonntag nach dem 28. September an. Gegen Ende des 19. Jahrhunderts wurde auf dem Wasen jeweils vier oder fünf Tage lang gefeiert, bis 1934 zum 100. Cannstatter Volksfest eine Verlängerung auf zehn Tage folgte. In der Folgezeit wagte man den Sprung zu einem zwölftägigen Fest und von 1972 an bis 2006 feierten die Massen in der Regel 16 Tage auf dem Wasen. Seit das Volksfest 2007 am Freitagabend eröffnet wird, kann man sich insgesamt 17 Tage dem Vergnügen hingeben.[388] Heute ist das Cannstatter Volksfest „zu einer organisatorischen Aufgabe der Stadtverwaltung geworden"[389] und ein großer regionaler Anziehungspunkt.

3.2.1. Die Entstehung des Cannstatter Volksfestes

Bereits 1817 gab es am königlich württembergischen Hof die ersten Gedanken, ein landwirtschaftliches Fest zur Hebung der Landwirtschaft zu stiften. Daraufhin wurde am 1. August 1817 die „Centralstelle des landwirthschaftlichen Vereins" gegründet, welche künftig der Träger und Ausrichter des Landwirtschaftsfestes sein sollte. Dieser Verein sollte im gesamten Königreich Zweigvereine gründen, um „die nötigen Voraussetzungen für die Durchführung des Festes zu schaffen."[390] In der neuen Centralstelle wurde alsbald ein Festprogramm ausgearbeitet und am 23. September 1817 König Wilhelm I. vorgeschlagen, der wiederum am 17. Januar 1818 die Vorschläge absegnete. Am Dienstag, den 31. März 1818, wurde schließlich im „Königlich-Württembergischen Staats- und Regierungsblatt" die Stiftung und Abhaltung des Landwirtschaftlichen Hauptfestes offiziell verkündet. Das Fest sollte laut der Bekanntmachung der Unterstützung der Landwirtschaft dienen, die besten

---

[386] Stroheker 1995: 24
[387] Stumpp 2006: 70f
[388] Vgl. Ebner 1868: 11; Viezen 1970: 25; Petzoldt 1983: 402; Petzoldt 1990: 165; Stroheker 1995: 46ff; Das Königreich Württemberg 2006: 296
[389] Viezen 1970: 25f
[390] Memminger 1819: 111; vgl. auch Pfaff 1861: 130; Ebner 1868: 11; Stroheker/ Willmann 1978: 24f; Stroheker 1995: 7

Zuchttiere krönen, einen Viehmarkt beinhalten und zur Unterhaltung der Bevölkerung ein Pferderennen und Schifferstechen mit jeweiliger Siegerauszeichnung in sich vereinen. „Zur Unterstützung des wohlthätigen Zwecks"[391] wurde von der Stadt Cannstatt ein eigener Vieh- und Krämermarkt organisiert und eine Ausstellung von landwirtschaftlichen Erzeugnissen gezeigt.[392]

Die Preise – Geldpreise und Silber-Medaillen – für die Prämierungen wurden jeweils vom König gestiftet. Selbst Königin Katharina stellte aus ihrer eigenen Schatulle Preisgelder für die neuen Kulturzweige zur Verfügung, die für ein Land ohne Fabriken, ohne nennenswerte Wasserstraßen und mit wenigen Bodenschätzen äußerst wichtig waren. Aber nicht nur Preise sollten an die besten Bauern vergeben werden, sondern auch die neuesten Errungenschaften der Agrarwirtschaft sollten beim Landwirtschaftlichen Fest präsentiert werden und einen Ansporn zur Hebung der Landwirtschaft und Viehzucht im Königreich geben.[393]

Das Landwirtschaftliche Fest – so hieß es in der offiziellen Bekanntmachung – sollte fortan jedes Jahr am Tag nach des Königs Geburtstag abgehalten werden: am 28. September. Falls dieser Tag jedoch auf einen Sonntag fallen würde, sollte das Fest am darauf folgenden Montag gefeiert werden. Auch heute noch fängt das Fest nie später als am 28. September[394] an und der königliche Geburtstag ist immer noch mit dem Cannstatter Volksfest verbunden, auch wenn es sich nicht mehr hauptsächlich um ein Landwirtschaftsfest, sondern ein Fest des Vergnügens handelt.

Als Ort für das neu gestiftete Landwirtschaftliche Hauptfest „wurde der 43 Morgen große, in dem Wiesthale längs des Neckars hin gelegene Exercierplatz der Stuttgarter Garnison und die an solchen stoßenden baumfreien städtischen Wiesen gewählt."[395] Dieser Platz musste nun auf das große Ereignis am 28. September 1818 vorbereitet und ausgeschmückt werden. Baumeister Nikolaus von Thouret (1767–1845) oblag „die bauliche Inszenierung des Festplatzes"[396], die ihm das Residenzpolizeiministerium übertragen hatte. Die Hoftribüne wurde allerdings vom neuen Hofbaumeister Giovanni Salucci (1769–1845) entworfen[397]. Insgesamt wurde eine Festszenographie entwickelt, die sich sehr eng an das Vorbild des Münchner Oktoberfestes anlehnte. „Thouret konnte sich hierbei auf Programmhefte, Presseberichte, Gutachten und anderes Informationsmaterial stützen, das das Ministerium über mehrere Monate zusammengetragen hatte."[398] Eine Anlehnung an das Oktoberfest war also durchaus beabsichtigt.

Als Rennbahn gestaltete Baumeister Thouret ein 900 Meter messendes Oval, das am Rande von einer Tribüne für Ehrengäste, Preisrichter, Musikchöre und Zuschauer gesäumt war. Gegenüber dieser Tribüne war das von Salucci entworfene Königszelt aufgebaut. Innerhalb der Rennbahn war ausreichend Platz für das preis-

---

[391] Memminger 1819: 113
[392] Vgl. Stroheker/ Willmann 1978: 26, 124; vgl. auch Memminger 1819: 111ff; Pfaff 1861: 130f; Auer 1938: 3; Viezen 1970: 22; Stroheker 1995: 7; Weber 2003: 53
[393] Vgl. Sauer 1997: 347; Stroheker 1995: 7, 19; Memminger 1819: 112ff
[394] Vgl. Stroheker 1995: 7; vgl. auch Weber 2003: 53
[395] Daiber 1878: 77f
[396] Sauer 1997: 348
[397] Vgl. Stroheker/ Willmann 1978: 31; Mack/ Neidiger 1988: 31
[398] Burkarth 1991: 366, Nr. 1818/4

gekrönte Vieh, die Ackergeräte, landwirtschaftliche Erzeugnisse und drei Musikchöre vorhanden. Um den Startpunkt und das Ziel für die Pferderennen zu markieren, wurde außerdem gegenüber der Ehrentribüne eine 50 Fuß hohe Säule errichtet. Diese „Säule" wurde später „Fruchtsäule" genannt und ist heute das Wahrzeichen auf dem Cannstatter Volksfest. Die Fruchtsäule maß 15 Meter und war weithin sichtbar. Sie kündigte den ankommenden Teilnehmern aus ganz Württemberg bereits kilometerweit vor dem Festplatz an, dass bald das Reiseziel zum Hauptfest erreicht war.[399]

Abb. 9: Das Landwirthschaftliche Fest in Cannstadt, 1830, Aq./Gouache

Der Festplatz war stattlich ausgeschmückt und der große Tag des ersten Landwirtschaftlichen Hauptfestes konnte kommen. Am 28. September 1818 sollen bereits um 9 Uhr in der Früh alle Plätze und Zugänge zum Rennplatz besetzt gewesen sein. Insgesamt wurde von 25.000 bis über 30.000 Menschen auf dem Wasen gesprochen. Sehr interessant ist diese Zahl, wenn man sich vor Augen führt, dass Stuttgart zu dieser Zeit gerade einmal 25.000 Einwohner zählte und in Cannstatt 3.000 Menschen lebten.[400] Wenn man nun davon ausgeht, dass halb Stuttgart und Cannstatt auf den Beinen war, so war immer noch eine beträchtliche Zahl auswärtiger Zuschauer auf dem Wasen vertreten.

---

[399] Vgl. Memminger 1819: 118f; Mannbach 1844: 10; Stroheker/ Willmann 1978: 33; Petzoldt 1990: 164
[400] Vgl. Memminger 1819: 124f; Stroheker/ Willmann 1978: 30

Zwar war der Festplatz bereits um 9 Uhr morgens voll belegt, das Königspaar kam jedoch erst um 11 Uhr, von einer Abteilung des Stuttgarter Stadtreiterkorps eskortiert, unter Jubelrufen eingeritten. Trompetensignale kündigten das ankommende Königspaar an und an der Cannstatter Stadtkirche wurden die Landesfahnen gehisst. Die Zuschauer auf dem Wasen stimmten die Königshymne an und feuerten zahlreiche Vivat-Rufe ab. Als sich Wilhelm I. und Katharina mit ihrem Gefolge im Königspavillon eingerichtet hatten, konnte das Landwirtschaftliche Hauptfest mit der Preistierschau und der Vorführung landwirtschaftlicher Geräte beginnen. Die prämierten Tiere wurden dabei bereits ein bis zwei Tage vorher von sachkundigen Beschauern bestimmt. Als der Innenminister die gestifteten Geld- und Medaillenpreise an die Sieger verteilt hatte, begann der Preisviehumzug auf der Rennbahn, damit jeder das beste Vieh des Landes aus nächster Nähe sehen konnte. Im Anschluss an diesen Umzug folgte das Pferderennen, das Schifferstechen[401], die Königshuldigung der Cannstatter Bürgerschaft durch eine Schiffsbeleuchtung und ein rauschendes Feuerwerk vor dem königlichen Landhaus Bellevue, an dem heute die Wilhelma steht.[402]

Nach dem Landwirtschaftlichen Hauptfest war Freude, aber auch Kritik zu spüren. Es wurde unter anderem kritisiert, dass es nicht wie bereits angekündigt eine Ausstellung der landwirtschaftlichen Erzeugnisse und Ackerbaugeräte gab. Außerdem hätte das Fest länger dauern können, da viele Württemberger von weit her angereist kamen und zudem fehlte noch das Rahmenprogramm. Daher verpflichtete sich die Stadt Cannstatt, „entsprechende Vorschläge zu machen und eventuell alte Bräuche wieder neu zu beleben."[403] Darauf folgend wurde das Scheibenschießen in den 1820ern als legale Volksfestnachfeier eingeführt. Die vielen Programmpunkte wie Preisverleihung, Ausstellung und Pferderennen konnten entzerrt werden und die für viele lange Anreise aus allen Teilen des Königreichs lohnte sich bei mehreren Festtagen eher, als nur bei einem.[404]

In den späteren Jahren wurde das Landwirtschaftliche Hauptfest weiter ausgebaut und es gab neben den Viehprämierungen auch Preise für die schönsten und besten Obst- und Gemüsesorten, eine Ausstellung landwirtschaftlicher und gewerblicher Erzeugnisse sowie Pferdeschauen. Mit der Industrialisierung einhergehend wurden auch neue Preise gestiftet. Es konnten die neuesten Maschinen und Chemieentwicklungen prämiert werden, die 1856 mit der „Fortschrittsausstellung" für die neuesten Errungenschaften verbunden waren.[405]

Während die wichtigsten Bestandteile des Landwirtschaftlichen Hauptfestes wie die Viehprämierungen und das Pferderennen von höchster Stelle organisiert wurden, so lag die Platzvergabe für verschiedene Stände außerhalb des Rennbahnovals in Händen des Cannstatter Schultheißenamts. Wer letztendlich eine Konzession vom Schultheißenamt bekam, konnte seine Zelte so lange aufschlagen wie er mochte.

---

[401] „Dieses Fischerstechen ist der volkstümliche Höhepunkt und zugleich der Abschluß des ersten Landwirtschaftlichen Festes des Jahres 1818 auf dem Cannstatter Wasen gewesen." (Stroheker/ Willmann 1978: 34)
[402] Vgl. Mannbach 1844: 12; Lämmle 1949: 181; Stroheker/ Willmann 1978: 31; Petzoldt 1990: 164
[403] Stroheker/ Willmann 1978: 35
[404] Vgl. Stroheker/ Willmann 1978: 140
[405] Vgl. ebd.: 45; Sauer 1997: 348

Aus diesem Grund variierte anfangs die Dauer des Landwirtschaftlichen Festes erheblich und die Vor- und Nachfeste orientierten sich häufig an den Witterungsbedingungen. Generell galt aber bis zum Ende des 19. Jahrhunderts, dass die Gastwirte, die Zelte mit Sitzplätzen und Tischen aufstellen wollten, einen weitaus größeren Aufwand hatten als die Schausteller. Dabei ist leicht nachzuvollziehen, dass der Ochsenwirt Kübler aus Cannstatt per Annonce ankündigte, sein Zelt bei gutem Wetter bereits am 21. September zu öffnen.[406]
War die Bevölkerung des Königreichs Württemberg vielleicht zu Beginn des ersten Landwirtschaftlichen Hauptfestes am 28. September 1818 ein wenig skeptisch, ob durch ein Fest all die Probleme der Landwirtschaft und die noch vor kurzem herrschende Hungersnot überwunden werden könne, so war die Veranstaltung ein durchschlagender Erfolg. Das Landwirtschaftliche Hauptfest trug nicht nur zur Hebung der Landwirtschaft bei, sondern diente auch „der Konsolidierung des Staatsgefühls der Württemberger"[407], die 1806 von einzelnen kleinen Territorien zu einem größeren Gesamtgefüge namens Königreich Württemberg geeint wurden.

3.2.2. Das Cannstatter Volksfest im 19. Jahrhundert

In den Anfängen des Cannstatter Volksfestes gab es einen Festtag, den 28. September, der durch das Landwirtschaftliche Hauptfest gebildet wurde. Dieser eine Tag unterteilte sich in die Hauptveranstaltungen wie der Viehprämierung, dem Pferderennen, der Stiftung von Industrie- und Kulturpreisen, der Stiftung zweier Preise zur Förderung der Obstbaumzucht und in den Viehmarkt. Das Volksfest mit all seinen Belustigungen war zu Beginn des 19. Jahrhundert lediglich das umfassende Rahmenprogramm des Landwirtschaftlichen Hauptfestes.[408] Diese Konstellation hat sich bis zum Ende des 19. Jahrhunderts gravierend geändert, ja sogar in das Gegenteil verwandelt. Heute scheint das Landwirtschaftliche Hauptfest gar ein Beiwerk zum Cannstatter Volksfest zu sein und hat in der Bevölkerung einen markanten Bedeutungswandel vollzogen.
„Die Landwirtschaft in Württemberg und darüber hinaus erfuhr durch das Fest so große Anstöße, dass es im 19. und 20. Jahrhundert entscheidend zum Wandel der Agrartechnik beitrug"[409] und eben durch diesen Wandel hat sich die Bedeutung des Landwirtschaftlichen Festes ad absurdum geführt.
Nimmt man die ersten zehn Jahre des Landwirtschaftlichen Hauptfestes genauer unter die Lupe, so können nur wenige Veränderungen festgestellt werden. Es wurde nicht um Neuerungen verhandelt, sondern darauf Wert gelegt, dass sich das Fest etabliert und in Württemberg zu einer festen Institution werden würde. Der erste Eingriff im Ablauf des Landwirtschaftlichen Hauptfestes kam trotzdem bereits 1819, als durch die gesundheitlichen Schäden[410], die bei den Schifferstechen

---
[406] Vgl. ebd.: 139f
[407] Mack/ Neidiger 1988: 31
[408] Vgl. Stroheker 1995: 9; vgl. auch Weber 2003: 53ff
[409] Weber 2001: 1
[410] Vgl. Stroheker/ Willmann 1978: 54

beklagt wurden, diese wiederum eingestellt worden sind. Als nächste große Veränderung stand 1828 eine Bereicherung der Volksbelustigungen im Rahmen des Landwirtschaftlichen Hauptfestes an. Es konnten unter anderem Seiltänzer bestaunt, Kunstreiter bejubelt oder am Vogelschießen teilgenommen werden und „unser heutiges Volksfest nahm seinen Anfang"[411]. Seit Ende der 1820er Jahre begann sich das Landwirtschaftliche Hauptfest allmählich zum Cannstatter Volksfest zu wandeln.

Mit der Veränderung vom Landwirtschaftsfest zum Volksfest zog das Spektakel noch weitere Besucherkreise in seinen Bann und die Stadt Cannstatt musste erste bauliche Maßnahmen ergreifen. Durch die Trennung des Neckars gab es zwischen der Residenzstadt Stuttgart und der Oberamtsstadt Cannstatt anfangs keine direkte Straßenverbindung. 1831 wurde auf Staatskosten eine Behelfsbrücke in Höhe des heutigen Wilhelmatheaters erbaut, die aber bereits 1832 wegen ihres maroden Zustands angeprangert wurde. Erst 1838 konnte schließlich eine steinerne Brücke eingeweiht werden, die von Eberhard Etzel entworfene Wilhelmsbrücke. Diese Brücke wurde aber nicht nur wegen der unzureichenden Verbindung von Cannstatt und Stuttgart erbaut, sondern vor allem wegen des regen Verkehrs vom Unterland aus in das Remstal und das obere Neckartal. Verfolgt man die Verbindung von Stuttgart nach Cannstatt durch die Jahre hinweg weiter, so lässt sich 1893 mit der Einweihung der König-Karls-Brücke ein weiterer Höhepunkt finden.[412]

Im Jahr 1837 folgte neben den immer zahlreicher gewordenen Belustigungen das vermutlich erste Festzelt auf dem Cannstatter Volksfest. Der Cannstatter Ochsenwirt Kübler stellte in diesem Jahr sein Festzelt auf und schenkte neben Wein auch Ulmer Lagerbier aus. Nur zwei Jahre später wurden erstmals „gleichmäßige Buden"[413] gefordert und zum Großteil auch verwirklicht. Mit dieser Verschönerungsmaßnahme auf dem Wasen ging eine zunehmende Zeitungswerbung für die Veranstaltung einher, die noch mehr Besucher auf den Festplatz locken sollten.

Zu Ehren des 25-jährigen Regierungsjubiläums von König Wilhelm I. wurde 1841 ein erster großer Festzug gestaltet, bei dem zu den bereits üblichen Tribünen noch weitere aufgestellt würden. Dieser Festzug ist allerdings nicht als der erste Volksfestumzug zu bewerten, da dieser ausschließlich für das Regierungsjubiläum veranstaltet wurde und nicht Bestandteil des Volksfestes war, sondern lediglich mit diesem zusammenfiel. 1844 hieß es bereits, dass Stuttgart ausgestorben sei, wenn in Cannstatt das Volksfest gefeiert werde. Darauf hoffte im nächsten Jahr auch der Cannstatter Ochsenwirt Kübler der sein Zelt bereits acht Tage vor dem eigentlichen Fest aufstellen ließ. Noch eine weitere Neuerung gab es 1845: Durch das neue Eisenbahnviadukt musste der Volksfestplatz ein wenig verschoben werden. Diese Verschiebung zahlte sich jedoch bereits ein Jahr später aus, als erstmals Eisenbahnreisende zwischen Cannstatt und Esslingen das vom 27. bis 29. September dauernde Volksfest besuchen konnten.[414]

---

[411] Sauer 1997: 347
[412] Vgl. Stroheker/ Willmann 1978: 90ff; Sauer 1997: 347
[413] Stroheker 1995: 44
[414] Vgl. Mannbach 1844: 8; Stroheker/ Willmann 1978: 96, 152; Stroheker 1995: 44; Sauer 1997: 347f

Wegen der 1847 herrschenden Teuerung musste das Cannstatter Volksfest zum ersten Mal in seiner Geschichte ausfallen. Im folgenden Revolutionsjahr versuchte der Gaildorfer Glasfabrikant Gottlieb Rau, König Wilhelm I. zum Abdanken zu zwingen und die Republik auszurufen. Durch die Meldung der blutigen Niederschlagung der badischen Revolution löste sich die Menge jedoch auf. Der Rau'sche Volkstag brachte es letztendlich nicht zustande, das Volksfest ausfallen zu lassen und so wurde 1848 wieder ein ausgelassenes Fest gefeiert.[415]

Ende der 1840er Jahre konnte von allen Beteiligten zufrieden festgestellt werden, dass durch den Eisenbahnbau deutlich mehr Besucher auf den Wasen gelockt wurden. 1849 konnten am Hauptfesttag auf der endlich fertig gestellten Eisenbahnstrecke zwischen Heilbronn und Geislingen an der Steige insgesamt 27.000 Personen befördert werden. Auf der Strecke zwischen Stuttgart und Cannstatt fuhren 23.000 Personen mit der Eisenbahn. Mit den durch die Eisenbahn steigenden Besucherzahlen auf dem Cannstatter Volksfest wurden letztendlich Überlegungen laut, das Fest zeitlich auszudehnen. 1853 wurde das Cannstatter Volksfest schließlich an fünf Tagen gefeiert. Aber die vielen Besucher auf dem Fest brachten nicht nur die positiv aufgenommene Verlängerung, sondern auch das rasante Fortschreiten von Glücksspielen auf dem Wasen. Erst in den 1850ern gelang es, das sich hartnäckig gegen den Argwohn der Veranstalter gehaltene Glücksspiel vom Wasen zu verdrängen.[416]

„Der absolute Höhepunkt der gesamten Volksfesthistorie ist zweifelsohne das Kaisertreffen des Jahres 1857 (…) so wurde der Cannstatter Wasen dieses Mal zum internationalen diplomatischen Parkett."[417] Der Sinn des Treffens von Zar Alexander II. von Russland und Kaiser Napoleon III. von Frankreich war eine Vereinbarung zur Verminderung der stehenden Heere zu treffen. Die bereits einige Tage vor dem Cannstatter Volksfest eingetroffenen Staatsoberhäupter besuchten das Fest am 28. September 1857 und ritten mit König Wilhelm I. von Württemberg in ihrer Mitte auf dem Festplatz ein.[418]

1858 stellte das „Amts- und Intelligenzblatt für das Oberamt Cannstatt" fest, dass vor allem Karussells mehr von Erwachsenen, als von Kindern benutzt würden und das Volksfest als Fest des Vergnügens endlich geboren war. Das Cannstatter Volksfest zählte bereits 60.000 Besucher, gab allerdings noch immer kein einheitliches Bild ab. Jeder, der eine Konzession hatte, konnte seine Buden aufstellen wo und wie lange er wollte. Aus diesem Grund wurde 1860 erstmals die Aufstellung der Buden seitens der Organisatoren geregelt. Die Buden sollten fortan in drei Hauptstraßen mit jeweils mehreren Nebenstraßen als Verbindung gegliedert werden. „Diese Veränderung des Festplatzes ist durchaus unter dem Gesichtspunkt der verstärkten Entwicklung hin zum Volks- und Vergnügungsfest zu sehen, denn im darauffolgenden Jahr wird ausführlich über weitere Vorteile dieser Reglementierung

---

[415] Vgl. Stroheker/ Willmann 1978: 44, 57ff; Stroheker 1995: 17; Sauer 1997: 348
[416] Vgl. Stroheker/ Willmann 1978: 97ff; Stroheker 1995: 44
[417] Stroheker/ Willmann 1978: 62; vgl. auch Stroheker 1995: 18 und Sauer 1997: 546
[418] Vgl. Stroheker/ Willmann 1978: 62; Stroheker 1995: 18; Viezen 1970: 26; Sauer 1997: 549

berichtet"[419] und 1872 wurde sogar eine Bauordnung erlassen, die einbruchgefährdete und hässliche Bauten verbot.[420]

All diese neuen Sicherheitsmaßnahmen und Reglementierungen konnten es nicht verhindern, dass 1861 ein Arbeiter durch einen Sturm vom Gerüst fiel und der obere Teil der Fruchtsäule kurz vor Eröffnung des Festes abbrannte. Dennoch wurde in jenem Jahr der 80. Geburtstag vom gesundheitlich bereits stark angeschlagenen König Wilhelm I. gebührend über mehrere Tage auf dem Wasen gefeiert. Am 25. Juni 1864 starb König Wilhelm I. auf Schloss Rosenstein und das Land verfiel in Trauer. Auf König Wilhelm I., der das Cannstatter Volksfest stiftete und zeitlebens stark prägte, folgte sein Sohn, König Karl (1823–1891). Karl und seine Gemahlin Olga (1822–1892) führten die Tradition Wilhelms I. fort und versuchten jedes Jahr das Cannstatter Volksfest mit ihrer Anwesenheit zu beehren. Unter König Karl erfuhr das Cannstatter Volksfest bis zum Ende der 1860er eine Neuheit: Es wurde eine Kindersammelstelle eingerichtet, bei der 1867 bereits 50 Kinder abgegeben wurden.[421]

1871 gab es gleich mehrere Festlichkeiten auf dem Volksfest: Es wurde das 50. Volksfest gefeiert, der Sieg des deutsch-französischen Krieges und die Silberhochzeit des Königspaares. Aus diesem Anlass wurde die Fruchtsäule mit der Wirtembergica als Siegesgötting gekrönt und am Fuße der Fruchtsäule Büsten von Karl und Olga aufgestellt. Am 28. September 1876 und nochmals im Jahr 1881 kam dem Cannstatter Volksfest mit dem Besuch von Kaiser Wilhelm I. eine besondere Ehre zuteil. Doch auch wenn Kaiser Wilhelm I. seinen Gefallen am Wasen fand, so konnte König Karl dem Fest immer weniger abgewinnen und beschloss 1882 das Volksfest nur noch alle zwei Jahre abzuhalten. Daraufhin antwortete die Stadt Cannstatt, indem sie das Volksfest in den Zwischenjahren – erstmals 1883 – in eigener Regie als „kleine Volksfeste", ohne Landwirtschaftliche Hauptfeste, durchführte. Die städtische Durchführung der Volksfeste brachte schließlich wieder ein wenig Bewegung in die Veranstaltungen hinein. So wurde 1883 nach langer Pause wieder ein Fischerstechen und Ruderregatten gezeigt, ein Feuerwerk abgebrannt und Gondelauffahrten angeboten. Ab 1889 übernahm Kronprinz Wilhelm (1848–1921) die Repräsentationsaufgaben für seinen erkrankten Onkel König Karl. Aber erst mit dem Tode König Karls wurde die Regelung, das Volksfest nur alle zwei Jahre zu feiern, wieder aufgehoben. Die erste reguläre Durchführung 1892 fiel allerdings der Cholera in Hamburg zum Opfer und das Volksfest musste ausfallen.[422]

Am 28. September 1893 besuchte König Wilhelm II. erstmals als Regent das Cannstatter Volksfest und konnte wie alle anderen Wasenbesucher die neu erbaute König-Karl-Brücke, damals die modernste Brücke Deutschlands, bestaunen. Die neue Brücke teilte den Wasen in zwei Hälften: Unterhalb der Brücke waren der Krämer- und Kübelesmarkt angesiedelt und oberhalb die Buden und Karussells. Mit den 1890er Jahren hielten immer mehr technische Erneuerungen Einzug und um Neu-

---

[419] Stroheker/ Willmann 1978: 147
[420] Vgl. Viezen 1970: 23; Stroheker/ Willmann 1978: 146ff; Stroheker 1995: 45
[421] Vgl. Stroheker/ Willmann 1978: 48, 79ff, 131; Stroheker 1995: 45; Sauer 1999: 266
[422] Vgl. Viezen 1970: 25; Stroheker/ Willmann 1978: 54, 113ff; Stroheker 1995: 15ff, 45f

heiten unter jedermann bekannt zu machen, waren Volksfeste und Jahrmärkte seit jeher prädestiniert. Nicht umsonst warb 1897 Gottlieb Daimler an einem Stand auf dem Wasen für seine neuen Motoren und Fahrzeuge. Auch ging Daimler bei seiner Produktwerbung auf die Landwirtschaft ein. Per Plakataushang versicherte er, dass seine Gefährte und Motoren gute und genügsame Tiere seien und mit Sicherheit keine Maul- und Klauenseuche bekommen würden. In den letzten beiden Jahren des 19. Jahrhunderts wurde schließlich der Wasen kanalisiert, der Telegraf und das Telefon gingen auf dem Wasen in Betrieb und der erste Kinematograph wurde vorgestellt.[423]

Seit 1818 konnte sich das Fest auf dem Cannstatter Wasen etablieren und setzte sich im Jahreslauf der Württemberger fest. Nur sieben Mal musste das Cannstatter Volksfest im 19. Jahrhundert ausfallen und zwar 1847 wegen der Teuerung, 1851 wegen einer Überschwemmung, 1866 auf Grund des Württembergisch-preußischen Krieges – in diesem Jahr wurden nur der Krämer-, Schaf-, Vieh- und Farrenmarkt am Donnerstag, den 27. September abgehalten und am Sonntag gab es eine Nachfeier in verschiedenen Wirtschaftslokalen. 1870 fiel das Fest durch den deutsch-französischen Krieg aus, 1873 wegen der Cholera in Heilbronn und in anderen Orten, 1892 wegen der Cholera in Hamburg – es fand allerdings die Volksfestlotterie statt, da diese bereits vorher ausgeschrieben wurde – und 1896 gab es statt des Festes eine Wanderausstellung der deutschen Landwirtschaft.[424]

Während des 19. Jahrhunderts hat sich das Königreich Württemberg von einem wenig entwickelten Agrarstaat hin zu einem der Industrialisierung aufgeschlossenen Land entwickelt. Die Entwicklung der Landwirtschaft hat dem Landwirtschaftlichen Hauptfest bzw. dem Cannstatter Volksfest vieles zu verdanken, aber auch zur Bekanntmachung neuer technischer Errungenschaften hat das Fest seinen Beitrag geleistet. Mit der Wende zum 20. Jahrhundert hin kündigten sich aber immer mehr einschneidende, das Weltgefüge zerrüttende Ereignisse an, die auch das Cannstatter Volksfest nicht unberührt ließen.

3.2.3. Das Cannstatter Volksfest in der ersten Hälfte des 20. Jahrhunderts

Anfang des 20. Jahrhunderts herrschten jedoch noch ruhige Verhältnisse im Königreich Württemberg und die Besucher des Cannstatter Volksfestes konnten sich über manche Erneuerung und Attraktion erfreuen. Eine dieser Attraktionen war 1902 zum Beispiel eine Ballonfahrt, die von Stuttgart aus ins Gäu bis Böblingen stattfand. Was die Neuerungen des Wasengeländes angeht, so setzte ab 1. April 1905 die Eingemeindung Bad Cannstatts nach Stuttgart neue Maßstäbe. Das Cannstatter Volksfest wurde somit zum Stuttgarter Ereignis und die Haupt- und Residenzstadt steuerte zahlreiche Geldbeträge zur Sanierung und Verschönerung des Wasens bei. Unter anderem konnte dadurch der Wasserabfluss verbessert werden,

---

[423] Vgl. Stroheker/ Willmann 1978: 88ff, 148ff; Barthul und Lingnau 1986: 37; Saucr 1994: 228; Stroheker 1995: 46
[424] Vgl. Stroheker/ Willmann 1978: 161ff; Stroheker 1995: 12; vgl. auch Viezen 1970: 25; vgl. auch Petzoldt 1990: 165

die Straßenzüge wurden chaussiert und das Cannstatter Volksfest bekam eine elektrische Beleuchtung. Allein die elektrische Beleuchtung des Geländes kostete 34.000 Mark und hätte von der Stadt Cannstatt alleine niemals getragen werden können.[425]
Weitere Errungenschaften durch die Eingemeindung Bad Cannstatts folgten 1907. Es konnte eine erste Sanitätsstation[426] auf dem Wasen eingerichtet werden und der Volksfestplatz wurde um zwei neu angelegte Straßen vergrößert. Mit dem Wissen dieser Erneuerungen reisten 1907 schließlich mehrere Mitglieder der Volksfestkommission nach München. Sie wollten das Oktoberfest besuchen, um beim großen Vorbild Anregungen für das eigene Fest zu sammeln. Nachdem die Reise äußerst „befriedigend"[427] ausgefallen war, kann davon ausgegangen werden, dass sich die beiden Volksfeste zu dieser Zeit in nichts nachstanden.
Von der Stadtverwaltung wurde 1908 nach dem Pferderennen ein Automobilkorso mit 23 Teilnehmern veranstaltet, bei dem die „Benzin-Pferdestärken" wie die „leibhaftigen Pferdestärken"[428] prämiert wurden. Und mit der Tatsache, dass im gleichen Jahr durch die Zeppelin-Katastrophe von Echterdingen ein wahrer Zeppelin-Boom ausgelöst wurde – die Schausteller sprangen auf das Thema auf und zeigten Zeppeline im Kinematographen, als Hintergrund für Schnellphotos, auf Volksfestpostkarten usw. – wurde die neue Technikbegeisterung der Tüftler und Denker Schwabens verdeutlicht.
Über die heute noch bekannten und in den Medien weit verbreiteten Klagen über die jährlichen Bierpreiserhöhungen ärgerten sich die Wasenbesucher bereits 1909. Sie hatten jedoch kaum eine Chance, die Bierpreiserhöhungen tatsächlich aufzuhalten und als 1912 die Großbrauereien immer mehr die kleineren Bierbudenbetreiber verdrängten, nahm das Bierschicksal seinen Lauf. Bereits vor dem Ersten Weltkrieg brachten Veranstalter und Besucher gleichermaßen ihren Gedanken Ausdruck und forderten, den Wasen zu erneuern. Das Königreich Württemberg war schließlich kein reines Agrarland mehr, sondern hatte sich zum Industriestaat gewandelt. Eine Umsetzung dieser Veränderungen konnte jedoch nicht mehr in Angriff genommen werden. Die tatsächlich durchgeführten Neuerungen beliefen sich lediglich auf bauliche Maßnahmen, wie 1913 mit der Asphaltierung der Hauptstraßen auf dem Wasen.[429]
Bedingt durch den Ersten Weltkrieg musste das Cannstatter Volksfest von 1914 bis 1923[430] ausfallen. 1918 hätte das hundertjährige Volksfestjubiläum gefeiert werden können „aber Fest und Feier sind mit größeren und wichtigeren Dingen von dem schweren Schicksal der letzten Jahre weggefegt worden"[431] und das Cannstatter Volksfest wurde um sein Jubiläum betrogen. Aber nicht nur das große Jubiläum

---

[425] Vgl. Stroheker/ Willmann 1978: 149; vgl. auch Stroheker 1995: 46, 213 und Viezen 1970: 7
[426] Vgl. Stroheker/ Willmann 1978: 132
[427] StadtAS: Depot A, C IV, 5 Bd. 4, 24
[428] Stroheker/ Willmann 1978: 211ff
[429] Vgl. ebd.: 149; Stroheker 1995: 29,46f
[430] Vgl. Stroheker/ Willmann 1978: 161ff; Stroheker 1995: 12; vgl. auch Viezen 1970: 25; vgl. auch Petzoldt 1990: 165
[431] Lämmle 1922: 1

musste ausfallen, das ganze Volksfest fiel nach dem Ersten Weltkrieg in „die größte Krise in seiner Geschichte"[432]. Mit dem Thronverzicht bzw. der Abdankung von König Wilhelm II. von Württemberg am 30. November 1918 wurde das Fest seiner wichtigsten Grundlage beraubt, dem Königshaus. Es wurde sogar darüber nachgedacht, das Cannstatter Volksfest für alle Zeiten als überkommenes Relikt aus monarchischen Zeiten gänzlich abzuschaffen. Aber es sollte anders kommen, denn die Stuttgarter Stadtverwaltung hat sich 1922 dazu entschlossen, aus „wirtschaftlichen und volkserzieherischen Bedürfnissen"[433] heraus einen Neubeginn auf dem Wasen zu wagen. August Lämmle sprach sogar davon, dass die Menschen vor allem in schweren Zeiten ein Recht auf Feste der Freude hätten und stellte in der „Schwäbischen Heimat" einen Volksfestplan mit der Bitte um Kritik und Mitwirkung auf. Er empfahl, die Ausstellung und die Preisverleihung wie bisher durchzuführen. Ebenso sollten die Märkte wieder ein Bestandteil des Wasens werden und, statt des früheren Besuches durch den Königshof, sollte ein Festzug stattfinden. Für die Kinder durften Kasperletheater, Seiltänzer sowie Menagerien nicht fehlen und es sollten Karussells, Schießbuden sowie der Hau den Lukas auf dem Volksfest zu finden sein. „Neben Bier- und Weinzelten müßten mindestens ebenso viele Tee- und Kaffeebuden da sein"[434]. Lämmle schlug aber auch soziale und kulturelle Veranstaltungspunkte vor, wie den Bau von Musterhäusern, die der Wohnungs- und Geldnot Abhilfe schaffen sollten, eine Neuaufstellung der Hygieneausstellung zur Belehrung sowie Aufführungen von Theater- und Musikstücken. Würden aber all diese Vorschläge für das nächste Cannstatter Volksfest berücksichtigt, so brauche es viele helfende Hände, darüber war sich August Lämmle im Klaren:

„Dieses gute schöne Volksfest zustande zu bringen ist eine Kunst. Die Stadtverwaltung allein kann es nicht. Auch die künstlerischen Vereine, die Vereine für Volksbildung, die Presse und die Volksfestkommission zusammen können es nicht. Das Fest wird gut und schön, wenn alle Veranstalter und Besucher des Festes in edlem Sinne zusammenwirken."[435]

Die Vorschläge von August Lämmle in allen Ehren, ein Cannstatter Volksfest 1922 konnte aber noch nicht stattfinden. Außerdem barg das Wiederaufleben des Wasens große Risiken in sich: Es gab eine andere Staatsform als vor dem Ersten Weltkrieg, ein Schirmherr fehlte, die Geldbeutel waren schmal geworden und es herrschten neue Lebensgewohnheiten. Außerdem passte es „schlecht zusammen, zuerst König Wilhelm II. davonzujagen, um anschließend eine königliche Stiftung ungerührt weiterzuführen."[436] Aber all diesen Überlegungen zum Trotz gab die Währungsreform vom 15. November 1923[437] den Anstoß für einen Neubeginn auf dem Wasen.

---

[432] Stroheker/ Willmann 1978: 214
[433] Lämmle 1922: 1
[434] Ebd.: 4
[435] Ebd.: 4
[436] Stroheker 1995: 29
[437] Vgl. Stroheker/ Willmann 1978: 215, 242; Stroheker 1995: 36

1924 wurde schließlich nach zehnjähriger Pause wieder das Cannstatter Volksfest – erstmals unter Regie der Stadtverwaltung – auf dem Wasen ausgerichtet. Durch die schlechte wirtschaftliche und politische Situation wurde dem Landwirtschaftlichen Part des Festes eine größere Bedeutung zu Teil als dem Vergnüglichen. Aus diesem Grund waren zwei Drittel des Geländes für die Ausstellung von insgesamt 420 Ausstellern reserviert und die Verbindung von Landwirtschaft und Industrie glückte. Auch Anderes, bisher Gewohntes, änderte sich auf dem Wasen von 1924: „Die traditionelle, von zwei Pylonen beherrschte Eingangspforte ist von einem Bauwerk in „kubistisch-expressionistischen Formen" abgelöst worden. Eine weitere Neuerung bildete der „Bundesturm", das unübersehbar dreistöckige Wahrzeichen des Volksfestes von 1924, in dem eine Weinstube, ein Milch- und Kaffeeausschank und im oberen Stockwerk Informationsräume untergebracht sind"[438] und der Bierpreis lag zwischen 0,80 und 1,00 Mark. Es fehlte die Fruchtsäule, dafür gab es aber erstmals eine Radioübertragung vom Volksfest aus. Trotz all dieser Bemühungen war das Cannstatter Volksfest dennoch nicht besonders überragend besucht. Deshalb und auch wegen der Ausstellung von der „Deutschen Landwirtschaftlichen Gesellschaft" fiel das Fest 1925 wieder aus.[439]

Das Cannstatter Volksfest von 1926 stand vollkommen im Zeichen der Luftfahrt und dies honorierten insgesamt ca. 40.000 bis 50.000 Zuschauer auf dem Wasen. Es gab viel Luftakrobatik mit Flugzeugen zu bestaunen, darunter auch einen missglückten Heißluftballonaufstieg. Einen Höhepunkt der Schau bildete Ernst Udet, der berühmte Jagdflieger aus dem Ersten Weltkrieg, und Fräulein Dröbeljahr aus Leipzig, die ihre Fallschirmabsprünge zeigte. Es war deutlich zu spüren und zu sehen:

„Eine wahre Luftfahrtspsychose greift damals um sich. Im Volksfestumzug wird ein Daimler-Leichtflugzeug mitgeführt. (...) Das Volksfest scheint zeitweise ganz im Schatten der Luftsportveranstaltungen zu stehen."[440]

Die Luftfahrthysterie ebbte 1927 ein wenig ab und die Besucher auf dem Cannstatter Volksfest blieben aus. Als Konsequenz daraus zog die Stadtverwaltung den Entschluss, das Volksfest zu „veredeln" und nahm sich abermals das Münchner Oktoberfest zum Vorbild. Ab sofort solle es in Stuttgart eine Volksfesteröffnung wie in München geben und auch ein richtiger Volksfestumzug dürfe nicht mehr fehlen. „Mit dem Münchner Oktoberfest gleichzuziehen oder es gar zu überflügeln, das war und blieb weiterhin die Devise"[441] und der Stuttgarter Gemeinderat wollte die „Atmosphäre der warmen Würste und der Maßkrüge"[442] überwinden. Zwar boykottierten die Brauereien das Cannstatter Volksfest 1927, aber die Presse berichtete immerhin von einer geglückten Veredelung des Festes und einem Sieg im Wettstreit mit dem Oktoberfest. Besonders in dieser Zeit scheint sich der dauer-

---

[438] Stroheker/ Willmann 1978: 216f
[439] Vgl. ebd.: 216; Stroheker 1995: 29ff
[440] Stroheker/ Willmann 1978: 222
[441] Ebd.: 225
[442] Ebd.: 224

hafte Blick von Stuttgart aus nach München im schwäbischen Geist festzusetzen der auch nach dem Zweiten Weltkrieg ein wichtiger Bestandteil der Städtebeziehung bleiben sollte.[443]

Abb. 10: Blick auf das Cannstatter Volksfest, 1927, Foto

Mit der Neckarregulierung von 1929 veränderte sich das Wasengelände nachhaltig, da eine Verlegung des Platzes arrangiert werden musste. Durch dieses Verrücken des Wasenareals wurde das Gelände für das Cannstatter Volksfest jedoch geräumiger und kaum einer hatte Einwände. Das Volksfestvergnügen dauerte in jenem Jahr insgesamt fünf Tage. Im gleichen Jahr läutete der Schwarze Freitag an der New Yorker Börse die Weltwirtschaftskrise ein. Dennoch wurde 1930 das Cannstatter Volksfest gefeiert und das Landwirtschaftliche Hauptfest richtete sich erstmals an Verbraucher und Erzeuger gleichermaßen. Auch das Rohrsystem wurde zwischen 1929 und 1933 neu installiert und 1930 wurden die Volksfeststraßen neu angelegt.[444]

Unter dem nationalsozialistischen Regime fiel das Cannstatter Volksfest 1933 zu Gunsten des Erntedankfestes auf dem Stuttgarter Marktplatz aus; es zogen aber vier große Festzüge zum Wasen. Verwunderlich ist, dass sich die Nationalsozialisten mit dem Landwirtschaftlichen Hauptfest nicht „anfreunden" konnten, obwohl

---

[443] Vgl. ebd.: 220ff; Stroheker 1995: 47
[444] Vgl. Stroheker/ Willmann 1978: 150ff; Stroheker 1995: 31ff

der Bauernstand zum „ersten Mann des Volkes"[445] erhoben wurde. Doch 1934 wurde immerhin ein Versuch gewagt das Cannstatter Volksfest – ohne Landwirtschaftliches Hauptfest – unter nationalsozialistischer Flagge abzuhalten. Das Fest dauerte insgesamt zehn Tage lang. Zum 100. Cannstatter Volksfest wurde 1935 auf dem Wasen in großem Stil gefeiert und auch das einzige Landwirtschaftliche Hauptfest während des Nationalsozialismus abgehalten. Nach langer Zeit fanden die Besucher des Festes auch wieder die Fruchtsäule aufgestellt, die jedoch nicht wie bisher mit Früchten des Landes geschmückt war, sondern militärisch inszeniert wurde. Auch die Eröffnungsfeier wurde äußerst militärisch gestaltet, neben der Wehrmacht fehlten die Schützen- und Wehrverbände ebenso wenig wie ein großes Manöver. Nebenbei wurde ein Volksfestvergnügen arrangiert, zu dem Freikarten für kinderreiche sowie minderbemittelte Familien verteilt und „Reisen" der „Kraft durch Freude" organisiert wurden.[446]

Während sich 1936 auf dem Wasen nichts veränderte, so wurde 1937 in das Gesamtbild des Wasens eingegriffen. Es wurde eine hölzerne „Schwabenhalle" gebaut und die Fruchtsäule auf den großen Ehrenhof versetzt. Zudem wurden die Pferderennen wieder in das Programm aufgenommen. Das fünfte und letzte Cannstatter Volksfest unter dem nationalsozialistischen Regime wurde 1938 abgehalten. Die folgenden Aussagen von Theo Auer aus dem Jahr des letzten Festes vor dem Zweiten Weltkrieg sind mit einer gewissen Vorsicht zu bewerten, bieten jedoch einen kleinen Einblick in das Jahr 1938:

„Das Volksfest ist ein Wunderland für Kinder, mit all den bunten Farben, mit dem geliebten Ballon, mit Süßigkeiten, Musik und Karussell."[447]

„Das Cannstatter Volksfest wurde zum großen Schwabenfest des Jahres. Hunderttausende erleben alljährlich seinen Zauber."[448]

Der Kriegsbeginn am 1. September 1939 unterbrach die Aufbauarbeiten zum Cannstatter Volksfest jäh. Die „Himalayabahn" stand bereits betriebsbereit auf dem Gelände und überlebte den Zweiten Weltkrieg. 1945 wurde sie jedoch für die damaligen Verhältnisse zu kostbarem Brennholz verarbeitet.[449]

Wird das Cannstatter Volksfest in der ersten Hälfte des 20. Jahrhunderts noch einmal zusammenfassend betrachtet, so ergibt sich ein Bild, welches durch zahlreiche politische und gesellschaftliche Veränderungen gezeichnet ist. Bis zum Ersten Weltkrieg konnte das Fest noch in seiner historischen Tradition fortleben, während es in der Weimarer Republik seine größte Krise erlebte. Die Nationalsozialisten versuchten das Cannstatter Volksfest für ihre politischen Zwecke zu missbrauchen. Innerhalb der ersten fünfzig Jahre des 20. Jahrhunderts fiel schließlich der Wasen so oft wie noch nie zuvor in seiner hundertjährigen Geschichte aus. Zwischen 1914

---

[445] Stroheker/ Willmann 1978: 230
[446] Vgl. ebd.: 47, 232ff; Stroheker 1995: 34f
[447] Auer 1938: 23
[448] Ebd.: 6
[449] Vgl. Stroheker/ Willmann 1978: 239ff; Stroheker 1995: 35

und 1923 fiel das Fest wegen dem Ersten Weltkrieg, der Revolution und der Inflation sowie seiner Bedeutungskrise aus. Im Jahr 1925 wurde stattdessen die Ausstellung der „Deutschen Landwirtschaftlichen Gesellschaft" gezeigt und 1933 ein Erntedankfest auf dem Stuttgarter Marktplatz gefeiert. Von 1939 bis 1948 konnte das Cannstatter Volksfest bedingt durch den Zweiten Weltkrieg und die Nachkriegsjahre samt Inflation nicht gefeiert werden.[450] Nach den beiden Weltkriegen traten abermals die Überlegungen ein, ob das Cannstatter Volksfest überhaupt noch gefeiert werden sollte. Durch tatkräftige Unterstützer konnte der Wasen aber letztendlich in eine neue Ära eingeführt werden, die sich hauptsächlich dem Vergnügen hingab.

Abb. 11: Das Cannstatter Volksfest unter nationalsozialistischer Herrschaft, 1937, Foto

3.2.4. Das Cannstatter Volksfest nach dem 2. Weltkrieg

Bereits im ersten Nachkriegsjahr hatte der Verband Ambulanter Gewerbetreibender Württemberg-Hohenzollern, in Absprache mit der Stadt Stuttgart, einen kleinen Herbstwasen auf einem äußerst geringen Areal organisiert. Gleiches wurde für 1947 und 1948 vereinbart, wobei Oberbürgermeister Klett 1948 zur Ansprache am Eröffnungstag eingeladen wurde. Da aber in diesen beiden Jahren der Landesver-

---

[450] Vgl. Stroheker/ Willmann 1978: 161ff; Stroheker 1995: 12, 48; vgl. auch Viezen 1970: 25; vgl. auch Petzoldt 1990: 165

band ambulanter Gewerbetreibender und nicht die Stadt Stuttgart die Veranstalter des Festes waren, galten diese beiden Feste nicht als echte Cannstatter Volksfeste.[451]

Das erste von der Stadt selbst organisierte und durchgeführte Volksfest konnte endlich wieder im Herbst 1949 vom 17. September bis 2. Oktober nach langer Zeit gefeiert werden. Dieses Fest war jedoch immer noch kein echtes Cannstatter Volksfest, sondern lediglich ein kleineres „Herbstfest". Aber die Bevölkerung spürte mit Sicherheit, dass es langsam wieder aufwärts zu gehen schien. Nach der Währungsreform vom 20. Juni 1948 konnte die Inflation gestoppt werden und die Wirtschaft bekam neue Anstöße, so auch das Cannstatter Volksfest. Galt 1923 noch die Problematik, ein monarchisches Fest in ein republikanisches zu verwandeln, so lag 1949 die Sorge hauptsächlich in der Bewahrung um die alte Tradition und der Wiederbelebung der Vergnügungen nach den entbehrenden Jahren.[452]

Schließlich waren es zwei Persönlichkeiten, die dem Cannstatter Volksfest nach dem Zweiten Weltkrieg aufhalfen und „dem wiederauferstandenen Landesfest ihren Stempel aufdrückten"[453]. Gemeint sind hier der ehemalige Stuttgarter Oberbürgermeister Dr. Arnulf Klett, auf den der Fassanstich und die kurzweiligen Eröffnungsreden zurückgehen – diese Aufgabe übernahm er übrigens bis zu seinem Tode 1974 – und Verkehrsdirektor Dr. Ullrich Seeliger. Der damalige Verkehrsdirektor bemühte sich nämlich, das Cannstatter Volksfest vor allem wieder an die Jugend heranzutragen, da er die Gefahr sah, das Fest könne nach seiner zwölfjährigen Pause verblassen. Dr. Ullrich Seeliger habe nach Stroheker und Willman mit seinem mutigen und engagierten Eintreten für das Volksfest „entscheidend zu seinem Wiederaufblühen beigetragen."[454]

Bei diesem Herbstfest konnte allerdings nicht das ganze Wasenareal wie vor dem Zweiten Weltkrieg für das Volksfest genutzt werden, da die US-Streitkräfte weite Teile des Volksfestareals zu einer Abladestelle für den Trümmerschutt sowie als Benzin- und Treibstofflager belegten. Das restliche Areal wurde von der IRO (International Refugee Organisation) als Sperrholzplattenlager verwendet. Erst 1952 konnte wieder das gesamte Volksfestareal genutzt werden. Ein weiterer Platzmangel ergab sich bereits 1948 durch den Neubau der König-Karls-Brücke. Denn der angestammte Platz für den Krämer- und Kübelesmarkt wurde mit Bau- und Trümmerschutt aufgefüllt. Damit war der Platz unbenutzbar geworden und seither bildet die König-Karls-Brücke die nördliche Abgrenzung des Wasens. War in der Vergangenheit der Cannstatter Volksfeste die polizeiliche Sperrstunde spätestens um acht Uhr abends festgesetzt, konnte 1949 von neun Uhr morgens bis zehn Uhr abends ausgelassen gefeiert werden.[455]

Die Stuttgarter Brauereien ließen es sich bei dem ersten Volksfest neuer Zeitrechnung nicht nehmen und stellten gemeinsam ein großes Bierzelt mit 3.000 Sitzplätzen auf; hier schenkten sie ein besonderes Festbier aus. Auch diejenigen, die sich das

---

[451] Vgl. StadtAS Hauptaktei Gruppe 3, 17/1: 878, 879, 880, 881
[452] Vgl. Stroheker/ Willmann 1978: 165, 215, 242; Stroheker 1995: 36
[453] Stroheker 1995: 38
[454] Stroheker/ Willmann 1978: 142
[455] Vgl. Stroheker/ Willmann 1978: 151ff, 243f; StadtAS Hauptaktei Gruppe 3, 17/1: 881

süffige Bier noch nicht wieder leisten konnten, kamen aus dem Staunen über das riesige Zelt nicht mehr heraus. Der Liter Festbier kostete 1949 übrigens 1,65 Mark. Wurden die Brauereien mit dem Festzelt bestaunt, so wurden die Schausteller bei diesem ersten Herbstfest nahezu ignoriert. Die Schausteller waren am Ende des Festes sehr enttäuscht, denn kaum einer ging in die Schaubuden und gab sein weniges Geld aus. „Das einstmals angepeilte Ziel, München zu überflügeln, war in weite Ferne entrückt. Das Cannstatter Volksfest rangierte unter ferner liefen, denn die Einnahmen gingen um 30, 50 und sogar noch mehr Prozent zurück. München, Heilbronn, Nürnberg und Hamburg wurden gelobt. Für Stuttgart hatten die Schausteller nur ein Achselzucken übrig!"[456]

In der Neuen Cannstatter Zeitung hieß es zwar 1949, dass auf dem Wasen 220 Aussteller ihre Waren und Attraktionen anboten und ein Riesenbierzelt aufgebaut wurde, aber dass daneben in München bereits wieder ein richtiges Oktoberfest mit über 600 Ausstellern triumphal gefeiert worden wäre.[457] Nachdem 1949 ein erstes von der Stadt Stuttgart organisiertes Herbstfest stattfand, konnte im Jahr darauf das erste echte Cannstatter Volksfest nach dem Zweiten Weltkrieg gefeiert werden. Es trat eine neue Volksfestverordnung in Kraft, die neben organisatorischen Regelungen und Vorschriften für die Beschicker auch die Öffnungszeiten des Volksfestes regelten. Sonntags durften die Geschäfte auf dem Festgelände von 11 bis 23 Uhr öffnen und die restlichen Tage von 9 bis 23 Uhr. Unter anderem wurde überlegt, ob das Fischerstechen auf dem Neckar überhaupt noch abgehalten werden könne. Durch die anhaltende Neckarverschmutzung verbot die Gesundheitspolizei schließlich im Laufe der 1950er Jahre das Fischerstechen sowie das Kübelesrennen. Das Fischerstechen wurde letztmals 1955 veranstaltet.[458]

Was den Festumzug angeht, der zuletzt 1938 stattfand, wurde 1950 ebenfalls ein Neuanfang gemacht. Der Festzug eröffnete das Cannstatter Volksfest und war von 1950 bis 1959 ein jährlicher Bestandteil des Festes. In den Jahren danach bis 1968 wurde der Festzug nur noch im Zusammenhang mit dem Landwirtschaftlichen Hauptfest abgehalten und danach gar nicht mehr veranstaltet.[459]

Im Frühjahr 1951 ging die Verwaltung und Organisation des Wasengeländes vom Liegenschaftsamt in den Geschäftsbereich des Verkehrs- und Wirtschaftsförderungsamtes über[460] und es wurde wieder eine neue Volksfestverordnung erlassen. Neu in diesem Jahr war, dass die Aufräumarbeiten auf dem Wasengelände fertig gestellt und somit endlich wieder das komplette Gelände für das Volksfest genutzt werden konnte. Außerdem gab es ein Festbier mit höherem Alkoholgehalt, das für 1,20 DM pro Liter nur auf dem Wasen ausgeschenkt wurde. Um ein schlechtes Schankmaß von vorne herein zu unterbinden, wurden überall sichtbar Schilder angebracht, die das Nachfüllen nicht voller Krüge anzeigten.[461]

---

[456] Stroheker/ Willmann 1978: 37ff, 245
[457] Vgl. Neue Cannstatter Zeitung, 7.10.1949: „Wurstkette" von Cannstatt bis Augsburg
[458] Vgl. StadtAS Hauptaktei Gruppe 3, 17/1: 882; Stroheker/ Willmann 1978: 56; Stroheker 1995: 48
[459] Vgl. StadtAS Hauptaktei Gruppe 3, 17/1: 882; Stroheker 1995: 26
[460] Vgl. StadtAS Hauptaktei Gruppe 3, 17/1: 876: Schreiben vom Bürgermeisteramt am 28.3.1951 mit dem Betreff „Organisatorische Änderungen im Geschäftskreis des Wirtschaftsreferats"
[461] Vgl. StadtAS Hauptaktei Gruppe 3, 17/1: 883

Für die Instandsetzung des kompletten Wasengeländes wurden für das Jahr 1951 insgesamt 58.590 DM im Nachtrag bewilligt. Für die Neuanlage einer zehn Meter breiten Längsstraße auf dem Wasen wurden im Juli 1952 weitere 90.000 DM freigegeben. Damit sollte es aber in den nächsten Jahren nicht genug sein und die Stadt bewilligte 1957 nochmals etwa 240.000 DM für den Straßenbau, die Stromversorgung, das Gas- und Wasserrohrnetz, die Straßenbeleuchtung und die Versetzung der Fruchtsäule. Um diese hohe Summe stemmen zu können, stellten die Stuttgarter Brauereien die Gelder für die Platzmieten für vier Jahre im Voraus und zinslos zur Verfügung.[462] Schließlich erhofften sich die Brauereien durch eine Sanierung des Geländes einen höheren Profit für ihre eigenen Geschäfte auf dem Volksfest.

Das erste Cannstatter Volksfest des gemeinsamen Bundeslandes Baden-Württemberg dauerte 1952 zehn Tage lang und fiel zeitlich mit dem Oktoberfest zusammen. Diese Tatsache wurde als ungünstig angesehen und die bereits seit Anfang des 20. Jahrhunderts verfolgten Bestrebungen einer Entzerrung der beiden Feste wurde wieder aufgenommen. In einem Schreiben vom Verkehrs- und Wirtschaftsförderungsamt am 13. März 1952 hieß es schließlich: „Seit den 30er-Jahren wurde das Cannstatter Volksfest eine wirkliche Konkurrenz für das Münchner Oktoberfest. Wenn es gelingt, allmählich das Cannstatter Volksfest wieder zu dem zu machen, was es vor dem Kriege war, so wird mancher Schausteller das Cannstatter Volksfest bevorzugen."[463] Allerdings wurde dieses Ziel nicht mit allen Konsequenzen verfolgt. Das Oktoberfest wurde 1952 erstmals auf 16 Tage verlängert, während eine Verlängerung für das Cannstatter Volksfest von vornherein ausgeschlossen war.[464]

Bereits ein Jahr später wurde jedoch allen Beteiligten klar, dass eine Verlängerung des Cannstatter Volksfestes nicht mehr zu umgehen war, wollte man die Schausteller nicht alle an München verlieren. Der Wasen wurde 1953

Abb. 12: Blick auf die Fruchtsäule, 1954, Foto

---

[462] Vgl. StadtAS Hauptaktei Gruppe 3, 17/1: 2522; Amtsblatt der Stadt Stuttgart, 9.5.1957: Neugestaltung des Volksfestplatzes
[463] StadtAS Hauptaktei Gruppe 3, 17/1: 884
[464] Vgl. StadtAS Hauptaktei Gruppe 3, 17/1: 884: Protokoll vom 18. Januar 1952 der Wirtschaftsabteilung; Stumpp 2006: 70

erstmals von zehn auf zwölf Tage ausgedehnt und diese Veränderung hatte sich bewährt. Um das Gelände attraktiver zu gestalten wurden außerdem die Bierzelte nach dem Münchner Muster angeordnet und innen sowie außen vielfältig verschönert. Wohl auch durch die angenehmer gewordene Atmosphäre in den Bierzelten konnten die Brauereien und Weinwirte ihre Verkaufszahlen steigern. Auf dem Wasengelände selbst wurde außerdem die seit dem Zweiten Weltkrieg vermisste Fruchtsäule wieder errichtet und sie gab dem Volksfest ein Stück seines traditionellen Charakters zurück.[465]
1955 hatten die Organisatoren des Cannstatter Volksfestes etwas mehr Selbstbewusstsein erlangt und sprachen davon, dass der Wasen ebenso gut sei wie das Oktoberfest, doch der Wasen durch seine Lage die weitaus angenehmere Atmosphäre hätte.

„Ähnlich wie München darf Stuttgart als Spiegelbild des hohen Leistungsstandes des deutschen Schaustellergewerbes gelten, nur dass hier, bedingt durch die Lage des Festplatzes und der räumlich mehr zusammengedrängten Strassenblocks, das Panorama mit seiner unvergleichlichen Lichtfülle intensiver auf den Besucher wirkt."[466]

Dieses neue Selbstbewusstsein wurde jedoch jäh unterbrochen, als 1957 wieder von einer unglücklichen Anordnung des Volksfestgeländes gesprochen wurde. Als „schmales Handtuch" hätte es der Wasen schwerer getroffen als das Oktoberfestgelände, das nach einer Ellipse angeordnet sei. Ebenso wäre es mit dem Heiliggeist-Feld, auf dem der Hamburger Dom stattfände. Einzige Aufmunterung für die Stuttgarter sei, dass der stete Konkurrent, das Oktoberfest in München, immer ein Bierfest bleiben würde und dies nicht auf das Volksfest übertragen werden solle.[467]
Den ständigen Anträgen der Schausteller, den Wasen um ein paar Tage zu verlängern, hielt die Stadtverwaltung stand. Als Alternative wurde Ende 1957 vorgeschlagen, als Starthilfe für die Schausteller ein Frühlingsfest auf dem Wasen zu genehmigen. Die Schausteller waren von dieser Idee nicht abgeneigt und so wurde der Beschluss gefasst, ab sofort ein Frühlingsfest als Pendant zum Cannstatter Volksfest zu organisieren[468].
Mit einem Schreiben von 1958 legte ein Besucher des Volksfestes Beschwerde gegen die bayerische Musik und den Boogie Woogie auf dem Wasen ein. Bei einem schwäbischen Fest könne und dürfe so etwas nicht vorkommen. In München sei ja nicht landestypische Musik in den Bierzelten undenkbar. Verkehrsdirektor Dr. Seeliger nahm zu diesem Schreiben Stellung und hielt fest, dass Musikkapellen für solch große Bierzelte wie auf dem Wasen nirgends zu finden seien. Außerdem müsse die Eröffnung jedes Jahr neu gestaltet werden und dürfe nicht nur auf „treuherziges, biederes Schwabentum"[469] setzen.

---

[465] Vgl. StadtAS Hauptaktei Gruppe 3, 17/1: 885: Protokoll vom 18. Dezember 1953 der Wirtschaftsabteilung; Stroheker/ Willmann 1978: 47; Stroheker 1995: 38, 48
[466] StadtAS Hauptaktei Gruppe 3, 17/1, 887: Protokoll vom 23. Dezember 1955 der Wirtschaftsabteilung
[467] Vgl. StadtAS Hauptaktei Gruppe 3, 17/1: 889: Protokoll vom 27. November 1957 des Verkehrsförderungsausschusses „Entwicklung des Cannstatter Volksfestes seit 1951"
[468] Vgl. Stuttgarter Nachrichten, 14.12.1957: Es bleibt zunächst beim alten
[469] StadtAS Hauptaktei Gruppe 3, 17/1: 890

Der Schaustellerpräsident Wilhelm Stamer regte 1961 nochmals an, das Cannstatter Volksfest auf 16 Tage zu verlängern, aber auch dieses Gesuch wurde vom Stadtrat abgewiesen. Es sollte noch einige Zeit in Anspruch nehmen, bis die Stadtoberhäupter für eine Verlängerung bereit sein sollten. Schließlich war es 1961 geglückt, die Umsätze aller Beteiligten auf das Münchner Niveau des Oktoberfestes zu heben[470]. Damit wurde eine Begründung der Verlängerung des Festes durch eine Umsatzsteigerung der Beschicker obsolet.

1962 konnte das neu gebaute Verwaltungsgebäude auf dem Wasen eingeweiht werden. Der Neubau kostete die Stadt insgesamt 374.585,88 DM und war dringend nötig. Das ursprüngliche Verwaltungsgebäude auf dem Wasen wurde durch den Zweiten Weltkrieg zerstört und 1951 von einem Fertighausbau ersetzt. Durch die in den Jahren 1957 und 1958 durch den Schleusenbau des Neckarkanals bedingte Verlegung des Festareals in Richtung Untertürkheim war ein Erweiterungsbau des Fertighauses nicht mehr sinnvoll und ein kompletter Neubau schien erforderlich.[471]

In dem schmucken Verwaltungsneubau konnten sich die Organisatoren sicherlich noch mehr über die 1963 gestiegenen Umsätze aller Schausteller und Wirte freuen. In diesem Jahr wurden die höchsten Umsätze der Nachkriegszeit eingefahren, während die des Oktoberfestes merklich zurückgegangen sein sollen. Ein möglicher Grund für die Umsatzsteigerung könnte die immer angenehmer gewordene Ausgestaltung des Cannstatter Volksfestes gewesen sein. 1963 waren unter anderem zwei Feuerwerke[472] zu bestaunen, von denen eines wie üblich den Abschluss des Festes ankündigte.

Im Jahr darauf konnte abermals ein Umsatzrekord bei den Beschickern eingefahren werden und die Wasenbeleuchtung wurde auf Leuchtstoffröhren umgestellt. 1965 konnte als Neuheit erstmals die Heimweghilfe angeboten werden, die zwar nur zögerlich angenommen wurde, sich aber in den Jahren darauf äußerster Beliebtheit erfreute und dadurch etablierte. 1967 konnten bereits 249 Heimfahrten getätigt werden. Für die Jahre 1967 und 1968 stellte die Stadtverwaltung abermals über 150.000 DM bereit, um die wieder notwendig gewordenen Bauarbeiten auf dem Wasen vollziehen zu können. Die Gelder wurden für den Straßenausbau und die Stromversorgung auf dem Gelände verwendet.[473]

Der Verein der Brauereien von Stuttgart e.V. beantragte im Sommer 1968 eine Vergrößerung seiner Bierzelte auf dem Wasen. Als Alternative wäre für die Brauereien eine Verlängerung des Volksfestes denkbar. Der Ältestenrat der Stadt bevorzugte allerdings eine Vergrößerung der Bierzelte auf eine etwa zehnprozentige Längsausdehnung. Ein Vorteil dieser Entscheidung war, dass die Eröffnung, die

---

[470] Vgl. Stroheker 1995: 48; StadtAS Hauptaktei Gruppe 3, 17/1: 893: Protokoll vom 12.01.1962 des Wirtschaftsausschusses des Gemeinderats
[471] Vgl. StadtAS Hauptaktei Gruppe 3, 17/1: 2523: Protokoll vom 2. Mai 1962 des Wirtschaftsausschusses
[472] Vgl. StadtAS Hauptaktei Gruppe 3, 17/1, 2524: Protokoll vom 1. März 1963 des Wirtschaftsausschuss des Gemeinderats
[473] Vgl. StadtAS Hauptaktei Gruppe 3, 17/1: 2522 und 2525: Auszug aus der Niederschrift über die Verhandlung des Wirtschaftsausschusses des Gemeinderats vom 4. Dezember 1964; StadtAS Hauptaktei Gruppe 3, 17/1: 2526: Auszug aus der Niederschrift über die Verhandlung des Wirtschaftsausschusses des Gemeinderats vom 14. Januar 1966 und 2528: Auszug aus der Niederschrift über die Verhandlung des Wirtschaftsausschusses des Gemeinderats vom 1. Dezember 1967; Stroheker 1995: 49

durch einen starken Regen in das Dinkelacker-Zelt verlegt werden musste, so eine luftigere Atmosphäre in dem größer gewordenen Festzelt bekam. Zur Eröffnung wurden unter anderem Einladungen an zahlreiche Schwabenvereine im Ausland verschickt. Einladungen erhielten der Schwäbische Sängerbund Brooklyn, der Schwäbische Albverein Brooklyn, der Cannstatter Volksfestverein New York, der Schwabenverein Chicago sowie die Steuben Societies aus Milwaukee und New York. Weitere Einladungen ergingen an die Deutsche Wochenschrift St. Louis, die Chicago Abendpost, die Ruscomb Tool & Machine Company Philadelphia sowie die New Yorker Staats-Zeitung und Herold. Damit sollte die Verbindung zu allen Schwaben der Welt demonstriert werden und man erhoffte sich nebenbei einen weltweiten Werbeeffekt für das Volksfest. Ebenso viele Einladungen wurden unter der gleichen Voraussetzung in den darauf folgenden Jahren verschickt und es kamen auch stets die ein oder anderen Delegationen der Schwabenvereine nach Stuttgart.[474]

Unter der Regie des seit 1969 neuen Verkehrsdirektors Peer-Uli Faerber erhoffte man sich für das Cannstatter Volksfest wieder zahlreiche Anregungen. Der neue Amtsleiter bildete auch sogleich eine sechsköpfige Volksfestkommission, die sich hauptamtlich um die Geschicke des Volksfestes bemühen sollte. Die Diskussionen zur Gründung eines Volksfestvereins wurden jedoch von mehreren Seiten als nicht zweckmäßig angesehen und daher nicht weiter geführt.[475] Zur Gründung eines Volksfestvereins sollte es erst 1994 kommen.

Vielleicht ging auch der Vorstoß, das Cannstatter Volksfest in Stuttgarter Volksfest umzubenennen, auf den neuen Verkehrsdirektor zurück. In den 1970ern soll dieses Gerücht die Cannstatter „bis ins Mark"[476] getroffen haben. Eingetroffen ist eine solche Namensänderung am Ende dann doch nicht und die Cannstatter konnten aufatmen.

Die Bierpreisverhandlungen erregten 1970 öffentliches Ärgernis und auch die Verbraucherzentrale legte Beschwerde ein. Als das Verkehrsamt einschritt, konnten die Festwirte zur Schlichtung und der künftig offenen Preisgestaltung bewegt werden. Auch das Feuerwerk erregte die Gemüter. Es stand die Frage im Raum, ob das traditionelle Feuerwerk aus Sicherheitsgründen überhaupt noch abgebrannt werden könne. Über eine Zeitungsaktion, dass das Feuerwerk ebenso wie das Göckele und das Bier zum Volksfest gehören, konnten die Bestrebungen abgewendet werden und das Feuerwerk fand beim 125. tatsächlich gefeierten Fest wie üblich statt.

Ebenfalls über eine Zeitungsaktion wurden alle Leser vom Verkehrsamt aufgefordert, sich Straßennamen zur besseren Orientierung auf dem Wasen zu überlegen. Insgesamt wurden 491 Vorschläge eingesandt und von einer Jury, bestehend aus Mitarbeitern des Verkehrsamtes, zwei weiteren Mitarbeitern der Stadtverwaltung und zwei Stuttgarter Journalisten, ausgewählt. Die Presse kritisierte die Jury sehr stark, da in dieser keine ausgewiesenen Spezialisten für eine solche Aktion gesessen

---

[474] Vgl. StadtAS Hauptaktei Gruppe 3, 17/1: 2529 Verein der Brauereien von Stuttgart e.V. beantragt in Schreiben vom 22 7.1968 Vergrößerung der Bierzelte; Stroheker 1995: 49
[475] Vgl. Stroheker 1995: 49; StadtAS Hauptaktei Gruppe 3, 17/1: 2486
[476] Stroheker 1995: 27

haben und die ausgewählten Vorschläge untragbar wären. Trotz der Kritik bekamen die Straßen auf dem Wasen 1970 Namen.[477] Allerdings hielten sich diese nicht sonderlich lang, da sie tatsächlich den Besuchern des Festes kaum zur Orientierung nutzten; die Straßennahmen wie Remmidemmi-Kai und Bierboulevard waren schlicht und einfach zu ausgefallen.

Anfang der 1970er Jahre brauchte das Cannstatter Volksfest nach Aussage des Verkehrsdirektors Faerber den „großen Bruder"[478] Oktoberfest nicht mehr zu scheuen. Der Wasen hatte sich zwar so einiges beim Oktoberfest abgeschaut, aber Faerber sah den Erfolg des eigenen Festes auch in den Rekordbesucherzahlen für 1971 bestätigt. In diesem Taumel der Begeisterung konnte sich die Stadt Stuttgart auch endlich entschließen, das Cannstatter Volksfest auf insgesamt 16 Tage zu verlängern. Erstmals wurde diese neue Bestimmung 1972 umgesetzt. In diesem Jahr fielen auch die Eröffnungsfeiern von Oktoberfest und Cannstatter Volksfest auf denselben Tag. Denn das Oktoberfest wurde wegen der Olympischen Spiele um eine Woche verschoben, was den gemeinsamen Termin ausmachte. Bei dieser einmaligen Situation kam in Stuttgart die Idee auf, die beiden Feste per Funkverbindung gemeinsam zu eröffnen. Eine Schwierigkeit blieb trotz der Beseitigung der technischen Probleme in München allerdings bestehen, welche die beiden Feste bis heute unterscheidet. Der Oberbürgermeister eröffnet zwar jedes Jahr das Oktoberfest, hält dabei aber keine Ansprache wie der Stuttgarter Oberbürgermeister. In München wird das Fest lediglich mit dem Anzapfen des ersten Bierfasses begangen, während es in Stuttgart ein umfangreiches Programm samt Eröffnungsrede gibt. All diesen Problemen zum Trotz wurden die beiden Feste doch per Funkverbindung gemeinsam eröffnet und die beiden Oberbürgermeister lieferten sich einen kurzen Schlagabtausch, welches Fest das bessere sei.[479]

Öffentliche Diskussionen regten in den Jahren 1972 und 1973 wieder die nicht gut gefüllten Bierkrüge an. Damit die Schankkellner besser kontrolliert werden konnten, wurde überlegt, neue Bierkrüge aus Glas für das Volksfest vorzuschreiben. Bei der Einführung dieser neuen Krüge sollten allerdings noch die Erfahrungen aus München abgewartet werden, um einen voreiligen Entschluss zu verhindern. Einen weiteren Punkt der Ärgernis wollte die Stadt im Januar 1973 durch ein Schreiben an die Schausteller abschaffen: die öffentlichen Beschwerden der Schausteller über die Platzvergabe der Stadt auf dem Volksfestgelände. In diesem Brief wurden die Beschicker dringend aufgefordert, ihre Problematik der Stadt zu schildern – und zwar nur der Stadt – und dann könnten die Punkte nacheinander behoben werden.[480]

Diese Aufforderung muss ihre Wirkung entfaltet haben, da der Präsident des Deutschen Schaustellerbundes e.V. Max Eberhard an Oberbürgermeister Klett im Oktober 1973 ein durchaus erfreutes Schreiben schickte, in dem es hieß:

---

[477] Vgl. StadtAS Hauptaktei Gruppe 3, 17/1: 2531 und 2488; Stroheker 1995: 49
[478] Amtsblatt der Stadt Stuttgart, 14.10.1971: Der „Wasen" braucht Vergleiche nicht zu scheuen
[479] Vgl. StadtAS Hauptaktei Gruppe 3, 17/1, 2533, 2521: Protokoll vom 3. November 1972; Stuttgarter Zeitung, 25.9.1972: Im neuen Häs; Stroheker/ Willmann 1978: 105; Stroheker 1995: 49
[480] Vgl. StadtAS Hauptaktei Gruppe 3, 17/1: 2521: Protokoll vom 13. Dezember 1972; StadtAS Hauptaktei Gruppe 3, 17/1: 2520

„Daß dieses Volksfest zu den ganz großen und bedeutendsten der Bundesrepublik zählt, zeigte sich nicht zuletzt darin, daß das Deutsche Fernsehen in diesem Jahr erstmals überregional nicht nur Ausschnitte vom Münchner Oktoberfest sondern auch vom Cannstatter Wasen brachte."[481]

Der Kampf um das Bier bzw. dessen Preis legte sich 1973 dafür leider nicht und brachte laute Vorwürfe gegen die Wirte hervor, denen angelastet wurde widerrechtliche Preisabsprachen zu machen. Durch das beherzte Einschreiten des Oberbürgermeisters Klett konnte der Bierpreis auf dem Cannstatter Volksfest auf das Niveau des Bierpreises auf dem Oktoberfest gedrückt werden[482]. Bisher war es auf dem Fest in Stuttgart durchaus üblich, für die Maß Bier einen höheren Preis zu verlangen als auf dem Fest in München. In diesem Jahr sollte sich das Blatt jedoch wenden.

In engem Zusammenhang mit dem jährlichen Streit um den Bierpreis entschloss sich die Stadt Stuttgart, einen mehrjährigen Vertrag von 1972 bis 1976 zur Vermietung der Zelte und Plätze auf dem Volksfestgelände mit den Stuttgarter Brauereien zu schließen. Damit sollte den Brauereien die Sicherheit gegeben werden, längerfristig auf dem Wasen planen zu können und im Gegenzug die Bierpreise moderat zu gestalten, damit die Wirte diese an die Besucher weitergeben konnten. 1973 wurde die gemeinsame Eröffnung von Cannstatter Volksfest und Oktoberfest nochmals per Telefonat von Dr. Arnulf Klett mit dem Münchner Oberbürgermeister Kronawitter wiederholt. Die Eröffnungsfeierlichkeiten in Stuttgart sollten sich auf nur noch eineinhalb Stunden beschränken und damit den organisatorischen und finanziellen Aufwand eindämmen.[483]

Die Eröffnung von 1974 sollte völlig im Zeichen der Trauer um Dr. Arnulf Klett stehen. Bisher hatte Klett jedes Volksfest nach dem Zweiten Weltkrieg eröffnet, zuerst als Oberbürgermeister, später als Stuttgarter Original. Nach seinem Tod war den Veranstaltern nicht nach einer ausgelassenen Eröffnung zumute und sie musste ausfallen. Zusammen mit dem verregneten Wetter wurden Besucher- und Umsatzeinbußen befürchtet, weshalb ein Notwerbeplan für das Volksfest in Gang gesetzt wurde. Die Trauer um den Alt-Oberbürgermeister sowie das schlechte Wetter schlossen weitere Verärgerungen der Besucher nicht aus und so wurden die von Verkehrsdirektor Faerber ausgegebenen Besucherzahlen des Volksfestes stark kritisiert. Ihm wurde vorgeworfen, nur des Erfolges willen die Hochrechnungen zu manipulieren, da die Beschicker auf andere – viel niedrigere – Zahlen kämen.[484]

Ende der 1970er Jahre wurde wieder eine Sanierung des Wasengeländes fällig, die diesmal wegen der umfangreichen Vorhaben nur in Bauabschnitten möglich war. Angesetzt wurden vier Bauabschnitte über die Jahre 1978 bis 1986 hinweg, die 14 Millionen DM verschlingen sollten. Einige dieser Baumaßnahmen wurden verwirklicht, andere wiederum in den jährlich neuen Verhandlungen abgewiesen. Insge-

---

[481] StadtAS Hauptaktei Gruppe 3, 17/2: 663
[482] Vgl. Süddeutsche Zeitung, 6.9.1973: Teilerfolge der Proteste gegen Bierpreiserhöhungen
[483] Vgl. StadtAS Hauptaktei Gruppe 3, 17/2: 663
[484] Vgl. Amtsblatt der Stadt Stuttgart, 17.10.1974: „Wasen" nochmals davongekommen; StadtAS Hauptaktei Gruppe 3, 17/2: 663

samt wurde jedoch ein passables Ergebnis erzielt und der Wasen wurde Schritt für Schritt für künftige Besuchermassen modernisiert.[485]

Eine Sensationsmeldung ging 1975 durch die Presse: Die Ehrengäste bei der Volksfesteröffnung erhielten erstmals kein Freibier mehr und blieben daher fern. Statt der Ehrengäste bewirtete die Stadt 1.000 alte und minderbemittelte Einwohner Stuttgarts.[486] Das Volksfest 1976 wurde mit einer Nostalgieshow eröffnet, da befürchtet wurde, dass die Tradition des Festes verwässert würde und kaum einer mehr um die Wurzeln des Wasens wisse. Im Resümee der Eröffnung hieß es:

„In einer „kunterbunten Volksfestrunde" führte ein Moritatensänger durch Abenteuer mit Feuer- und Schwertschluckern, Seiltänzern, einem Tanzbären, Musikalclowns, dem Dr. Eisenbart, einer zersägten Jungfrau, Hypnotiseuren, Liliputanern, Wahrsagern und vielen anderen Volksfestoriginalen. Die Veranstaltung gab einen fast lückenlosen Überblick über die Volksfestknüller der Jahrhundertwende. Die musikalischen Beiträge wurden von der Kapelle Kluten und dem Kinderchor der Württ. Staatstheater vorgetragen. Die Eröffnung wurde allgemein als sehr gelungen betrachtet und von der Presse als bisher beste bezeichnet."[487]

Die nostalgische Eröffnung verschlang viel Geld und es mussten an anderer Stelle Einsparungen getroffen werden. Unter anderem gab es daher in diesem Jahr kein Feuerwerk. 1977 wurden die Öffnungszeiten der Geschäfte auf dem Wasen gelockert und die Fahrgeschäfte durften erstmals bis 23.30 Uhr geöffnet bleiben. Außerdem fand in diesem Jahr nach sechsjähriger Pause wieder ein Landwirtschaftliches Hauptfest zusammen mit dem Cannstatter Volksfest statt. Eine bauliche Verschönerung durften die Besucher 1978 bestaunen, als erstmals zwei neue Eingangsportale errichtet wurden. Auf ihnen konnte der Wasenfan bei seiner Ankunft „Herzlich Willkommen zum 133. Cannstatter Volksfest" und vor seinem Heimweg „Kommet gut hoim" lesen. Neu für die Veranstalter waren die Ergebnisse des Marktforschungsberichts des Instituts für Marktforschung. Die Studie fand heraus, dass die meisten Besucher das Volksfest positiv bewerten, sich aber über zu hohe Preise, zu laute Musik und das Gedrängel beschweren würden. Außerdem wurde eine Besucherbelebung der ersten fünf Tage durch Angebote und besondere Attraktionen vorgeschlagen.[488]

Das Jahr 1980 brachte einen Schatten über das Cannstatter Volksfest, denn das Bombenattentat auf dem Oktoberfest forderte auch in Stuttgart maßvolles Handeln. Am Tag nach dem Anschlag wurde der Wasen zwar eröffnet, aber die Feierlichkeiten hielten sich in Grenzen und wurden stark gekürzt. Zum Gedenken an die Opfer des Attentats auf dem Oktoberfest wurde auf dem Cannstatter Volksfest am Dienstag, den 30. September 1980, eine stille Stunde vereinbart, in der weder die Fahrgeschäfte fuhren, noch die Musik in den Festzelten spielte. Außerdem ini-

---

[485] Vgl. StadtAS Hauptaktei Gruppe 3, 17/2: 673
[486] Vgl. StadtAS Hauptaktei Gruppe 3, 17/1: 3685; Stuttgarter Nachrichten, 29.9.1975: Bei Rommels Faßanstich fehlte die Prominenz
[487] StadtAS Hauptaktei Gruppe 3, 17/1: 3686: Auszug aus der Niederschrift über die Verhandlung des Wirtschaftsausschusses des Gemeinderats vom 28. Januar 1977, Bericht über das 131. Cannstatter Volksfest 1976
[488] Vgl. Stuttgarter Nachrichten, 8.10.1976: Der Wasenhocker; Stroheker 1995: 49; StadtAS Hauptaktei Gruppe 3, 17/1: 3687 und 3688: Bericht über das 133. Cannstatter Volksfest 1978, 19. Januar 1979

tiierten die Brauereien und Schaustellerverbände eine Sammelaktion bei den Wasenbesuchern zu Gunsten der Opfer aus München. Oberbürgermeister Rommel konnte an seinen Münchner Kollegen Kiesl dadurch einen Verrechnungsscheck in Höhe von 37.123,50 DM zusenden.[489]
Ein Volksfest ohne dramatische Zwischenfälle wurde 1981 wieder gefeiert. Aber auch in diesem Jahr durfte sich die Presse aufregen: Das Bier floss nur noch aus Plastikcontainern. Die Stuttgarter Nachrichten berichteten der Öffentlichkeit von Attrappenfässern in den Zelten, die durch einen Schlauch mit den durchschnittlich 50 Hektoliter fassenden Containern verbunden waren. Das einzige echte Bierfass auf dem Volksfest 1981 soll bei der Eröffnung Verwendung gefunden haben. Eine weitere Veränderung bei den Bierzelten gab es ein Jahr später. Die Stadtväter und Brauereien bemängelten die seit rund 20 Jahren unveränderten Bierzelte sowie deren Anordnung auf dem Festplatz. Für 1982 wurden die großen Festzelte neu angeordnet und die Brauereien gaben für diese Aktion einen Betrag in Höhe von 400.000 DM dazu, um die nötigen Umbauarbeiten gewährleisten zu können. Die Stuttgarter Zeitung berichtete bereits im Vorjahr von der geplanten Umgestaltung der Bierzelte der Brauereien Hofbräu, Dinkelacker und Schwabenbräu, die sich in Zukunft an der Fruchtsäule ausrichten und je Zelt etwa 5.000 Plätze anbieten würden. Diese Veränderung gewährte den künftigen Eröffnungen, die abhängig von der Wetterlage meist im Freien stattfanden, eine größere Fläche für die Ehrengäste an der Fruchtsäule. Insgesamt resümierte die Stadt in ihrem Abschlussbericht, dass auf dem Wasen eine „familienfreundliche und gemütliche Atmosphäre" sowie eine „gesunde Mischung von Technik und Tradition" herrsche und der oberste Grundsatz, dass das Volksfest volkstümlich bleiben solle, beibehalten worden wäre.[490]
Auch im Jahr 1985 wurde wieder auf die Verbindung von Tradition und Moderne gesetzt. Im Abschlussbericht hieß es:

„Das Cannstatter Volksfest 1985 hat erneut bewiesen, daß dieses große traditionelle Fest auch in der heutigen Zeit nichts von seiner Attraktivität eingebüßt hat. Der Wunsch nach Abwechslung, Unterhaltung und Geselligkeit, aber auch nach Nervenkitzel und Sensation ist nach wie vor groß. Bei allem Zwang zur Rationalisierung und Modernisierung dürfen auch traditionelle Darbietungen, die schon unsere Vorfahren erfreuten, auch in Zukunft nicht in Vergessenheit geraten."[491]

Der Zwang der Modernisierung brachte 1986 unter anderem eine Kindersammelstelle des Jugendamtes auf dem Cannstatter Volksfest hervor. Damit diese neue Einrichtung bei den Besuchern bekannt wurde, druckte die Stadt dafür eigene Plakate und Anstecker für die betreffenden Mitarbeiter. Außerdem wurde der im

---

[489] Vgl. StadtAS Hauptaktei Gruppe 3, 17/2: 658: Bericht über das 135. Cannstatter Volksfest, Verkehrsamt der Landeshauptstadt Stuttgart; StadtAS Hauptaktei Gruppe 3, 17/2: 666
[490] Vgl. Stuttgarter Nachrichten, 30.9.1981: Kühles Bier aus falschen Fässern; StadtAS Hauptaktei Gruppe 3, 17/2: 661: Gemeinderatsdrucksache Nr. 154/1982 vom 2.3.1982 und Auszug aus der Niederschrift über die Verhandlung des Wirtschaftsausschusses des Gemeinderats, 26.3.1982, Nr. 82 und Gemeinderatsdrucksache Nr. 36/1983, 21.1.1983, Bericht über das 137. Cannstatter Volksfest 1982; Stuttgarter Zeitung, 7.2.1981: Vom Herbst kommenden Jahres an. Drei Bierzelte an der Fruchtsäule
[491] StadtAS Hauptaktei Gruppe 3, 17/2: 665: Gemeinderatsdrucksache Nr. 77/1986, 20.2.1986, Bericht über das 140. Cannstatter Volksfest 1985

Vorjahr eingerichtete Babywickelraum um drei Plätze erweitert. Für die Presse gab es erstmals einen Wasen-Presse-Treff, der mit einer Schreibmaschine und einem Telefon ausgestattet wurde und ab sofort jedes Jahr eingerichtet werden sollte. Für Souvenirjäger gab es 1986 auch etwas Neues: Erstmals wurde ein Festkrug vom Verkehrsamt verkauft.[492]

Eine angenehme Neuerung brachte die fertig gestellte Stadtbahn-Linie zum Wasen, die 1988 eingeweiht wurde und den Weg zum Festgelände wesentlich vereinfachte. Eine weitere Neuheit boten die drei großen Brauereien, die erstmals Biergärten am Eingang der Zelte errichten ließen. Neu war auch das Weinzelt „Cannstatter Oberamt", in dem der Weinwirt Zaiß seine Gäste verköstigte. Außerdem wurde nach 20-jähriger Pause wieder ein Festzug veranstaltet und überlegt, ob dieser im Rhythmus von drei Jahren möglich wäre. Die Badischen Neuesten Nachrichten stellten außerdem fest, dass das Cannstatter Volksfest von seiner Struktur her wesentlich ausgeglichener sei als das Oktoberfest. In München würden auf fast 70 Prozent des Festgeländes die „Biertempel" dominieren, wohingegen auf etwa der gleichen prozentualen Fläche in Stuttgart die Schausteller ihren Platz hätten.[493]

Als bedeutender Image- und Wirtschaftsfaktor wurde das Cannstatter Volksfest 1989 von der Stadt erkannt. Daneben wurde im Abschlussbericht festgehalten, dass das Fest ein Kulturträger in weiterem Sinne, ein gesellschaftlich integrierendes Element sowie ein attraktives Freizeitangebot eigener Art sei. Im gleichen Bericht wurde die seit elf Jahren andauernde Sanierung des Festgeländes eingehend besprochen. Für insgesamt 18,4 Millionen DM wurde der Wasen in sieben Bauabschnitten instand gesetzt. Auf dem 19,95 Hektar großen Festgelände wurden unter anderem die Straßen-, Schausteller, und Festzeltflächen hergerichtet, neue Wasserrohre, Regenbecken und Begrenzungsmauern erbaut sowie 15 Kilometer Elektroleitungen, 12 Kilometer Telefonleitungen und 570 Quadratmeter Toilettenanlagen erstellt. Mit diesen Maßnahmen wurde die Sanierung des Festgeländes vorerst abgeschlossen.[494]

Seit der Nachkriegszeit bis 1989 wurde das Cannstatter Volksfest vom Verkehrsamt der Stadt Stuttgart organisiert, ab 1990 wurde diese Aufgabe dem neu gegründeten Marktamt übertragen. Mit der neuen Organisationsstruktur veränderte sich im ersten Jahr noch nicht sonderlich viel. Bedingt durch den neuen Feiertag des 3. Oktober wurde jedoch die alte Tradition der Feuerwerke auf dem Volksfest wieder aufgenommen, die sich seither erhalten hat. Zwar wurde der Tag des Feuerwerks immer wieder verlegt, findet sich aber heute im sogenannten Abschlussfeuerwerk des Cannstatter Volksfestes wieder. Veränderungen durch die neuen Organisatoren schlugen sich in diesem Jahr nur durch eine Ideensammlung nieder. Es wurde unter anderem deutlich, dass die Werbung dringend intensiviert und breiter gestreut wer-

---

[492] Vgl. StadtAS Hauptaktei Gruppe 3, 17/2: 665: Gemeinderatsdrucksache Nr. 224/1987, 31.3.1987, Bericht über das 141. Cannstatter Volksfest 1986; Stroheker 1995: 50

[493] Vgl. StadtAS Hauptaktei Gruppe 3, 17/2: 659 und 657a: Gemeinderatsdrucksache Nr. 743/1988, Wirtschaftsreferat, 7. November 1988, Bericht über das 142. Cannstatter Volksfest 1987 und 143. Cannstatter Volksfest 1988; vgl. auch Stroheker 1995: 50; Badische Neueste Nachrichten, 10.10.1988: 5,3 Millionen Besucher. Rekordergebnis auf dem „Wasen"

[494] Vgl. Stadt AS Hauptaktei Gruppe 3, 17/2: 670: Gemeinderatsdrucksache Nr. 852/1989, 28.11.1989, Vorlage vom Wirtschaftsreferat an den Wirtschaftsausschuss zur Kenntnisnahme, öffentlich, Bericht über das 144. Cannstatter Volksfest 1989

den müsse. Hier wurde wieder einmal das Oktoberfest herangezogen, für das bereits frühzeitig im Ausland geworben werden würde. Außerdem sollte die Eröffnung traditioneller gestaltet werden und es stand in Frage, ob der Trend hin zu Feinschmeckerlokalen auf dem Volksfest überhaupt gewollt sei.[495]
Um mehr auf die Besucher eingehen zu können, wurde vom Marktamt zudem eine Umfrage gestartet, die künftig jedes Jahr stattfinden sollte. Für 1991 konnten folgende Ergebnisse festgehalten werden: Über 80 Prozent der Besucher kamen aus Stuttgart und dem Umland und nur ein Prozent aus dem Ausland. Knapp 70 Prozent der Befragten besuchten das Volksfest jedes Jahr und knapp 50 Prozent waren mit einer Gruppe unterwegs. All diese Besucher gaben durchschnittlich je Person 30 DM auf dem Wasen aus.[496]
Neben der Umfrage wurde 1991 für alle Beschicker eine Müllvermeidung gefordert, allen gastronomischen Betrieben Mehrweggeschirr vorgeschrieben und das Marktamt absolvierte einen „sehr informativen Besuch des Ausschusses in München"[497], bei dem zahlreiche Anregungen gesammelt wurden. Eine Anregung war bereits 1991 umgesetzt worden: Mit dem Zelt von Dieter Looß gab es nun auf dem Wasen ein Pendant zum Käfer-Zelt auf der Wiesn, das den gehobenen gastronomischen Ansprüchen genüge leistete[498]. Eine andere Idee wurde dagegen wieder abgeschafft – der Familientag – nachdem sich nicht alle Schausteller daran beteiligen wollten.
Ein Freudenschrei des Marktamtes muss wohl 1992 weit über Stuttgart zu hören gewesen sein, als man es endlich schaffte, das Cannstatter Volksfest kostendeckend zu veranstalten. Bisher war das Fest stets ein Millionenverlust für die Stadt und musste ständig bezuschusst werden. Selbstverständlich wurde auch hier wieder ein Vergleich mit München herangezogen, das es bereits seit Jahrzehnten schaffte, dass sich das Oktoberfest selbst trägt.[499] Treffend formulierte das Stuttgarter Wochenblatt den jährlichen Blick nach München:

„Schon damals, zur Gründerzeit, sollen die Chronisten jener Tage mit einem neidischen Auge nach München geschaut und den Verdacht gehegt haben, es sei da etwas von München „abgekupfert" worden. Wenn dies auch völlig aus der Luft gegriffen war, es hat sich dieses einseitige – inzwischen längst freundschaftliche – Spannungsverhältnis über den Lauf der Zeit fast unverändert erhalten, wobei die Einseitigkeit der Sache wiederum bezeichnend ist. Einem echten Münchner Grantler würde es nicht im Traume einfallen, die blauweiße Herrlichkeit der Wies'n mit einer eventuellen Wasenseligkeit zu vergleichen."[500]

---

[495] Vgl. Stroheker 1995: 50; StadtAS Protokoll der öffentlichen Sitzung des Ausschusses für Wirtschaft und Wohnen des Gemeinderats vom 26. Oktober 1990, Volksfestbericht 1990, mündlicher Bericht
[496] Vgl. StadtAS Protokoll der öffentlichen Sitzung des Ausschusses für Wirtschaft und Wohnen des Gemeinderats vom 11. Oktober 1991, Volksfestbericht 1991, mündlicher Bericht
[497] StadtAS Protokoll der öffentlichen Sitzung des Ausschusses für Wirtschaft und Wohnen des Gemeinderats vom 11. Oktober 1991, Volksfestbericht 1991, mündlicher Bericht; vgl. auch Stroheker 1995: 50
[498] Vgl. Stuttgarter Nachrichten, 14.2.1991: Gastronom der Markthalle eröffnet neues Wasen-Zelt
[499] Vgl. StadtAS Protokoll der öffentlichen Sitzung des Ausschusses für Wirtschaft und Wohnen des Gemeinderats vom 9. Oktober 1992, Volksfestbericht 1992, mündlicher Bericht
[500] Stuttgarter Wochenblatt, Cannstatter Volksfest 1992: Was den Wasen von der Wies'n trennt und was sie vereint

Ein Jahr später konnten die Stuttgarter Nachrichten berichten:

„Jedes Jahr das gleiche garstige Spiel. Immer wenn der Igel voll Stolz seine Stacheln aufstellen will, wird er gegen den Strich gebürstet. Denn der Hase ist schon längst mit Vorsprung durchs Ziel. Wie in der Fabel, so in der Realität. Beim Wettstreit zwischen Stuttgarter Wasen und Münchner Wies'n schneiden immer nur die Bayern fabelhaft ab. Sie haben das größere Fest, die längere Tradition, den höheren Bekanntheitsgrad, mehr Gäste und – in Zeiten wirtschaftlicher Sorgen bei den Konsumenten nicht unwichtig – niedrigere Bierpreise. Während für den Volksfestfreund der Herzschlag der Patrona Bavariae den Takt vorgibt, verharrt Cannstatt in wehleidiger Nabelschau. Am Neckar wird man nicht müde, den Minderwertigkeitskomplex zu pflegen. München leuchtet weißblau – und Stuttgart ärgert sich schwarz. Längst nehmen die Akteure am Wasen beim Stichwort Wies'n fast von selbst Demutshaltung ein. (...) Warum läßt sich Stuttgart eigentlich jedes Jahr aufs neue mit der perversen Lust des ewigen Verlierers auf dieses Hase-Igel-Rennen ein? Warum schielt man krampfhaft nach München und besinnt sich nicht auf eigene Stärken? Hier ist man nicht besser und nicht schlechter, nur kleiner, aber vermutlich gerade deshalb gemütlicher. (...) Das Cannstatter Volksfest soll und kann bleiben, was es immer war: das größte Fest der Schwaben."[501]

Hier wird deutlich, dass es Anfang der 1990er Jahre die Öffentlichkeit langsam leid war, das Cannstatter Volksfest ständig mit dem Oktoberfest im Vergleich zu sehen. Wohl vor allem den Medien ist es zu verdanken, dass sich ab dieser Zeit langsam das Bewusstsein eines eigenständigen sowie liebenswerten Festes durchsetzte. Zudem konnte ein eigenes Image aufgebaut werden, das nicht jedes Jahr durch einen Vergleich – vor allem seitens der Organisatoren – geschmälert wurde. Unterstützt wurde dieser neue Weg nicht zuletzt durch die Jubiläumsausstellung von 1993, die vor allem die Tradition des Cannstatter Volksfestes verdeutlichte.

Das Marktamt als Veranstalter des Cannstatter Volksfestes wurde zum 1. Januar 1994 als VMS zur Organisation aller Veranstaltungen und Märkte in Stuttgart privatisiert. Damit sollten die Entscheidungswege verkürzt und ein wirtschaftlicher Betrieb gewährleistet werden. Durch die Privatisierung drohten jedoch die Kosten für die Feuerwehr- und Polizeieinsätze auf dem Volksfest zu explodieren. Diese Problematik konnte jedoch durch zahlreiche Gespräche und Verhandlungen abgewendet werden. In diesem Jahr wurde nicht nur das Marktamt privatisiert, sondern auch ein längst überfälliger Verein gegründet. Zum Anlass des 150. Cannstatter Volksfestes, das 1995 gefeiert werden sollte, hat sich bereits 1994 der Cannstatter Volksfestverein e.V. gegründet. Der Verein wollte es künftig als seine Aufgabe ansehen, einen beständigen Volksfestumzug am Sonntag der ersten Woche zu etablieren. Die dazu benötigten Mittel sollten über Sponsoren sowie Förderer eingetrieben werden und zudem erhoffte man sich einen jährlichen Zuschuss der Stadt.[502]
Der erste vom Cannstatter Volksfestverein e.V. organisierte Festzug zum Jubiläum von 1995 wurde in seiner Gesamtdauer von vier Stunden komplett im Fernsehen übertragen. Zwar wurde der Festzug als zu lang erachtet, aber der bedeutende Werbeeffekt fand Beachtung und schlug sich auch in den Besucherzahlen nieder.

---

[501] Stuttgarter Nachrichten, 25.9.1993, Klaus Eichmüller: Wasenkomplex
[502] Vgl. Cannstatter Zeitung, 28.9.1994: Kostenexplosion nach Privatisierung; StadtAS Hauptaktei Gruppe 3, 17/2: 657

Damit waren alle Beteiligten über das Jubiläumsvolksfest hoch erfreut, manch einer jedoch etwas verwirrt, wenn er genau nachrechnete. 1995 wurde schließlich das 150. Volksfest in 177 Jahren zusammen mit dem 93. Landwirtschaftlichem Hauptfest gefeiert. Diese verschiedenen Rechnungen wurden bis heute beibehalten, wodurch sich allerdings in der Presseberichterstattung mitunter Fehler einschleichen. Wohl auch wegen diesem Sachverhalt schlug der Präsident des Cannstatter Volksfestvereins und Schirmherr des Cannstatter Volksfestes, SKH Herzog Carl von Württemberg, vor, das Volksfest vom Hauptfest zu trennen und dieses nicht mehr zeitgleich zu veranstalten. Da allerdings die Landwirte und die Schausteller nicht viel von dem Vorschlag hielten, wurde der Gedanke schnell wieder beiseite gelegt und die traditionelle Verbindung von Cannstatter Volksfest und Landwirtschaftlichem Hauptfest war nicht mehr gefährdet.[503]

Ein Highlight, das von 1996 bis 2006 das Cannstatter Volksfest bereichern sollte, war das Französische Dorf. Dieses kulinarische Kleinod wurde auf dem Wasen an einem relativ ruhigen Punkt angesiedelt, um diesen zu beleben. Neben diesem Highlight erfuhr der Eingangsbereich des Volksfestes eine neue Gestaltung und das Alpirsbacher Erlebniszelt feierte seine Premiere auf dem Fest. Für 1997 wurden die Werbemaßnahmen verstärkt und brachten schließlich im Jahr darauf den ersehnten Erfolg. Über die Besucherumfrage konnte ermittelt werden, dass insgesamt vier Prozent der Besucher aus dem Ausland nach Stuttgart kamen – im Vorjahr waren es nur ein Prozent. Insgesamt konnten mehr Besucher als im Vorjahr gezählt werden. Dies wurde dadurch nochmals unterstrichen, dass an einigen Wochenendtagen die Bierzelte wegen Überfüllung geschlossen werden mussten. Um sich weitere Anregungen vor allem zur weiteren Besuchersteigerung zu holen, reiste der Stuttgarter Marktausschuss am 2. Oktober 1998 nach München. Er besichtigte das Oktoberfest und diskutierte bei dieser Gelegenheit auch eingehend mit den Münchner Kollegen. Das Ergebnis der Diskussion war, dass zwar auf beiden Volksfesten das Bier eine wichtige Rolle spiele, jedes Fest aber dennoch seinen eigenen Charakter hätte.[504]

Galten die Wochentage auf dem Cannstatter Volksfest bisher – wie auf allen Volksfesten – als eher besucherschwach, so konnten 2000 von Montag bis Donnerstag erheblich mehr Besucher verzeichnet werden als in den Vorjahren. Dies könnte eng mit dem in diesem Jahr wieder eingeführten Familientag mit besonders günstigen Preisen und Aktionen, dem erstmals aufgelegten Volksfest-Erlebnis-Pass mit ebenfalls günstigeren Preisen, der neuen Ruhezone mit 600 Plätzen und dem neuen Internetauftritt zusammenhängen. Weitere Gründe sind in der schöneren Gestaltung der Bierzelte, dem neuen und überregionalen Fürstenberg-Zelt, der umgestal-

---

[503] Vgl. StadtAS Protokoll der öffentlichen Sitzung des Marktausschusses des Gemeinderats vom 17. November 1995, Volksfest 1995, mündlicher Bericht ; Stroheker 1995: 40; Stuttgarter Zeitung, 26.9.1995: Schirmherr Carl Herzog von Württemberg setzt Reformdiskussion in Gang: „Volksfest und Landwirtschaftliches Hauptfest trennen"
[504] Vgl. StadtAS Protokoll der öffentlichen Sitzung des Marktausschusses des Gemeinderats vom 15.11.1996, Volksfest – mündlicher Bericht; StadtAS Protokoll der öffentlichen Sitzung des Marktausschusses, 16.10.1998, Volksfestbericht

teten Fruchtsäule, dem Ausbau der Wasenstraßen und einer von allen Beteiligten gemeinsam gestemmten Werbekampagne zu sehen.[505]
Konnten 2000 durch zahlreiche Verbesserungen mehr Besucher angelockt werden, blieben diese im Jahr darauf weitgehend aus. Grund dafür waren die Terroranschläge vom 11. September in den USA, die sowohl das Cannstatter Volksfest, als auch das Oktoberfest unter schwierigste Rahmenbedingungen stellte. So entfiel unter anderem die Eröffnungsfeier komplett und es wurden zahlreiche Sicherheitsmaßnahmen ergriffen. Unabhängig von den schweren politischen Ereignissen wurden in Stuttgart die Überlegungen angestellt, eine städtische Gesellschaft zu gründen, die für die gesamten Veranstaltungen, das Stadtmarketing, den städtischen Tourismus sowie das Kongresswesen zuständig sein sollte.[506] Diese Überlegungen mündeten schließlich 2005 in der Gründung der in.Stuttgart Veranstaltungsgesellschaft mbH & Co.KG, die bereits im Jahr ihrer Bildung für das Volksfest zuständig sein sollte.

Bevor aber in.Stuttgart seine Arbeit auf dem Cannstatter Volksfest aufnehmen konnte, gab 2002 die Brauerei Dinkelacker eine Studie[507] zur Medienpräsenz des Volksfestes in Auftrag. Die Schawa media GmbH stellte in ihrem Bericht vom Januar 2003 fest, dass der Wasen ein lokales Ereignis sei und den Ruf eines Proletarier- und Bauernfestes hätte. Weiter hieß es, dass auf dem Volksfest die Prominenz fehlen würde, die in Schwaben schlichtweg die Öffentlichkeit scheue. Zudem käme dem Fest kaum eine touristische Bedeutung zu, da nur zwischen zwei und drei Prozent der Besucher aus dem Ausland kämen – auf dem Oktoberfest wären es zehn Prozent. Neben dieser eher unangenehmen ersten Einschätzung wurden in der Studie aber auch die Highlights des Cannstatter Volksfestes herausgestellt. Neben der Eröffnungsfeier und dem seit Mitte bzw. Ende der 1990er etablierten Volksfestumzug würden das Großfeuerwerk, der Wasengottesdienst, die Wettfahrt der Heißluftballone und die Familiennachmittage zentrale Besuchermagnete sein. Diese gelte es weiter auszubauen. Als Resümee der Studie wurde – was sich eigentlich seit den 1990er Jahren immer mehr verflüchtigte – wieder ein Vergleich mit dem Oktoberfest in München gezogen. Im Fazit heißt es:

„Eine so zentrale „Sog"-Wirkung wie sie das Oktoberfest besitzt, wird das Cannstatter Volksfest in absehbarer Zeit nicht erreichen können. Über hundert Jahre Geschichte und Tradition (...) kann kein noch so gutes Marketingkonzept in wenigen Jahren umkrempeln. (...) Nicht zuletzt entsteht die überregionale Wirkung des Oktoberfestes durch die enorme Präsenz der Promis auf der Wiesn, hier kann Stuttgart nicht ansatzweise konkurrieren. Münchner Konzepte lassen sich nicht 1:1 übernehmen. Das Volksfest sollte sich daher strategisch neu positionieren und ein eigenes unverwechselbares Image entwickeln."[508]

---

[505] Vgl. StadtAS Protokoll der öffentlichen Sitzung des Marktausschusses, 6.10.2000, Volksfestbericht, mündlich; Amtsblatt der Stadt Stuttgart, 12.10.2000: Volksfest im Aufwind. Erfolgreiches Werbekonzept und gutes Wetter; Amtsblatt der Stadt Stuttgart, 21.9.2000: Beilage „...auf zum Wasen"
[506] Vgl. StadtAS Protokoll der öffentlichen Sitzung des Marktausschusses, 26.10.2001, Volksfestbericht, mündlich
[507] Vgl. RatS Teilvorakten betreffend Werbekonzept, GZ: 7330-00 Cannstatter Volksfest – Allgemeines
[508] Ebd.

Seitdem das Marktamt bzw. später die VMS für die Organisation des Cannstatter Volksfestes zuständig waren, hatte sich hinsichtlich der Veranstaltungen während des Volksfestes und des Gesamtimages des Festes einiges in Bewegung gesetzt. Der Wasen brachte keine Verluste mehr ein und das Begleitprogramm wurde attraktiver gestaltet. Darunter musste notgedrungen die Werbung für das Volksfest leiden. Dieser wurde sich eingehend zu Beginn des 21. Jahrhunderts angenommen und die VMS konnte zahlreiche Vorarbeiten leisten, die ab 2005 von der in.Stuttgart perfektioniert wurden.

Bereits 2002 wurde wieder entdeckt, dass für die Werbemaßnahmen des Cannstatter Volksfestes ein eigenes Postamt[509] auf dem Wasen von großer Bedeutung sein könnte. Nach langer Pause wurde wieder eine solche Einrichtung auf dem Wasen aufgestellt und versah die abgegebene Post mit dem Sonderstempel zum Volksfest. Durch das Sonderpostamt konnten die Briefsendungen als weltweite Werbung für das Fest veranschlagt werden.

Eine weitere werbewirksame Idee war, die Eröffnung des Cannstatter Volksfestes von Samstagmittag auf den Freitagabend vorzuverlegen. Durch eine Freitagabendveranstaltung könnte eine Fernsehübertragung mit dementsprechender Breitenwirkung angestrebt werden, so lautete die Meinung. Dazu wurden bereits 2004 erste Konzepte entwickelt und erste Gespräche geführt, die zukunftsweisend gewesen waren[510]. Die Verlegung der Eröffnung des Cannstatter Volksfestes auf den Freitagabend sollte allerdings noch einige Zeit der Planung in Anspruch nehmen. Als alle Bedenken ausgeräumt waren, konnte diese Idee 2007 erstmals in die Tat umgesetzt werden.

2004 bekamen die Straßen auf dem Cannstatter Volksfest wieder Namen. Ein Jahr vorher hatte die Stuttgart-Marketing GmbH zu einem Wettbewerb der schönsten Straßennamen für den Wasen aufgerufen. Damit sollten die Buchstabenbenennungen abgelöst und den Besuchern eine bessere Orientierungsmöglichkeit gegeben werden. Dabei kamen Wortneuschöpfungen wie Schwobaallee, Moschthöfle, Königsträßle, Maultaschenstraße, Neckargässle, Stuagerter Früchteplatz, Zum Viertelesschlotzer, Maßkriagleweg, Göckelesweg, Magenbrotgässle, Zuckerwatteweg, Schleckergöschlegass und Katharinenplätzle heraus[511]. Es blieb aber die Frage offen, ob sich diese neuen Straßennamen auch durchsetzen würden. Dies geschah nicht und auch die heutigen Veranstalter, die in.Stuttgart, benutzt diese Benennung nicht. Der Einfachheit halber wird von den Organisatoren stets die simple Buchstabenbenennung vorgezogen, die sowohl in gesprochener als auch in schriftlicher Form die Kürzere ist.

Im Gegensatz zu den Straßennamen haben sich die Familientage etabliert. Seit 2004 gibt es davon insgesamt zwei während des Cannstatter Volksfestes, die den ganzen Tag dauern und nicht wie früher nur ein paar Stunden am Nachmittag. In den folgenden Jahren wurde das Volksfest, das „inzwischen zum Treffpunkt für das

---

[509] Vgl. Amtsblatt der Stadt Stuttgart, 19.9.2002: Familienfreundliches Volksfest
[510] Vgl. StadtAs Protokoll der öffentlichen Sitzung des Marktausschusses, 22.10.2004, Volksfestbericht, mündlich
[511] Vgl. Cannstatter Zeitung, 6.10.2004: Aus der A-Straße wurde die Schwobaallee

größte Schaustellerfest Europas geworden"[512] war, immer beliebter. Darum bemüht sich seit 2005 die in.stuttgart Veranstaltungsgesellschaft GmbH & Co.KG. Organisiert wird das Cannstatter Volksfest heute von fünf Mitarbeitern und einer Halbtagsstelle für das Wasen-TV und das Merchandising. Die Ganztagsstellen teilen sich in den Abteilungsleiter der Veranstaltungen von in.stuttgart, den Projektleiter für das Frühlingsfest sowie Cannstatter Volksfest, eine Mitarbeiterin für die Bewerbungen der Beschicker, eine Sekretärin und einen Platzwart auf.

Im Jahr 2007 gab es mehrere Neuerungen auf dem Cannstatter Volksfest. Auf dem größten Schaustellerfest Europas waren die über 360 Betriebe erstmals 17 Tage lang geöffnet. Grund dafür war die Vorverlegung der Eröffnung auf den Freitagabend, die ab 20.15 Uhr im SWR-Fernsehen ausgestrahlt und von Sonja Schrecklein und Hansy Vogt moderiert wurde. Die Buden, Zelte und Fahrgeschäfte hatten bereits am Freitag ab 15 Uhr geöffnet. Eine weitere Neuheit war das Almhüttendorf, welches das in die Jahre gekommene Französische Dorf ablösen sowie das Volksfest attraktiver gestalten sollte und von den Besuchern gerne angenommen wurde. Die traditionellen Highlights des Cannstatter Volksfestes wie die beiden Familientage, die Wettfahrt der Heißluftballone und das Musikfeuerwerk am Abschlusstag fehlten selbstverständlich nicht. Als neuer Imageträger und als Souvenir wurde der Wasen-Hasi – ein Stoffhase – eingeführt, der ebenfalls zahlreichen Zuspruch und Abnehmer fand.[513]

Nach dem Cannstatter Volksfest 2007 konnte zufrieden festgestellt werden, dass „sich in den vergangenen Jahren ein spürbarer Imagewandel vollzogen" hat und wieder mehr Besucher, vor allem Familien, auf das Volksfest kamen. Die insgesamt sehr positive Entwicklung, die bisher 2007 mit 4,5 Millionen Besuchern ihren Höhepunkt erreichte, kann nicht treffender zusammengefasst werden:

„Für den Höhenflug gibt es viele Gradmesser: die positive Imagewerbung mit den Volksfest-Herzen, die erstmalige Eröffnungsfeier mit Liveübertragung am Freitagabend mit mehr als einer Million Fernsehzuschauer, die erfolgreiche Premiere des Almhüttendorfes, die neue Symbolfigur „Wasen-Hasi" und die gute Zusammenarbeit mit den Schaustellerverbänden, den Festwirten und den Brauereien."[514]

Nach Aussage von Marcus Christen, dem Abteilungsleiter für die Veranstaltungen von in.stuttgart, kam für das Cannstatter Volksfest 2007 sogar eine positive Rückmeldung von den Veranstaltern des Oktoberfestes[515]. Damit kann festgestellt werden, dass der „große Bruder" – so wurde das Oktoberfest häufig von Stuttgart aus genannt – nicht mehr nur bestaunt wird, sondern man sich auf ebenbürtiger Ebene Respekt zollt und seine Erfahrungen austauscht. Das Cannstatter Volksfest hat es tatsächlich geschafft, sich aus dem Schatten herauszuarbeiten und neben dem Oktoberfest ein eigenes und sehr interessantes Image aufzubauen. Trotzdem wird es

---

[512] Amtsblatt der Stadt Stuttgart, 22.9.2005: Rein ins Volksfestvergnügen
[513] Vgl. in.S Presse-Information, 25.09.2007: Von Volksfest-Herzen, Wasenhits und dem neuen „Wasen-Hasi" bzw. 27.09.2007: Premiere und Livesendung ab 20.15 Uhr
[514] in.S Presse-Information, 12.10.2007: Erfolgsgeschichte auf dem Wasen – neuer Besucherrekord mit 4,5 Millionen Gästen
[515] Vgl. in.S Gespräch vom 08.01.2008

auch in Zukunft zahlreiche Parallelen der beiden Feste geben, die durchaus gewünscht und für die Besucher angenehm zu beobachten sind.
Eine dieser Parallelen ist zum Beispiel die 2008 neu gestartete Trachtenoffensive auf dem Cannstatter Volksfest sowie auf dem Stuttgarter Frühlingsfest. Es wurde für die beiden Feste eine eigene Mode mit eingesticktem Württembergwappen entworfen, die wie die verschiedenen Souvenirs käuflich zu erwerben sind. Selbstverständlich wurde dabei an eine traditionelle sowie eine jugendliche Dirndlvariante gedacht. Zumindest der ein oder andere Wasenbesucher hat sich diesem neuen Trachtengefühl hingegeben und tauchte das Cannstatter Volksfest in einen wiederauflebenden Hauch von Tradition. Auch das Kaufhaus Breuninger wirkte bei der Trachtenoffensive tatkräftig mit und dekorierte bereits Wochen vorher seine Schaufenster mit verschiedensten Dirndln, Lederhosen und Lebkuchenherzen. Allerdings galt deren Werbekampagne „Schürzenkönigin" nicht allein dem Wasen, sondern selbstverständlich auch der Wiesn.
Neben der Trachtenoffensive gab es 2008 noch zwei weitere Neuerungen: den Traditionsmorgen und die Sonntagskonzerte. Der Traditionsmorgen rückt seit 2008 am ersten Volksfestsamstag an die Stelle der Eröffnung, die wie bereits erwähnt seit 2007 auf den Freitagabend verschoben worden ist. Beim Traditionsmorgen wird vor der Fruchtsäule allerlei buntes Programm von verschiedenen Cannstatter Vereinen und Originalen geboten. Die Sonntagskonzerte sind dagegen ein völlig neuer Programmpunkt auf dem Wasen. Am zweiten und dritten Volksfestsonntag präsentieren – ebenfalls vor der Fruchtsäule – Blasmusikvereine aus ganz Baden-Württemberg ihr Können.[516]

3.3. Besondere Veranstaltungen/ Festelemente des Cannstatter Volksfestes

Während des Cannstatter Volksfestes, das heute am vorletzten Wochenende im September beginnt, gab es bereits seit seinen Anfängen zahlreiche Veranstaltungen. Einige konnten sich durch die Zeit hinweg erhalten und sind auch heute noch bekannt. Andere wiederum existieren heute nicht mehr. So konnte sich zum Beispiel das Schifferstechen, später Fischerstechen, auf Dauer nicht halten. Vor allem als in den 1950ern der Neckar zur Schifffahrtsstraße wurde, konnte die Veranstaltung aus rein praktischen Gründen nicht mehr durchgeführt werden. Hinzu kamen noch gesundheitsgefährdende Aspekte.[517]
Generell können hinsichtlich der Veranstaltungen Parallelen zum Oktoberfest gezogen werden. So gab es auf dem Cannstatter Volksfest auch von Beginn an Pferderennen, die später in beiden Städten abgeschafft wurden, das Landwirtschaftsfest sowie die sich ausbreitende Schaustellerei und ähnliches. Ein großer Unterschied von Wiesn und Wasen ist allerdings, dass es in Stuttgart zwar kein Festschießen wie auf der Wiesn gibt und es auch nie gegeben hat, aber dafür haben die Besucher auf dem Wasen den Krämermarkt, der in München fehlt. Auf dem Krämermarkt wur-

---

[516] Vgl. CanV Presse-Information, undatiert 2008: Traditionsmorgen und Sonntagskonzerte
[517] Vgl. Viezen 1970: 23; Wager 2002: 74

den bereits im 19. Jahrhundert verschiedene Waren feilgeboten. Sicherlich wurde dieser traditionellen Einrichtung bis vor die beiden Weltkriege eine wesentlich höhere Bedeutung beigemessen, als heute. Heute kann schließlich jeder in den Supermarkt nebenan oder in das Kaufhaus um die Ecke gehen. Dennoch besinnt man sich in Stuttgart auch noch im 21. Jahrhundert auf seine Wurzeln und räumt dem Krämermarkt ein kleines Areal auf dem Cannstatter Volksfest ein.

Im folgenden Abschnitt sollen zuerst die wichtigsten Veranstaltungen wie die früheren Pferderennen, das noch heute stattfindende Landwirtschaftliche Hauptfest sowie die Fruchtsäule erläutert werden. Danach wird versucht die Geschichte der Eröffnung samt den Festumzügen, die Geschichte der Schausteller und die der Bierzelte auf dem Cannstatter Volksfest nachzuzeichnen.

3.3.1. Die Pferderennen

Mit dem ersten Cannstatter Volksfest bzw. Landwirtschaftlichen Hauptfest wurde bereits 1818 ein erstes Pferderennen veranstaltet. Das Rennen fand direkt nach der Preisverleihung für die Nutztiere statt und die teilnehmenden Pferde mussten die 3.200 Fuß lange Bahn – das sind ca. 2.700 Meter – insgesamt drei Mal umrunden. Zugelassen waren lediglich Teilnehmer und Pferde aus Württemberg. Die Sieger des ersten Pferderennens auf dem Wasen kamen von den Fildern und wurden durch ihre Leistungen in den folgenden Jahren nahezu legendär. Allerdings fanden die Pferderennen nicht den nötigen Zuspruch, denn 1818 konnten nur mit Mühe zehn Teilnehmer gefunden werden. 1821 waren es immerhin bereits 23 Teilnehmer am Pferderennen. Aus diesem Grund wurde ein besonderes Augenmerk auf die Förderung der Pferdezucht in Württemberg gelegt. Zudem wurde in den 1830er Jahren ein Wettrennverein gegründet, um die Pferderennen auf dem Wasen weiter zu unterstützen. Diese beiden Maßnahmen halfen, denn 1859 konnten sowohl ein Offiziersrennen, als auch ein Bauernrennen veranstaltet werden. Die Bauernrennen, als eigentliche Rennen auf dem Cannstatter Wasen, hatten als „Trabwagenfahren für Gebrauchspferde" und „Galopprennen für Gebrauchspferde" bis 1913 Bestand. Die Offiziersrennen wurden nur gelegentlich ausgetragen.[518]

Die Rennburschen durften zu Beginn der Wasenzeitrechnung noch die Kleidung tragen, die ihnen angenehm war. Damit war spätestens 1844 Schluss, denn bei Wilhelm Mannbach hieß es, dass die Jockeys in weißen Hosen, engen Jacken und grünen oder schwarzen Ledermützen zu erscheinen hatten. Besonders schön anzusehen waren die Teilnehmer aus Wolfschlugen, die seit jeher die besten Reiter auf dem Wasen gewesen sein sollen und viele Preise nach Hause tragen konnten. Bis zur Mitte des 19. Jahrhunderts hatten sich die Pferderennen als Zuschauerspektakel etabliert und die Schaubuden, Garküchen und Schenkzelte waren bei den Pferderennen wie ausgestorben.[519]

---

[518] Vgl. ebd.: 23; Stroheker/ Willmann 1978: 179ff; Mack/ Neidiger 1988: 33
[519] Vgl. Mannbach 1844: 11, 13f

Im 19. Jahrhundert gehörten die Pferderennen als unmissverständlicher Bestandteil zum Cannstatter Volksfest dazu. Bis nach dem Zweiten Weltkrieg sollte sich dies grundlegend ändern und die Pferderennen wurden nur noch im Zusammenhang mit den Landwirtschaftlichen Hauptfesten ausgetragen. Heute sind sie schließlich aus organisatorischen Gründen völlig aus dem Programm verschwunden.[520]

3.3.2. Das Landwirtschaftliche Hauptfest

„Das Landwirtschaftliche Hauptfest war von Anfang an Schauplatz für vielfältige landwirtschaftliche Prämierungen und der Beginn zahlreicher Förderungen im Lande gewesen. Es hat eine über 180 Jahre alte Tradition. Sein Verlauf spiegelt die Höhen und Tiefen der neueren württembergischen und auch der deutschen Geschichte wider. Als die Hunger- und Notjahre 1816 und 1817 herrschten, erinnerte sich Wilhelm I. wohl an das römische Wort *„vom Brot und den Spielen"*, das Lucius Scipio angeregt hatte, in Rom Volksfeste zu veranstalten. *„Das Volk"*, rief Wilhelm I. aus, *„muß wieder Freude haben und sich an seiner eigenen Lebenslust wieder aufrichten. Kopfhänger kann ich in meinem Land nicht brauchen. Auf nach Kannstadt!"*[621]

Und so war das Landwirtschaftliche Hauptfest zur Freude des Volkes und vor allem zur Hebung der Landwirtschaft geboren. Zu Beginn des Festes gab es lediglich Prämierungen der Viehzucht. Es wurden von einem Schaugericht die jeweils drei besten zur Zucht geeigneten Pferde, Rinder, Schafe und Schweine ausgewählt sowie anschließend vom König mit Geld und Medaillen prämiert. Als Bedingung zur Teilnahme an der Viehprämierung galt, dass das Tier mindestens ein Jahr im Besitz des Bauern sein musste, der es zur Prämierung anmeldete. Außerdem musste der Bauer selbst Württemberger sein. Später kamen noch weitere Preise wie zum Beispiel die für landwirtschaftliche Geräte und Maschinen, verschiedene andere Industrie- und Kulturzweige sowie die Obstbaumzucht hinzu.[522]

Für die Förderung der landwirtschaftlichen Industrie setzte sich vor allem Königin Katharina mit den aus ihrer Privatschatulle gestifteten Preisen ein. Damit sollten die Industriezweige der Maschinen- und Chemieindustrie unterstützt werden. 1832 wurden zum Beispiel eine Nudelschneidemaschine oder auch eine Güllepumpe prämiert. 1833 waren es eine Pflasterstreichmaschine und eine Flasche mit ganz reinem Sonnenblumenöl. Besonderes Augenmerk warf man stets auf die neueste Agrartechnik, die aus Hohenheim kam. Auf breites Interesse stießen insbesondere die Hohenheimer Pflüge, die europaweite Verbreitung fanden. Zu Ehren dieser Entwicklung wurde schließlich 1841 der „Goldene Pflug" auf dem Festumzug zum 25-jährigen Regierungsjubiläum von König Wilhelm I. durch Hohenheimer Schüler präsentiert.[523]

Als Neuheit galten ab 1846 die Seidenraupenzucht und die Verarbeitung der produzierten Seide. Beides wurde von König Wilhelm I. sowie Kronprinzessin Olga

---

[520] Vgl. Stroheker/ Willmann 1978: 178
[521] Weber 2003: 59
[522] Vgl. Viezen 1970: 24f; Stroheker/ Willmann 1978: 172; Weber 2001: 54
[523] Vgl. Stroheker/ Willmann 1978: 65ff ; Weber 2003: 54

gefördert und auf dem Landwirtschaftlichen Hauptfest prämiert. Im ganzen Land wurde versucht, Maulbeerplantagen und Seidenfabriken zu eröffnen. Bis 1880 gab es schließlich Lehrgänge für die Seidenraupenzucht an der Landwirtschaftlichen Akademie in Hohenheim. Als die Züchtungen jedoch zu keinem absehbaren Erfolg führten, wurde diese Zucht 1880 wieder aufgegeben.[524]

Mitte des 19. Jahrhunderts wurde die Centralstelle für Gewerbe und Handel als Gegenstück zur Zentralstelle des Landwirtschaftlichen Vereins gegründet. Den Vorsitz des Vereins übernahm ab 1856 Ferdinand von Steinbeis (1807–1893), der sogleich den Antrag für eine Fortschrittsausstellung im Zusammenhang mit dem Landwirtschaftlichen Hauptfest stellte. Diese Ausstellungen wurden ab 1858 jedes Jahr im Kursaal von Cannstatt gezeigt. 1958 kamen zur ersten Fortschrittsausstellung zusätzlich eine Geflügel- und eine Schlangenausstellung dazu. In späteren Jahren wurden auch Bienen, Fische, Brieftauben und Hunde ausgestellt.[525]

In den 1860er Jahren kamen zahlreiche neue Bestimmungen für die Teilnahme am Landwirtschaftlichen Hauptfest hinzu. Zum einen wurden alle Landwirte des Königreichs eingeladen, es durften aber keine Händler mehr teilnehmen. Die vorgestellten Tiere mussten entweder aus Württemberg stammen oder sich mindestens bereits zwei Jahre dort aufhalten. Außerdem wurden die Preise pro Bewerber beschränkt. Allerdings erhielten die angereisten Bauern ab sofort ein Entfernungsgeld und eine Aufwandsentschädigung. 1862 konnte das Zuchtvieh sogar kostenlos mit der Eisenbahn transportiert werden.[526]

Bis zur Mitte des 19. Jahrhunderts galt das Landwirtschaftliche Hauptfest hauptsächlich der Belehrung, Hilfe und Aufklärung für die Bauern. Danach entwickelten sich sehr rasch Spezialmessen heraus. Schließlich verlor die Landwirtschaft im Königreich Württemberg seit den 1880er Jahren durch die einsetzende Industrialisierung seine „beherrschende wirtschaftliche Rolle"[527]. Zudem kam noch hinzu, dass durch den Erlass von König Karl die Feste ab 1882 nur noch im zweijährigen Rhythmus gefeiert werden sollten. Die Stadt Cannstatt entschloss sich daraufhin die „fehlenden" Feste als kleine Volksfeste ohne Landwirtschaftliches Hauptfest selbst zu organisieren. Damit begannen sich das Landwirtschaftliche Hauptfest und das Cannstatter Volksfest auseinander zu dividieren sowie zu eigenständigen Veranstaltungen zu entwickeln.[528]

Trotzdem gab es in den 1890er Jahren weiterhin Preise für die Viehzucht, den Wein- und Obstbau, die Bienenzucht sowie für treue Dienste von Dienstboten auf dem Landwirtschaftlichen Hauptfest zu gewinnen. Aber mit der immer weiter um sich greifenden Industrialisierung im Königreich Württemberg und dem damit verbundenen Strukturwandel verloren die Preise mehr und mehr an Bedeutung. Gleichwohl waren die Viehprämierungen und die Viehausstellungen bei den Zuschauern äußerst beliebt. Seit 1900 wurden für diese Spektakel sogar Eintrittsgelder verlangt. Durch die zunehmende Begeisterung für das Automobil waren 1901 die

---

[524] Vgl. Weber 2003: 56
[525] Vgl. Stroheker/ Willmann 1978: 72, 176; Weber 2003: 56
[526] Vgl. Stroheker/ Willmann 1978: 173
[527] Ebd.: 166
[528] Vgl. Stroheker/ Willmann 1978: 166ff; Weber 2001: 8; Weber 2003: 58

ersten Kraftfahrzeuge in der Geräte- und Maschinen-Ausstellung vertreten. 1904 waren bereits beim Wasenfotograf Aufnahmen im Automobil möglich und 1908 wurde ein Automobilkorso von 23 Teilnehmern im Anschluss an das Pferderennen veranstaltet.[529]

Zum Ende des 19. Jahrhunderts wurde der von König Karl erlassene zweijährige Rhythmus des Festes wieder aufgehoben und es wurde, wie früher üblich, jedes Jahr auf dem Wasen gefeiert. Das galt jedoch nicht für die Landwirtschaftlichen Hauptfeste, denn diese fielen 1899 und im ersten Jahrzehnt des 20. Jahrhunderts gleich vier Mal, nämlich 1902, 1905, 1907 und 1908 zu Gunsten anderer Veranstaltungen aus[530], während das Cannstatter Volksfest stattfand. Damit wurde der künftige Weg für das Landwirtschaftliche Hauptfest weithin deutlicher, als es sich noch zwanzig Jahre zuvor abzeichnete: Das Landwirtschaftliche Hauptfest verlor an Bedeutung.

Nach dem Ersten Weltkrieg wurde in Württemberg versucht, die eigene Unabhängigkeit zu demonstrieren. Dies sollte vor allem mit Hilfe von Ausstellungen geschehen und so flammte das Landwirtschaftliche Hauptfest zwischen den beiden Weltkriegen noch einmal kurz auf. Das neue Ziel für 1924 und 1930 hieß: Leistungsschau und fachlicher Austausch. Dieser Weg wurde 1935 durch den Nationalsozialismus irritiert, aber schließlich ab 1954 nach dem Zweiten Weltkrieg weiter beschritten.[531]

Außerdem wurde nach dem Zweiten Weltkrieg mit den anderen landwirtschaftlichen Messestädten München und Hamburg ein jeweils dreijähriger Rhythmus für die Landwirtschaftsfeste vereinbart[532]. Damit sollten die einzelnen Städte bei „ihrem" Landwirtschaftsfest die volle Aufmerksamkeit erhalten und nicht mehr durch Parallelveranstaltungen unterlaufen werden.

Das Landwirtschaftliche Hauptfest fand seit 1954, jeweils an den ersten neun Tagen parallel zu einem „kleinen" Cannstatter Volksfest statt. 1957 zeigten sich immer deutlicher die Umwälzungen innerhalb der Landwirtschaft. 1960 wurden die Agrartechnik, Strukturverbesserungen und die Marktanpassung wichtig. Es konnten zu diesem Fest über 350.000 Besucher begrüßt werden, die auf der 155.000 Quadratmeter großen Fläche insgesamt 500 Aussteller zu bestaunen hatten. Das Fest von 1963 stand voll und ganz im Zeichen der Europäischen Wirtschaftsgemeinschaft und die Feste von 1965, 1968, 1971 sowie 1977 wurden jeweils unter ein besonders Motto gestellt. 1977 wurde auf dem Landwirtschaftlichen Hauptfest sogar ein Musterhof aufgebaut, der die Möglichkeiten zur Aufnahme von Feriengästen veranschaulichte.[533] Die Landwirtschaftlichen Hauptfeste von 1980, 1983, 1986, 1989, 1992, 1995, 1998, 2001, 2003 und 2006 wurden wieder unter einem besonderen Themenschwerpunkt veranstaltet. 2001 gab es zu Ehren des 95. Landwirtschaftlichen Hauptfestes vom Ministerium für Ernährung und Ländlichen

---

[529] Vgl. Memminger 1895: 283; Stroheker/ Willmann 1978: 176; Stroheker 1995: 22
[530] Vgl. Stroheker/ Willmann 1978: 167; Stroheker 1995: 46; Weber 2003: 58
[531] Vgl. Stroheker/ Willmann 1978: 77, 168; Weber 2003: 57
[532] Vgl. Stroheker/ Willmann 1978: 166; Stroheker 1995: 12; vgl. auch Viezen 1970: 25; Petzoldt 1990: 162; Weber 2001: 8; Das Cannstatter Volksfest 2000: 2
[533] Vgl. Stroheker/ Willmann 1978: 169, 185f

Raum Baden-Württemberg eine Posterausstellung mit dem Titel „Das Landwirtschaftliche Hauptfest von 1818 im Wandel der Zeiten". Die Ausstellung war in den Räumen des Ministeriums und danach auf dem Landwirtschaftlichen Hauptfest zu sehen. Im Rahmen der „Großen Landesausstellung Baden-Württemberg" zum Thema „Das Königreich Württemberg 1806–1918. Monarchie und Moderne" im Landesmuseum Württemberg wurde die Posterausstellung zum Landwirtschaftlichen Hauptfest vom 22. September 2006 bis 4. Februar 2007 nochmals im Museum für Volkskultur, Schloss Waldenbuch, präsentiert.

Im 21. Jahrhundert sollte sich in der Reihe der Landwirtschaftlichen Hauptfeste wieder eine Änderung ergeben. Zuerst sollte nach dem Fest von 2001 wegen Terminüberschneidungen mit anderen Ausstellungen das nächste Landwirtschaftliche Hauptfest erst wieder 2006 gefeiert werden. Dies traf jedoch nicht ein, weil in Stuttgart kurzerhand beschlossen wurde, 2003 ein Fest mit geringerem Turnus durchzuführen.[534] Das bisher letzte der insgesamt 97 stattgefundenen Landwirtschaftlichen Hauptfeste folgte 2006. Da aber mit den anderen Messestädten seither ein vierjähriger Rhythmus der Landwirtschaftsfeste vereinbart wurde, wird das nächste Landwirtschaftliche Hauptfest in Stuttgart erst wieder 2010 auf dem Programm stehen.

Insgesamt wird bei der Zusammenschau der Landwirtschaftlichen Hauptfeste sehr deutlich, dass sich das Fest „vom ehemals ländlichen Bauerntreff zu einer modernen Leistungsschau entwickelt hat"[535] und stets auf die sich wandelnden Bedürfnisse einer sich verändernden Gesellschaft eingegangen ist.

3.3.3. Die Fruchtsäule

Das weithin sichtbare Wahrzeichen und Symbol für das Cannstatter Volksfest ist ohne Zweifel die Fruchtsäule. Dieses Gebilde ist bereits seit dem Beginn der Feierlichkeiten auf dem Wasen zu bewundern. Erbaut wurde die Fruchtsäule vom Baumeister Nikolaus von Thouret, die ursprünglich den Startpunkt und das Ziel der Pferderennen markieren sollte. Ihr gegenüber stand von 1818 bis zum Ende der Monarchie in Württemberg die Ehrentribüne, in der der königliche Hof während des Festes Platz nahm. Die 50 Fuß hohe Säule war für die anreisenden Teilnehmer zum Fest bereits kilometerweit vor dem Festplatz zu sehen und kündigte das nahende Reiseziel an.[536]

Zwar gab es die Fruchtsäule bereits 1818, aber der Begriff „Fruchtsäule" war noch unbekannt. Die Säule wurde jedoch von Anfang an mit Früchten des Landes geschmückt und bekam dadurch bis zur Mitte des 19. Jahrhunderts schließlich ihren Namen. Außerdem wurde in dieser Zeit die Fruchtsäule zum Symbol für das Fest, sogar zum Symbol für die Landwirtschaft im ganzen Königreich Württemberg, hoch stilisiert und blieb bis in unsere Tage hinein unverändert. Einzig und allein

---

[534] Vgl. Weber 2003: 8, 58
[535] Das Cannstatter Volksfest 2000: 2
[536] Vgl. Memminger 1819: 118f; Stroheker/ Willmann 1978: 33; Petzoldt 1990: 164; Stroheker 1995: 13

der Standort der Fruchtsäule wurde gelegentlich den neuen gestalterischen Gegebenheiten des Festplatzes angepasst. Anfangs war die Fruchtsäule im Inneren des Rennbahnovals, bis sie später an den äußeren Rand verschoben wurde. Es wurde sinnvoller erachtet, die Fruchtsäule direkt am Rand der Rennbahn aufzustellen, da von dort der Start- und Zielpunkt der Pferdrennen ausgemacht werden konnte.[537] Bis zum Tode von Nikolaus Thouret im Jahr 1845 schmückte der Baumeister die Fruchtsäule stets von spontanen Einfällen geleitet selbst. Dies war wahrlich keine einfache Aufgabe, denn 1867 sollen 14 Frauen volle drei Wochen mit der Dekoration der Fruchtsäule beschäftigt gewesen sein. Im Siegestaumel über das Ende des deutsch-französischen Krieges und die Freude über die Silberhochzeit des Königspaares wurde die Fruchtsäule 1871 mit der Wirtembergica als Siegesgöttin bekrönt. Die Wirtembergica schuf der Bildhauer Ernst Rauh und stellte zudem am Fuße der Fruchtsäule die Büsten des Königspaares auf.[538]

„Mit der zunehmenden Industrialisierung und dem damit verbundenen Strukturwandel hatte die Fruchtsäule zusätzliche Funktionen. Der Sockel wurde immer mehr zu einer Ausstellungshalle umfunktioniert, in der die modernsten Landmaschinen ausgestellt wurden. Die Säule selbst mit 2.500 kg Obst und Gemüse war der alles krönende Abschluss."[539] In der Weimarer Republik verlor die Fruchtsäule jedoch ihre Bedeutung und wurde vom Cannstatter Volksfest als monarchischer „Restposten" verbannt und nicht mehr aufgestellt. Die Nationalsozialisten holten die Fruchtsäule wieder hervor und schmückten sie mit Hakenkreuzen und einem militärischen Impetus[540]. Hier wird sehr anschaulich, dass die Fruchtsäule „in ihren wechselnden Erscheinungsformen, manchmal erschreckend deutlich, (die) politische Entwicklung und (den) Zeitgeist wider"[541] spiegelt.

Sehr vorsichtig wurde aus diesem Grund das Thema Fruchtsäule nach dem Zweiten Weltkrieg angegangen: Die Fruchtsäule gab es erst 1953 wieder. Sie wurde mit 2.500 Kilogramm Gemüse und Obst dekoriert und es wurden nicht wenige Besucher zu einem raschen Mundraub verlockt. 1962 geschah ein Unglück und das Kapitell der Fruchtsäule brannte ab.[542] Seither wurden immer wieder neue Sicherheitsvorkehrungen getroffen und kleinere Umbauarbeiten oder Versetzungen der Fruchtsäule vorgenommen.

Mitte der 1980er Jahre war zu erfahren, dass die Stuttgarter Stadtgärtner das ganze Jahr über damit beschäftigt waren, die Dekorationsmaterialien für die Fruchtsäule anzupflanzen und zu pflegen. Ein Großteil der insgesamt drei Tonnen Früchte und Gemüse wurde von der Stadtgärtnerei selbst gezüchtet. Das Getreide, Kraut und der Mais wurden von umliegenden Landwirten geliefert und einiges Wenige sogar vom Großmarkt gekauft. War alles Obst und Gemüse in ausreichender Menge vorhanden, standen den Stadtgärtnern noch insgesamt 700 Stunden der Dekoration

---

[537] Vgl. Auer 1938: 12; Lämmle 1949: 180f; Stroheker/ Willmann 1978: 41f
[538] Vgl. Stroheker/ Willmann 1978: 42, 113; Weber-Kellermann 1981: 15; Stroheker 1995: 45; vgl. Petzoldt 1990: 162
[539] Weber 2003: 59
[540] Vgl. Stroheker/ Willmann 1978: 47; Stroheker 1995: 13
[541] Mack/ Neidiger 1988: 31
[542] Vgl. StadtAS Hauptaktei Gruppe 3, 17/1: 885: Protokoll vom 18. Dezember 1953 der Wirtschaftsabteilung; Stroheker/ Willmann 1978: 47; Stroheker 1995: 13, 38ff

bevor.[543] Um die Arbeiten an der Fruchtsäule für die Zukunft einfacher zu gestalten, wurde ab 1990 von dem „kronenartigen Gebilde" als Spitze der Fruchtsäule Abstand genommen. Seither wird die Fruchtsäule von einer einfachen und sturmsicheren Schale bekrönt, die nur mit wenigem, aber schwerem Obst, gefüllt werden darf[544].

Im Jahr 2000 wurde schließlich die letzte größere Veränderung an der Fruchtsäule vorgenommen. Der marode Sockel wurde durch einen freundlichen Pavillon aus Holz ersetzt. Im neuen Pavillon befinden sich seither auf 180 Quadratmetern ein Souvenirshop, ein Infostand für alle Besucher und eine Anlaufstelle für Pressevertreter. Bisher war die Fruchtsäule nur ein Treffpunkt für den Beginn eines Wasenbummels; jetzt können hier auch noch zahlreiche Informationen eingeholt und Souvenirs erstanden werden.[545] In den Stuttgarter Nachrichten hieß es bissig:

„Zehn Jahre hat es gedauert, bis die Stadt das Geld für den Bau eines neuen Fundaments für die Fruchtsäule aufgebracht hat, das Wasenbesuchern gleichzeitig als Anlaufstelle und Informationszentrum dienen soll. Verglichen mit den an dem Volksfest-Wahrzeichen bis dato jährlich anfallenden Reparaturkosten von 150 000 bis 200 000 Mark, sind die rund 550 000 Mark Baukosten für das neue, 180 Quadratmeter große Informationszentrum also gut investiertes Geld."[546]

Jedes Jahr aufs Neue wird nun der fünf Meter hohe Sockelneubau mit der Fruchtsäule bekrönt. Die heutige Fruchtsäule stammt übrigens aus dem Jahr 1972, ist 26 Meter hoch und wiegt etwa drei Tonnen. Zusätzlich kommen noch weitere 600 Kilogramm durch die Schale mit Früchten, die als Krönung dient, hinzu. Der äußere Teil der Säule ist aus Holz und im Inneren befindet sich eine Stahlkonstruktion. Im Durchmesser, der Höhe und der Farbigkeit ist die Fruchtsäule ihrem historischen Modell nachempfunden. Damit steht die Fruchtsäule seit 1818 im Mittelpunkt des Geschehens auf dem Cannstatter Volksfest und erinnert auch heute noch „an den landwirtschaftlichen Charakter des Festes"[547]. Zudem ist sie „das unbestrittene Symbol und Wahrzeichen"[548] des Festes. Unterstrichen wird dies auch dadurch, dass egal wo auf der Welt ein Cannstatter Volksfest gefeiert wird – ob in Chicago, Brooklyn oder Philadelphia – die Fruchtsäule stets dabei ist.[549] Damit wird die Tradition des Cannstatter Volksfestes groß geschrieben und mit ihm sein Symbol.

---

[543] Vgl. Stuttgarter Nachrichten, 21.8.1986: In der Stadtgärtnerei wird der künftige Schmuck des Wasen-Symbols gezüchtet
[544] Vgl. Stuttgarter Zeitung, 21.9.1990: Volksfest-Symbol ohne „Krone"
[545] Vgl. Amtsblatt der Stadt Stuttgart, 10.8.2000: Neuer Sockel für Fruchtsäule
[546] Stuttgarter Nachrichten, 12.9.2000: Fruchtsäule ziert neues Infozentrum
[547] Petzoldt 1990: 163
[548] Wager 2002: 77
[549] Vgl. in.S Presse-Information, 16.08.2007: Erfolgsgeschichte auf dem Wasen – neuer Besucherrekord mit 4,5 Millionen Gästen; Petzoldt 1983: 399; Petzoldt 1990: 162

3.3.4. Der Festeinzug und die Eröffnung

Zur Eröffnung des Cannstatter Volksfestes im 19. Jahrhundert kann nicht viel gesagt werden. Das Volksfest begann schlicht und einfach mit der Ankunft der Mitglieder des königlichen Hofes. Aus diesem Grund wird in diesem Abschnitt auf die Eröffnungsfeierlichkeiten nach dem Zweiten Weltkrieg eingegangen. Bei den Festeinzügen und Umzügen hingegen können Blicke in die Vergangenheit geworfen und Parallelen sowie Unterschiede mit den heutigen Festumzügen gefunden werden.

Die Eröffnungsfeierlichkeiten, die sich stets nach einem bestimmten Zeremoniell richten, haben sich erst im Laufe der Zeit entwickelt. Teile davon haben sich in den letzten Jahrzehnten verloren, andere kamen hinzu. Bis zum Ende der 1980er Jahre wurden von einem Einmarsch der Musikkapellen, von Pferdezügen mit Prunkgeschirren der Stuttgarter Brauereien, von einem Ehrenumtrunk am Fuße der Fruchtsäule und von launigen Ansprachen samt Bieranstich des Oberbürgermeisters der Stadt Stuttgart berichtet. Davon erhalten haben sich bis heute als wichtigster Bestandteil die Eröffnungsrede und der Bieranstich. Stark geprägt wurde dieses Ritual von Dr. Arnulf Klett, der nach dem Zweiten Weltkrieg als erster Oberbürgermeister Stuttgarts die Ehre hatte, per Rede und Fassanstich das Cannstatter Volksfest zu eröffnen. Jahrelang galt dieses Spektakel als der Höhepunkt des ersten Festtages.[550] Bei den Reden von Dr. Arnulf Klett waren solche Ausrufe wie „Der Wasen ist der Nabel der Welt, das Volksfest ein kategorischer Imperativ der Freude!"[551] von 1959 beliebte Klassiker. Die Eröffnung des Cannstatter Volksfestes durch Dr. Arnulf Klett war den Besuchern und Veranstaltern des Volksfestes seit 1949 so wichtig geworden, dass er diese Aufgabe sogar noch bis zu seinem Tode weiterführte. Als die Mitteilung über den überraschenden Tod Dr. Arnulf Kletts Mitte September 1974 in Stuttgart eintraf, wurden sofort alle Vorbereitungen für die Eröffnung des

Abb. 13: Oberbürgermeister Dr. Arnulf Klett beim Anstich, 25.9.1954, Foto

---

[550] Vgl. Viezen 1970: 26; Stroheker/ Willmann 1978: 247; Petzoldt 1990: 162f
[551] Stroheker/ Willmann 1978: 9

Cannstatter Volksfestes eingestellt. Die Organisatoren empfanden es als nicht schicklich, nach einer solchen Nachricht mit dem üblichen Programm auf dem Wasen zu feiern. Zwar wurde diese Meinung nicht von allen geteilt, aber dennoch fiel die Eröffnung für das Volksfest 1974 aus. Nach langem Hin und Her wurde festgelegt, dass ab 1975 stets der Oberbürgermeister die Aufgabe der Eröffnungsrede und des Anstiches zu leisten habe. An den Stuttgarter Oberbürgermeister Manfred Rommel wurden hohe Erwartungen gesetzt. Nach der Ära Klett musste er beweisen, dass er ein ebenso guter Redner und Anzapfer auf dem Cannstatter Volksfest ist wie Klett es war. Rede und Anzapfen funktionierten bestens und der Bann war gebrochen.[552] Seither sind die Eröffnungsrede und der Anstich mit der Funktion des Oberbürgermeisters verbunden. Manfred Rommel war bis Mitte der 1990er Jahre im Amt und erfreute die Volksfestbesucher mit seinen Eröffnungsreden und stets beliebten Anstichen. Seit 1997 ist der Hammer zum Anzapfen auf dem Wasen in die Hand des Oberbürgermeisters Wolfgang Schuster übergegangen.

Die Eröffnung selbst fand seit dem Zweiten Weltkrieg bis 2004 bei gutem Wetter direkt an der Fruchtsäule statt. Gastgebende Brauerei für das erste Fass und die Ausrüstung wie Schürze, Mütze, Schlegel und vieles mehr ist jedes Jahr eine andere Stuttgarter Brauerei. Mit dem jährlich wechselnden und festgelegten Turnus sollen alle Brauereien bei der Eröffnung zum Zug kommen und keine benachteiligt werden. Als die Eröffnung 1974 durch die Trauer um den verstorbenen Oberbürgermeister Dr. Arnulf Klett ausfiel, wurde der Turnus der Brauereien ausgesetzt und erst wieder im darauf folgenden Jahr fortgesetzt. Gleiches galt für 2001 nach den Terroranschlägen in den USA.

Bei schlechtem Wetter wurde die Eröffnung des Cannstatter Volksfestes in das jeweilige Festzelt verlegt. Dies geschah jedoch nur wenige Male. Bis 1981 fand die Eröffnung ausschließlich – selbstverständlich wetterabhängig – an der Fruchtsäule statt; ab 1982 begaben sich der „Oberbürgermeister und die Ehrengäste im Anschluß an die Eröffnungsveranstaltung in einem geschlossenen Zug in das turnusgemäß bestimmte Festzelt"[553]. Allerdings wurden zur Eröffnung des Cannstatter Volksfestes nicht nur Ehrengäste eingeladen, sondern, seit 1979 üblich, auch 1.000 Sozialrentner, die jeweils einen Gutschein für eine Schlachtplatte oder ein Göckele und zwei Krüge Bier erhalten[554].

In den letzten drei Volksfestjahren gab es nicht nur 2005 die dauerhafte Verlegung der Eröffnung in die jeweiligen Festzelte, sondern auch noch einige andere Veränderungen. Die örtliche Verlegung der Eröffnung hatte aber die durchschlagendsten Folgen. Verlegt wurde die Eröffnung nicht nur wegen der wetterbedingten Unsicherheit, sondern auch wegen der Übertragung der Feierlichkeiten im Fernsehen. Die Veranstalter kamen den Fernsehteams damit sehr entgegen, da nicht mehr für mehrere Optionen im Sender geplant werden musste. Außerdem sehen die Bierzelte im Inneren heute alle gleich aus, was die An- und Unterbringung der Be-

---

[552] Vgl. Stroheker 1995: 38f
[553] StadtAS Hauptaktei Gruppe 3, 17/2: 661: Gemeinderatsdrucksache Nr. 36/1983, 21.1.1983, Bericht über das 137. Cannstatter Volksfest 1982
[554] Vgl. StadtAS Hauptaktei Gruppe 3, 17/2: 664

leuchtung, der Kameras sowie anderer Objekte wesentlich vereinfacht. Mit dieser einfachen Veränderung hat die in.Stuttgart bewirkt, dass sich die Fernsehteams mehr und mehr auf dem Cannstatter Volksfest einrichten konnten und gerne vom Geschehen berichten. Zusätzlich wurde eine ehemalige Schotterfläche hinter den Zelten geteert, um für die Übertragungswägen der Fernsehsender einen besseren Standplatz zu schaffen. Dies mag vielleicht ausschlaggebend dafür gewesen sein, dass seit 2005 täglich im Wasen-TV im Südwestrundfunk vom Volksfest berichtet wird. In dieser Sendung werden regelmäßig Prominente zum Wasen interviewt. Die höchsten Einschaltquoten konnten jedoch nicht über promiente Gäste erreicht werden, sondern als die Volksfestwirtinnen Stamer und Mayer von ihrem Leben auf dem Wasen berichteten.[555]

Nach den ersten guten Erfahrungen einer dauerhaften Wasenberichterstattung im Fernsehen war der nächste Höhepunkt 2006 zu beobachten. Im Zuge der Fußball-Weltmeisterschaft wurden zwischen 5.000 und 6.000 ehrenamtliche Helfer der WM auf dem Cannstatter Volksfest in ein Festzelt eingeladen. Diese Feier wurde vom Fernsehen übertragen und fand solch große Resonanz, dass der SWR den Vorschlag machte, die Eröffnung des Cannstatter Volksfestes auf den Freitagabend zu verlegen, um viele Zuschauer zu Hause zu erreichen. Einzige Bedingung war allerdings, dass bei der Eröffnungsfeier am Freitag überregionale Prominente eingeladen werden, damit es nicht nur ein Schwabenfest wird, sondern ein ARD-taugliches Festival. Nach nur kurzen Überlegungen wurde einer Verlegung der Eröffnung zugestimmt und diese umgesetzt. Bisher hatten die Eröffnungen des Volksfestes eine Einschaltquote von etwa 150.000 Zuschauern. Mit dem Freitagabendprogramm um 20.15 Uhr konnte sie auf 1,07 Millionen gesteigert werden. Damit war die Übertragung der Eröffnung nicht nur für die Veranstalter des Wasens eine unbezahlbare Werbung, sondern auch für den Südwestrundfunk ein gewaltiger Erfolg. Auch die Schausteller waren froh über einen weiteren Tag des Volksfestes – schließlich durften sie am Freitag ihre Betriebe bereits um 15 Uhr öffnen – und so wird die Eröffnung am Freitagabend in Zukunft beibehalten.[556]

Die Eröffnungsfeierlichkeiten des Cannstatter Volksfestes waren zumindest seit dem Zweiten Weltkrieg jedes Jahr fester Bestandteil auf dem Wasen. Das kann von den Umzügen zum Cannstatter Volksfest jedoch nicht behauptet werden. Selbst im 19. Jahrhundert hatte der Umzug keinen festen Bestand und der heute bekannte sonntägliche Festumzug ist mit den früheren ohnehin nicht vergleichbar. Unter König Wilhelm I., dem Stifter des Landwirtschaftlichen Hauptfestes, gab es nur sogenannte kleine Volksfestumzüge, die vom Cannstatter Rathaus oder Kursaal aus auf den Wasen zogen. Dabei trafen sich einige Cannstatter, um gemeinsam auf den Wasen zu marschieren, damit sie mit Fahnen ausgerüstet dem König Spalier stehen konnten. Große Umzüge von der Residenz zum Festgelände waren unter der Herrschaft König Wilhelms I. unbekannt. Nicht einmal der große Festzug der Württemberger, der 1841 anlässlich seines 25-jährigen Regierungsjubiläums veranstaltet wurde, kann als Volksfestumzug gewertet werden. Zwar ist dieser prunkvolle und

---
[555] Vgl. in.S Gespräch vom 08.01.2008
[556] Vgl. Ebd.

große Umzug mit über 10.000 Teilnehmern und über 100.000 Zuschauern in die Geschichte eingegangen, er steht aber in keinerlei Verbindung mit dem Cannstatter Volksfest.[557]

Die ersten bekannten Vorläufer von Festumzügen, die anlässlich des Cannstatter Volksfestes stattfanden, gab es erst in der zweiten Hälfte des 19. Jahrhunderts. Aus Anlass des 80. Geburtstages von König Wilhelm I., der bekanntlich in engem Zusammenhang mit dem Cannstatter Volksfest steht, gab es zum Beispiel 1861 einen feierlichen Festzug der Cannstatter Jungfrauen zum Königsempfang auf dem Wasen. Die Cannstatter Feuerwehr marschierte 1864 geschlossen zur Fruchtsäule, um den König zu bejubeln. Als erster richtiger Volksfestumzug kann der von 1871 anlässlich des fünfzigsten stattfindenden Cannstatter Volksfestes gesehen werden, der auch im Zusammenhang mit der Silberhochzeit von König Karl und seiner Gemahlin Olga stand. Bei diesem Festzug beteiligten sich in insgesamt 37 Nummern sowohl Bauern, als auch Gärtner, Hopfenbauer, Weingärtner und Rübenpflanzer in ihren Volks- und Arbeitstrachten. Begleitet wurde dieser Zug von einem Musikwagen, der zur Unterhaltung diente.[558]

Weitere nennenswerte Festzüge im Rahmen des Cannstatter Volksfestes waren unter anderem 1897 ein Blumenkorso und 1911 ein Autokorso, die aber im engeren Sinne immer noch keine richtigen Volksfestumzüge waren. „Der erste Festzug, der nach heutigen „Volksfest-Umzugsmaßstäben" zu werten ist, er ist, so unglaubhaft es klingen mag, erst 1927 durchgeführt worden."[559] Als Vorlage dazu diente der Trachtenumzug von 1924, der allerdings wahrscheinlich nur auf dem Festgelände umherzog. Während der Weimarer Republik gab es 1927 noch einen Festzug mit Pferdegespannen, Automobilen, Bier- und Weinwägen vom Stuttgarter Schlossplatz aus auf das Volksfest und einen weiteren 1928.[560]

Unter der nationalsozialistischen Herrschaft wurde die Wirkung eines großen Festzuges erkannt, der schließlich als Aufmarsch der Partei stattfand. „Das 100. Cannstatter Volksfest 1935 bot für die nationalsozialistischen Machthaber das willkommene Podium für eine glanzvolle Demonstration, bei der die verschiedenen NS-Formationen wie SA, SS sowie die neue Wehrmacht und die Polizei das Bild prägten."[561] Der Festzug von 1936 führte als „Schwabenfestzug" in die drei Hauptabteilungen „Trachtengruppen", „Auslandsdeutschtum" sowie „schwäbische Geistes- und Werkarbeit" gegliedert in großem Stil durch Stuttgart. In den Jahren 1937 und 1938 fanden anlässlich des Cannstatter Volksfestes weitere Festzüge statt.[562]

Nach dem Zweiten Weltkrieg wurden die Festumzüge wieder in das Rahmenprogramm des Cannstatter Volksfestes aufgenommen. Allerdings hatten diese Umzüge einige Startschwierigkeiten; unter anderem ließen sich nur wenige Teilnehmer finden und auch die Zuschauer konnten sich für dieses Spektakel nicht sonderlich begeistern. Für den Festzug von 1950 fanden sich nur 500 Teilnehmer, aber ein Jahr

---

[557] Vgl. Stroheker/ Willmann 1978: 187ff; Stroheker 1995: 23
[558] Vgl. Stroheker/ Willmann 1978: 189f; Stroheker 1995: 24
[559] Stroheker/ Willmann 1978: 187
[560] Vgl. ebd.: 192f; Stroheker 1995: 24f
[561] Stroheker 1995: 25; vgl. auch Stroheker/ Willmann 1978: 194
[562] Vgl. Stroheker/ Willmann 1978: 195; Stroheker 1995: 25f

später waren es bereits doppelt so viele. Den nächsten Umzug gab es erst wieder 1954. Hierfür wurden erstmals drei Tribünen am Umzugsweg aufgebaut. Deshalb und wohl auch wegen der Verbindung des Volksfestes mit dem „Deutschen Bauerntag" wurde eine Rekordzuschauerzahl von 300.000 Menschen am Umzug gezählt. 1955 gab es einen Blumenkorso, 1957 waren wieder Trachten zu bestaunen und 1959 stand der Umzug unter dem Motto „Bürgerwehren und Milizen". Nach 1959 und bis 1968 gab es die Festzüge schließlich nur noch in Verbindung mit dem Landwirtschaftlichen Hauptfest, das heißt 1960, 1963 und 1968. Der Festzug von 1965 entfiel, obwohl ein Landwirtschaftliches Hauptfest auf dem Programm stand. Zwischen 1969 und 1978 gab es keine weiteren Festzüge zum Cannstatter Volksfest.[563]

Zahlreiche Versuche, wie der von den CDU-Stadträten Rolf Kickelhayn und Dr. Hans Bühler aus dem Jahr 1978 [564], die Volksfestumzüge wieder auferstehen zu lassen, wurden zu Gunsten der hohen Verkehrsbelastung und der Kosteneinsparung abgewiegelt. In den darauf folgenden Jahren fielen die Volksfestumzüge mit der Begründung zahlreicher Straßenbauarbeiten aus. Einen Neubeginn der Festzüge zum Cannstatter Volksfest gab es erst wieder 1988. Diese Festzugsreihe hatte Beständigkeit und dauert bis heute an. Der Festzug von 1995 wurde in großem Stil vorbereitet und ging mit der Gründung des Cannstatter Volksfestvereins e.V. im Vorjahr einher. Am Festzug zum 150. Cannstatter Volksfest, der sich an dem Festzug von 1841 orientierte, haben 1995 über zehn Gruppen aus ganz Baden-Württemberg teilgenommen. Weitere Teilnehmer waren unter anderem SKH Carl Herzog von Württemberg, der Ministerpräsident von Baden-Württemberg Erwin Teufel, der Landtagspräsident von Baden-Württemberg Fritz Hopmeier und der Stuttgarter Oberbürgermeister Manfred Rommel.[565]

In den Jahren von 1995 bis heute bemühte sich der Cannstatter Volksfestverein um eine Beständigkeit der Volksfestumzüge. Aus organisatorischen Gründen zieht der Festzug seit 1999 nicht mehr von Stuttgart aus zum Wasen, sondern beginnt in Bad Cannstatt und wird im Fernsehen übertragen[566]. Finanziell wird der Umzug von Sponsoren und Gönnern unterstützt. Außerdem erhält der Cannstatter Volksfestverein einen jährlichen Zuschuss in Höhe von 30.000 Euro aus dem Volksfestetat der in.Stuttgart GmbH[567]. Heute wird der Volksfestumzug jährlich von etwa 200.000 Zuschauern auf den Straßen bejubelt und im Fernsehen übertragen. Besonders bejubelt wurden 2006 die „königlichen Hoheiten" die mit einer eigenen Nummer am Festzug teilnahmen und für die „Große Landesausstellung Baden-Württemberg" zum Thema „Das Königreich Württemberg 1806–1918. Monarchie und Moderne" im Landesmuseum Württemberg warben.

---

[563] Vgl. Stroheker/ Willmann 1978: 196ff; StadtAS Hauptaktei Gruppe 3, 17/1: 2524: Protokoll vom 1.3.1963 des Wirtschaftsausschusses des Gemeinderats; StadtAS Hauptaktei Gruppe 3, 17/1: 2529: Bericht über das Cannstatter Volksfest und das Landwirtschaftliche Hauptfest 1968, 4.2.1969
[564] Vgl. Amtsblatt der Stadt Stuttgart, 6.7.1978: Volksfest-Umzug
[565] Vgl. Stroheker 1995: 26
[566] Vgl. StadtAS Protokoll der öffentlichen Sitzung des Marktausschusses, 19.11.1999, Volksfestbericht, mündlich
[567] Vgl. in.S Gespräch vom 08.01.2008

3.3.5. Die Schausteller

Im Gegensatz zu den Festzügen haben die Volksfestvergnügungen von Anfang an ihren festen Platz auf dem Cannstatter Volksfest gehabt. Nachdem sich die Entwicklung des Schaustellerwesens jedoch sehr mit der auf dem Oktoberfest ähnelt, werden hier nur Stuttgarter Besonderheiten behandelt und nicht nochmals ausführlich auf das Schaustellerwesen eingegangen.

Auf dem Cannstatter Volksfest sorgten in der ersten Hälfte des 19. Jahrhunderts hauptsächlich Spiele für die ortsansässige Jugend zur Unterhaltung. Es gab Sackhüpfen, Mastklettern und dergleichen, über die sich nicht nur die jugendlichen Teilnehmer, sondern die Zuschauer aller Altersklassen erfreuten. Ebenfalls großer Beliebtheit erfreuten sich die Moritatensänger, die zu ihrer Leierkastenmusik „schaurig-schöne"[568] Lieder sangen. Zwar auch bei den Besuchern sehr beliebt, aber bei den Veranstaltern und der Polizei weniger gern gesehen, war das Glücksspiel auf dem Cannstatter Volksfest. Über mehrere Jahre hinweg wurde versucht, das Glücksspiel vom Wasen zu verdrängen. Gelungen ist dies jedoch erst 1853 mit einem ausdrücklichen Verbot.[569]

Fünf Jahre später wurde festgestellt, dass immer mehr Karussells auf dem Volksfest zu finden waren. Außerdem wurden die Karussells nicht mehr nur von Kindern gefahren, sondern auch viele Erwachsene gönnten sich diese Freude. Vierzig Jahre nach der Stiftung des Festes war nun auch endlich „das Volksfest, ein Fest des Vergnügens"[570], geboren. Neben den zahlreichen Karussells fanden sich bis zum Ende des 19. Jahrhunderts jedes Jahr aufs Neue Zirkusse und Menagerien ein. Diese Schaustellungen sollten einerseits der Belustigung und dem Vergnügen dienen, hatten jedoch auch einen belehrenden Aspekt. Schließlich gab es in dieser Zeit noch keine Zoos und fremde Tiere konnten nur in den Menagerien bestaunt werden.

Um die Jahrhundertwende machten die sogenannten Wakamba-Neger Furore. Bei den Wakamba-Negern sollte es sich um eine seltsame Art des Homo Sapiens aus Afrika handeln und es wurden durchaus Warnungen ausgesprochen, dass sich die Zuschauer dem angriffslustigen Stamm nicht nähern sollten. Ein kleiner Junge traute sich trotz der Ermahnung näher heran und erkannte seinen verkleideten sowie mit Schuhwichse angemalten Vater in einem der Wakamba-Neger. Voller Erstaunen und völlig verdutzt rief er dies aus und enttarnte die Truppe. Alle Wakamba-Neger waren eigentlich Gaisburger und fortan bekamen alle Gaisburger den Spitznamen Wakamba.[571]

Nachdem die erste Wasserbahn und ein modernisiertes Pferdekarussell 1901 auf das Cannstatter Volksfest kamen, gab es 1905 wieder einen ähnlich lustigen Vorfall wie mit den Wakamba-Negern. Der Krabbendusel, ein stadtbekanntes Original aus dem Stuttgarter Bohnenviertel, erfand den „Blick ins Jenseits". In dieser Schaubude

---

[568] Stroheker/ Willmann 1978: 11
[569] Vgl. Stroheker/ Willmann 1978: 124ff
[570] Stroheker/ Willmann 1978: 125
[571] Vgl. ebd.: 11, 128f; vgl. Stroheker 1995: 32

konnte jeder, der fünf Pfennige bezahlte, durch ein Guckloch einen Blick ins Jenseits werfen. Voller Erwartung standen die Wasenbesucher Schlange und konnten hinter dem Vorhang einen Blick auf das jenseitige Neckarufer erhaschen. Zwar ärgerten sich sehr viele über diesen kleinen Betrug, doch „wer selbst hereingefallen war, gönnte dies auch dem andern"[572].

Abb. 14: Nicht nur Fahrgeschäfte, sondern auch Verkaufsstände waren auf dem Wasen wichtig: Stand beim Volksfest 1912, Fam. Karl Seyfarth, Foto

Der große Hugo Haase konnte mit seiner Achterbahn erstmals 1910 auf das Cannstatter Volksfest gelockt werden und es fanden sich immer mehr namhafte Schausteller auf dem Wasen ein. 1924 ist in den Presseberichten zu lesen, dass die Fahrt in einer großen Achterbahn zwischen 80 Pfennig und einer Mark kostete. Dagegen waren die Karussellfahrten bereits zwischen 20 und 30 Pfennig zu haben und erfreuten sich großer Beliebtheit. In den 1930er Jahren war die Boxbude eines der Highlights unter den Schaustellergeschäften. Jeweils ein wagemutiger Zuschauer konnte hier gegen riesige Kolosse antreten. Wie gut, dass niemand wusste, dass der schmächtige Zuschauer, der sich jedes Mal zu kämpfen traute, selbst zur Schaustellertruppe gehörte.[573]

Gab es im Zuge der Industrialisierung bereits zum Ende des 19. Jahrhunderts immer häufiger technische Neuheiten und Fahrgeschäfte auf dem Cannstatter Volksfest, so wurde nach dem Zweiten Weltkrieg ein regelrechter Boom ausgelöst. Für

---

[572] Stroheker/ Willmann 1978: 11, 130; vgl. auch Stroheker 1995: 46
[573] Vgl. Stroheker/ Willmann 1978: 12f, 219

die Besucher konnte es nicht mehr schnell und hoch genug hinaus gehen: Der Nervenkitzel stand im Vordergrund. Wahrlich ein Nervenkitzel muss die größte transportable Achterbahn der Welt gewesen sein, die 1983 auf dem Volksfest eine Neuheit war und gleich zum Highlight wurde. Ebenfalls ein Höhepunkt ist bereits 1980 auf dem Volksfest eingekehrt. Seither gibt es bis heute auf dem Cannstatter Volksfest das größte transportable Riesenrad der Welt zu bestaunen. Neben der Fruchtsäule wurde dieser 450 Tonnen schwere Gigant mit 42 Gondeln und einer Höhe von 61 Metern zum zweiten Volksfestsymbol.[574] Heute begrenzt das Riesenrad das Geschehen auf dem Wasen.

Heute bemüht sich die in.Stuttgart um eine Ausgewogenheit von traditionellen und modernen Fahrgeschäften auf dem Cannstatter Volksfest. Jedes Jahr aufs Neue entsteht so ein attraktives Volksfest mit den unterschiedlichsten Anbietern. Um die Attraktivität zu steigern, wurde 2007, 2008 und 2009 das Französische Dorf vom Almhüttendorf abgelöst. In Zukunft sind weitere kulinarische Dörfer denkbar, doch durch den großen Erfolg des Almhüttendorfes ist es durchaus möglich, dass es auch in den nächsten Jahren auf dem Wasen vertreten sein wird. Es ist andererseits aber auch gut möglich, dass sich innerhalb kürzester Zeit ein anderes attraktives Konzept gegen das Almhüttendorf durchsetzt. Immerhin werden die Zulassungen für die Schausteller jedes Jahr neu vergeben. Lediglich mit den Brauereien besteht bis 2012 ein fester Vertrag[575]. Der Grund, dass das Französische Dorf abgelöst wurde lag auch darin, dass der Betreiber – eine GmbH – sich zwar um die Organisation des Dorfes mit mehreren Unterverpachtungen bemühte, aber für das äußere Erscheinungsbild keinerlei Investitionen getätigt hat. Mit der Zeit wurde das Französische Dorf immer schäbiger, bis es nicht mehr zugelassen wurde. Das Almhüttendorf hingegen wird größtenteils von einer Person getragen und organisiert, die nur mit einem geringen Teil an Unterverpachtungen arbeitet. Daneben wurden alle Unterverpachtungen mit der in.Stuttgart abgesprochen und es konnte ein attraktives kulinarisches Dorf entstehen, das 2007 mit seinem Debüt einen „gigantischen Erfolg"[576] hatte. Schmunzeln lässt einen im Almhüttendorf lediglich der nordische Bernsteinstand.

3.3.6. Von der Bude zum Bierzelt

Neben dem ersten Landwirtschaftlichen Hauptfest auf dem Wasen, gab es zwar bereits einige Volksbelustigungen, die durch bildliche Darstellungen von Seiltänzern, Bärentreibern, manchmal auch Bänkelsängern, „Music-Virtuosen" und Harfenistinnen belegt sind, aber keine Möglichkeiten seinen Gaumenfreuden zu frönen. Dies blieb den Gasthöfen und Hotels in Cannstatt und Umgebung vorbehalten, die eine Art „Erlebnispaket" mit Bällen, Vogel- und Hirschschießen oder ähn-

---

[574] Vgl. StadtAS Hauptaktei Gruppe 3, 17/2: 664: Gemeinderatsdrucksache Nr. 76/1984, 6.2.1984, Bericht über das 138. Cannstatter Volksfest 1983; Stuttgarter Nachrichten, 27.9.1990: Gigant mit 42 Gondeln
[575] Vgl. in.S Gespräch vom 08.01.2008
[576] Ebd.

lichem für die Besucher von weiter her schnürten. In den kommenden Jahren kehrten auf dem Cannstatter Volksfest langsam auch die ersten Buden ein, die Essen und Getränke feilboten. Die wohl erste echte Bierbude bzw. das wohl erste Festzelt auf dem einen Tag dauernden Volksfest wurde wahrscheinlich vom Cannstatter Ochsen-Wirt Kübler im Jahr 1837 auf dem Wasen aufgestellt. In diesem Zelt konnte neben Wein auch Ulmer Lagerbier genossen werden. „Erst später wurde das Volksfest „still und heimlich" nach Belieben verlängert. Die Buden wurden außerhalb des offiziellen Festplatzes einige Tage zuvor aufgestellt und blieben ungefähr acht Tage lang stehen."[577] 1846 konnten bereits 6.560 Maß, das waren etwa 12.000 Liter Bier, ausgeschenkt werden. Allerdings kamen in diesem Jahr auch 150 Halbmaß und 30 Schoppengläser abhanden oder zerbrachen. Bis zur Mitte des 19. Jahrhunderts vermehrten sich die Bierbuden auf dem Cannstatter Volksfest immer rascher. Jeder, der einen Erlaubnisschein für eine Bude auf dem Wasen bekam, konnte sein Zelt dort aufstellen wo Platz war. Erst seit 1860 griffen die Veranstalter durch und schrieben geordnete Budengassen vor, um das Erscheinungsbild auf dem Volksfest angenehmer zu gestalten. In dieser Zeit wurden wahrscheinlich auch die anfänglichen Erlaubnisscheine, die wahrscheinlich gegen eine Gebühr ausgegeben wurden, von der Versteigerung der Budenplätze abgelöst. Ab 1909 wurden die Konzessionen auf dem Cannstatter Volksfest schließlich nur noch versteigert.[578]

Abb. 15: Das Cannstatter Volksfest: Im Bierzelt, 1897, Richard Mahn, Druck

Hatte sich Anfang des 20. Jahrhunderts die Versteigerung der Plätze auf dem Wasen durchgesetzt, so wurde sie allerdings 1924 beim ersten Volksfest nach dem Ersten Weltkrieg wieder durch eine Verpachtung ersetzt. Damit sollte dem großen

---

[577] Stroheker 1995: 28
[578] Vgl. Viezen 1970: 24; Stroheker/ Willmann 1978: 109, 154f; Stroheker 1995: 28; Weber 2001: 4

Risiko für die Beschicker auf dem ersten Nachkriegswasen entgegen gekommen werden. Da niemand wusste, wie viele Besucher auf das Cannstatter Volksfest kommen und wie viele sich in den Bierbuden niederlassen würden, durften die Beschicker ihre Buden bereits tagelang vor dem eigentlichen Fest aufbauen und betreiben. 1924 wurde für die Budenbetreiber durchaus ein recht gutes Geschäft und es konnten für je 80 Pfennige viele Krüge Stuttgarter Bier verkauft werden. Für den bayerischen Gerstensaft mussten die Wasenbesucher jedoch 1,20 Mark hinlegen[579].
Nach dem Zweiten Weltkrieg gab es ähnliche Befürchtungen wie nach dem Ersten Weltkrieg, die sich aber ebenfalls nicht bewahrheiten sollten. Der zur Routine gewordene Blick nach München wurde wieder auf das Oktoberfest geworfen. Daraus ergab sich, dass die Bierzelte 1953 nach dem Münchner Muster angeordnet sowie innen und außen ansprechend verschönert wurden. Diese Umgestaltung muss sehr erfolgreich gewesen sein, da in diesem Jahr die Besucherzahl im Vergleich zum Vorjahr verdreifacht werden konnte. Ein weiterer Grund für die gestiegene Besucherzahl war sicherlich auch, dass sich 1953 schließlich auch wieder alle vier Stuttgarter Großbrauereien mit ihren Zelten auf das Cannstatter Volksfest wagten. Außerdem wurden die Sitzplätze in den Zelten auf je 5.000 erweitert.[580]
Im ersten Wasenjahrzehnt nach dem Zweiten Weltkrieg nahm die Bewirtschaftungsfläche in den Bierzelten stetig zu. Dies ist zum einen auf die ständig steigende Einwohnerzahl des Einzugsgebietes Stuttgarts zurückzuführen, andererseits aber auch auf die wachsende Anziehungskraft des Cannstatter Volksfestes. Im Zahlenvergleich wird dies besonders deutlich:

	1951	1953	1958
Bierzelte	1 (3.400 m²)	4 (je 2.500 m²)	4 (je 3.200 m²)
Landbrauereizelt	1 (750 m²)	1 (1.100 m²)	2 (je 1.500 m²)
Wein- und Kaffeezelt	1 (900 m²)	-	-
Weinzelt	-	1 (800 m²)	1 (600 m²)
Kaffeezelt	-	1 (400 m²)	-
Hahnenbraterei	1 (800 m²)	1 (1.200 m²)	-
Imbisszelte	3 (je 200 m²)	4 (je 300 m²)	5 (je 600 m²)
Insgesamt	6.450 m²	13.500 m²	19.400 m²

Eigene Aufstellung nach StadtAS Hauptaktei Gruppe 3, 17/1: 891: Auszug aus der Niederschrift über die Verhandlung des Wirtschaftsausschusses des Gemeinderats vom 12. Dezember 1958, Cannstatter Volksfest 1958.

Von 1951 bis 1953 verdoppelte sich also insgesamt die Quadratmeterzahl und von 1951 bis 1958 konnte sie sich sogar verdreifachen. Dies war sehr bezeichnend für den Erfolg des Cannstatter Volksfestes in den 1950er Jahren sowie für das gestiegene Konsumverhalten. Außerdem wurde spätestens hier der Grundstein für die Volksfeste unserer Zeit gelegt, die nicht mehr nur einen Nervenkitzel durch die

---

[579] Vgl. Stroheker/ Willmann 1978: 156
[580] Vgl. StadtAS Hauptaktei Gruppe 3, 17/1: 885: Protokoll vom 18. Dezember 1953 der Wirtschaftsabteilung; StadtAS Hauptaktei Gruppe 3, 17/1: 891: Auszug aus der Niederschrift über die Verhandlung des Wirtschaftsausschusses des Gemeinderats vom 12. Dezember 1958

Fahrgeschäfte boten, sondern auch das kollektive Massenvergnügen in den Bierzelten.

In den nächsten 15 Jahren sollte sich hinsichtlich der gastronomischen Betriebe auf dem Cannstatter Volksfest recht wenig ändern. 1974 wurde das „Schwarzwaldhaus" von Wienerwald auf dem Wasen übernommen und die ewige Bierpreisdebatte erneut entfacht. Es gab in den Medien hitzige Diskussionen, wie es sein könne, dass ein Festwirt wieder einmal eine Bierpreiserhöhung in Betracht zog, während der neue Wienerwald den Bierpreis halten wollte. Ein angenehmeres Gesprächsthema waren sicherlich die beheizten Bierzelte, die mit dem Wienerwald auf dem Wasen einkehrten.[581]

Ein einschneidendes Erlebnis für die Festwirte der großen Brauereien folgte Ende der 1970er Jahre. Bisher übernahmen die Brauereien jeweils die Auf- und Abbaukosten für die Zelte auf dem Wasen. Ab jetzt mussten die Festwirte die rund 1,5 Millionen DM dafür selbst aufbringen. Für die Besucher des Cannstatter Volksfestes gab es 1982 ein einschneidendes Erlebnis: Die Stuttgarter Brauerei Wulle fiel bedingt durch eine Fusion weg und es sollte fortan nur noch drei große Festzelte auf dem Volksfest geben. Die drei großen Festzeltwirte von 1982 waren Maria Greiner für die Brauerei Dinkelacker, die Gebrüder Atz für Schwabenbräu und Walter Weitmann für Hofbräu.[582]

Neben den drei großen Brauereizelten auf dem Cannstatter Volksfest gab es 1987 drei mittlere Bierzelte, ein Weinzelt, 17 Biergärten, sechs Alpen- und Schwarzwaldhäuschen, drei Fischbratereien, sechs Pizza-Bäckereien, ein English-Pub, eine Konditorei mit Café, zwei weitere Cafés, fünf Imbisse, zwei Käsestände, 45 Eis- und Zuckerwarenstände bzw. Mandelbrennereien und eine Maronibraterei mit insgesamt 23.000 Sitzplätzen für die Besucher. Ein Jahr später gab es als neues Besucherhighlight eigene Biergärten vor den großen Bierzelten, die 1989 überdacht und durch die neuen Bierzeltfronten ansprechender gestaltet wurden.[583]

Mitte der 1990er Jahre wurde neben den drei großen Stuttgarter Brauereizelten Dinkelacker, Schwabenbräu und Stuttgarter Hofbräu auch den sechs weiteren Bier- und Weinzelten mehr Bedeutung beigemessen. Hier waren die Festwirte Betz, Göckelesmaier, Trautwein, Max Rudi Weeber und die Weinwirte Stamer und Zaiss um das Wohl der Besucher bemüht. Im Jahr 1996 gab es durch den kurzfristigen Wegfall der Plochinger Waldhornbrauerei eine Interimslösung: Trotz des hinfälligen Vertrages mit der nicht mehr existierenden Brauerei betrieb der bisherige Festwirt das Zelt für dieses Jahr noch einmal; im nächsten Jahr sollte die Konzession jedoch neu vergeben werden. Die neue Konzession bekam 1996 das Alpirsbacher Erlebniszelt, das die Veranstalter mit einem neuen Konzept überzeugte. Im Alpirsbacher

---

[581] Vgl. Stuttgarter Nachrichten, 3.8.1974: Zweierlei Maß Bier; Stroheker 1995: 49
[582] Vgl. Stuttgarter Zeitung, 17.9.1999: 71 Jahre lang Göckele gebraten und Bier gezapft; Cannstatter Zeitung, 17.7.1982: Die Wasen-Maß wird heuer voraussichtlich zwischen 5,60 und 5,0 Mark kosten; Stroheker 1995: 39
[583] Vgl. StadtAS Hauptaktei Gruppe 3, 17/2: 660: Presse-Information, 24.9.1987; StadtAS Hauptaktei Gruppe 3, 17/2: 670: Gemeinderatsdrucksache Nr. 852/1989, 28.11.1989, Bericht über das 144. Cannstatter Volksfest 1989

Erlebniszelt gab es Licht- und Toneffekte, einen echten Wasserfall und neben den üblichen Musikgruppen eine Trachtenkappelle sowie Swing und Soul zu hören.[584]
Einen Wechsel der Festwirte in den großen Brauereizelten gab es ab 1997, als Alexander Laub das Schwabenbräu-Zelt auf dem Wasen übernahm. Ein Jahr später kündigte nach 40 Jahren Walter Weitmann vom Stuttgarter Hofbräu seinen Rückzug an – Hans-Peter Grandl wurde sein Nachfolger. Außerdem wollte sich die Festwirtin Ursi Greiner vom Cannstatter Volksfest zurückziehen und gab das Dinkelacker-Festzelt ab. Das 70-jährige Jubiläum der Familie Greiner auf dem Wasen wollte sie aber noch feiern und erst danach die Geschäfte weitergeben. Der Vater Paul Greiner hatte 1928 seine Wasenpremiere als Festwirt auf dem Volksfest. Nach dessen Tod 1967 übernahmen die Mutter und Ursi Greiner, die seit 1994 den Betrieb alleine führte, mit ihren Brüdern den Zeltbetrieb. Nach 70 Jahren Festwirten Greiner folgten 1999 die Brüder Werner und Dieter Klauss mit ihrem Partner Horst Fröhlich, die noch ein weiteres gemeinsames Jahr mit der Festwirtin Ursi Greiner im Dinkelacker-Zelt vereinbarten. Damit war der große Wechsel bei den Festzeltwirten aber noch nicht vorbei. Auch im Zelt von Göckelesmaier wurde ein Generationenwechsel vollzogen. Karl Maier übernahm 1998 den Festbetrieb von seiner Mutter Josephine, die seit dem Tod ihres Mannes 1973 die Geschäfte auf dem Wasen führte.[585]

Mit der kurzfristigen Absage der Alpirsbacher Landbrauerei von 1999 wurde ein Jahr später der Weg für das Festzelt einer weiteren Großbrauerei auf dem Cannstatter Volksfest frei. Die Brauerei Fürstenberg zog im Jahr 2000 mit ihrem 3.360 Quadratmeter großen Festzelt auf den Wasen und war nur wenig kleiner als die 4.000 Quadratmeter großen Festzelte der bisherigen Brauereien. Im neuen Fürstenberg-Zelt wollte es der alte Festwirt Walter Weitmann noch einmal wissen und versuchte sein Glück. Die Festwirte der vier großen Brauereizelte auf dem Cannstatter Volksfest von 2001 waren Hans-Peter Grandl für das Stuttgarter Hofbräuzelt, die Familien Klauss für Dinkelacker, Alexander Laub für Schwabenbräu und eben Walter Weitmann für das Fürstenberg-Zelt. Daneben gab es ein Erlebniszelt, Landbrauereizelte, 13 Biergärten und die beiden traditionellen Weinzelte.[586]

Während sich zur Jahrtausendwende zahlreiche Wechsel bei den Betreibern der großen Festzelte angekündigt hatten, sollte in den nächsten Jahren wieder etwas Ruhe in das Geschehen einkehren. Auch die Veranstalter konnten sich wieder um solch kleinere Dinge bemühen, wie die Abschaffung der Toilettengebühr in den Festzelten, die für 2003 vorgesehen war. Eine weitere Neuheit war, dass 2003 erst-

---

[584] Vgl. Stuttgarter Wochenblatt, 21.9.1995: Fast 400 Betriebe auf dem Wasen; StadtAS Protokoll der öffentlichen Sitzung des Marktausschusses vom 17. November 1995, Volksfest 1995, mündlicher Bericht; Amtsblatt der Stadt Stuttgart, 25.9.1997: Volksfestbier, Böllerschüsse und jede Menge Nervenkitzel; vgl. auch StadtAS Protokoll der öffentlichen Sitzung des Marktausschusses, 14.11.1997, Volksfestbericht
[585] Vgl. Stuttgarter Zeitung, 27.09.1997: Wunsch erfüllt. Alexander Laub wollte schon immer Festwirt werden; Cannstatter/Untertürkheimer Zeitung, 6.10.1998: 70 Jahre Volksfest: Jubiläum für Familie Greiner; Stuttgarter Zeitung, 17.9.1999: 71 Jahre lang Göckele gebraten und Bier gezapft; StadtAS Protokoll der öffentlichen Sitzung des Marktausschusses, 6.10.2000, Volksfestbericht, mündlich; Cannstatter/Untertürkheimer Zeitung, 7.10.1998: Firma Göckelesmaier in neuen Farben
[586] Vgl. StadtAS Protokoll der öffentlichen Sitzung des Marktausschusses, 19.11.1999, Volksfestbericht, mündlich; StadtAS Protokoll der öffentlichen Sitzung des Marktausschusses, 22.9.2000, Volksfest-Bierzelte; Das Cannstatter Volksfest 2000: 2; Amtsblatt der Stadt Stuttgart, 20.9.2001: Cannstatter Volksfest mit großem Umzug

mals ein Wirtesprecher auf dem Cannstatter Volksfest gewählt wurde. Für die erste Zeit wurde einem der Klauss-Brüder vom Dinkelacker-Zelt diese Aufgabe anvertraut.[587] Damit sollte vermieden werden, dass unter den Festwirten Zwistigkeiten entstehen und kein Festwirt mehr eine solche Macht bekommen konnte wie es einst Walter Weitmann hatte. Walter Weitmann hatte in den 1970er Jahren und auch später durch seine nach unten korrigierten Besucherzahlen auf dem Volksfest eine Negativ-Kampagne bewirkt und einen Streit zwischen Beschickern und Veranstaltern provoziert. Walter Weitmann, so die heutigen Veranstalter von der in.Stuttgart GmbH, habe dem Cannstatter Volksfest insgesamt nicht geschadet. Jedoch konnte es Walter Weitmann nicht lassen und versuchte zuletzt 2005 mit einer Pforzheimer Brauerei sein Glück als Festwirt auf dem Wasen. Seine früheren ruhmreichen Zeiten waren jedoch vorbei und Walter Weitmann gab auf dem Volksfest eher eine traurige Gestalt als einen fröhlichen Festwirt ab[588].

Einen von Walter Weitmann unabhängigen Streit unter den Festwirten auf dem Wasen gab es 2003, als Schwabenbräu das 125-jährige Jubiläum seiner Marke feierte. Als Werbegag ließ die Brauerei rund 15.000 Steinkrüge bei der Firma Rastal produzieren. Diese Krüge hatten neben dem 1-Liter-Eichstrich noch einen zweiten bei 1,25 Litern. Über diesen „illegalen" Jubiläumskrug war nicht nur die Stuttgarter Hofbrauerei erbost und es wurde Anzeige gegen Schwabenbräu erstattet. Das Eichamt sprach zwar von einer Gratwanderung beim Jubiläumskrug, ließ diesen aber zu, weil der 1-Liter-Eichstrich deutlich sichtbar wäre. Bei der 1,25-Liter-Markierung würde es sich um einen Zierrand handeln, der in keinem Fall mit dem Eichstrich zu verwechseln wäre. Außerdem wurde noch angefügt, dass Schwabenbräu lediglich den Preis für einen Liter Bier verlangen und die restlichen 0,25 Liter als Jubiläumsgeschenk des Hauses an die Gäste weitergeben würde.[589] Damit war das Problem zwar aus der Welt geschafft, aber es kann davon ausgegangen werden, dass wohl künftig solche Werbegags nicht mehr zugelassen werden.

Die heutigen Festwirte auf dem Cannstatter Volksfest teilen sich in vier große Brauereizelte, drei kleinere Festzelte und die beiden Weinzelte auf. Dabei sind die Festwirte Alexander Laub für Schwabenbräu, Hans-Peter Grandl für Stuttgarter Hofbräu, die Familien Klauss für Dinkelacker und seit 2007 erstmals Peter Brandl für das Fürstenberg-Zelt zuständig. Weiterhin bemühen sich auch Karl Maier für Göckelesmaier, Max Rudi Weeber mit dem Wasenwirt und Sonja Renz mit ihrem Erlebniszelt um das Vergnügen und die Gunst der Besucher. Für den etwas ruhigeren und traditionelleren Wasengenuss bürgen die beiden Weinzelte von Henriette Stamer sowie Dieter und Siegfried Zaiß. In allen Zelten auf dem Cannstatter Volksfest gilt außerdem die Regel, dass jeder Gast so lange bleiben darf wie er möchte. Bei Reservierungen können die Besucher ihre Plätze sogar verlassen, um eine Runde über den Wasen zu drehen und danach wieder auf ihre reservierten Plätze zurückkehren. Auf dem Oktoberfest in München wäre eine Unterbrechung der Re-

---

[587] Vgl. StadtAS Protokoll der öffentlichen Sitzung des Marktausschusses, 18.10.2002, Volksfestbericht, mündlich; StadtAS Protokoll der öffentlichen Sitzung des Marktausschusses, 14.11.2003, Volksfestbericht, mündlich
[588] Vgl. in.S Gespräch vom 08.01.2008
[589] Vgl. Stuttgarter Zeitung, 25.9.2003: Der Streit um die Striche auf dem Krug

servierungen undenkbar. Aus diesem Grund erhält nach Meinung der Veranstalter das Cannstatter Volksfest in den letzten Jahren immer mehr Zulauf von „frustrierten" Oktoberfestbesuchern, die es leid seien, sich dem komplizierten Reservierungssystem auf der Wiesn zu unterwerfen.[590] Bleibt zu überlegen, ob dieser Trend anhält oder überhaupt gewünscht ist.

3.4. Zusammenfassung: Vom Landwirtschaftlichen Fest zum Massenvergnügen

Heute ist das Landwirtschaftliche Hauptfest über das Cannstatter Volksfest hin zu einem Vergnügungsfest geworden, das eine Fläche von 15,6 Hektar für sich beansprucht und auf dem über 400 Betriebe um die Gunst der Besucher werben. Damit ergibt sich zusammen eine „einzigartige Mischung aus Nostalgie und High-Tech"[591] auf dem Cannstatter Volksfest. Aber was waren die Gründe dieser Entwicklung? Und warum wurde 2006 das 161. Cannstatter Volksfest gefeiert, aber erst das 97. Landwirtschaftliche Hauptfest, während der Wasen selbst bereits seit 188 Jahren besteht?

Ein Klärungsversuch kann über die Entwicklung der Landwirtschaft und der beginnenden Industrialisierung gefunden werden. 1818 war es äußerst wichtig, dass die Landwirtschaft in Württemberg gehoben und den Bauern zahlreiche Mittel und Wege aufgezeigt wurden, ihre Erträge zu steigern. Als dies erreicht war und die Industrialisierung einsetzte, konnten die Erträge der Landwirtschaft immer weiter gesteigert werden, so dass diese keine Starthilfe mehr benötigte. Das Volksfestvergnügen konnte sich zugunsten der Landwirtschaft ausdehnen und verdrängte das Hauptfest.

Ein weiterer Klärungsversuch geht über die generell sich wandelnde Weltbevölkerung mit all ihren Errungenschaften und der damit einhergehenden beginnenden freien Zeit. In der Freizeit kann sich den Vergnügungen hingegeben werden und so kam ein Grund mehr dazu, Volksfeste in ihrer Dauer zeitlich auszudehnen. Bereits 1853 wurde durch geschickte Wochentage das längste Fest der Frühzeit gefeiert. Offiziell dauerten die Feierlichkeiten zwar nur einen Tag, praktisch wurde aber vom 22. bis zum 30. September gefeiert. Als schließlich 1882 von König Karl beschlossen wurde, das Fest nur noch alle zwei Jahre abhalten zu lassen, sah Cannstatt eine Chance, die kleinen Feste – ohne höfische Zwänge – auf vier Tage zu verlängern. Diese viertägige Dauer wurde bis zum Ersten Weltkrieg für alle Feste beibehalten. Von 1924 bis 1932 wurde das Fest um einen weiteren Tag verlängert und 1934 bedingt durch das 100. Cannstatter Volksfest insgesamt zehn Tage gefeiert, 1935 sogar zwölf Tage. Von 1953 bis 1971 konnten sich die Besucher für jeweils zwölf Tage auf dem Wasenrummel vergnügen, während 1972 ein 16-tägiges Vergnügen getestet und 1973 eingeführt wurde. Vor allem die Schausteller und

---

[590] Vgl. in.S Presse-Information, 25.09.2007: Einen Tag länger Spaß und Vergnügen beim Volksfest auf dem Wasen; Vgl. in.S Gespräch vom 08.01.2008
[591] Das Cannstatter Volksfest 2000: 1

Festwirte sprachen sich stets für eine Festverlängerung aus, da ihre Kosten für den Aufbau und Betrieb der Buden und Zelte rentabel sein mussten. Erst nach dem Zweiten Weltkrieg bekamen die Schausteller und Festwirte Unterstützung von städtischer Seite. Verkehrsdirektor Peer-Uli Faerber machte es sich zu seinem ehrgeizigen Plan, das Münchner Oktoberfest einzuholen und versuchte dies unter anderem durch die zeitliche Anpassung der Festdauer.[592] Von 1972 bis 2006 stand der Wasen in der Regel 16 Tage unter dem Beschuss von mehreren Millionen Besuchern, während – erstmals ohne Forderungen der Schausteller und Festwirte – 2007 durch die Verlegung der Volksfesteröffnung auf den Freitagabend ein weiterer Volksfesttag hinzugekommen war.

Charakteristisch für das Cannstatter Volksfest ist auch, dass das Fest – von kleineren Verschiebungen abgesehen – stets am gleichen Platz stattgefunden hat und bis 1914 die gesamte Platzanordnung des Festes nahezu unverändert blieb. Allerdings dehnte sich das Cannstatter Volksfest bereits im 19. Jahrhundert immer weiter aus und forderte räumliche Veränderungen mit „ständig zunehmenden baupolizeilichen und sanitären Vorschriften"[593]. Mit dem 20. Jahrhundert kam 1929 die Neckarregulierung und forderte genauso wie die zahlreicher werdenden verkehrstechnischen Probleme rund um das Wasenareal weitere Veränderungen des Geländes.

Ebenso charakteristisch für das Cannstatter Volksfest sind verschiedene Meinungen über den Charakter des Festes. So behauptet Leander Petzoldt[594], dass sich trotz der Verschiebung hin zu einem Volksfest der Charakter des Landwirtschaftsfestes erhalten habe. Dagegen steht im großen Widerspruch die Aussage von Christa Mack und Bernhard Neidiger[595], die im heutigen Massenvergnügen des Volksfestes keine Verbindung mehr zum ursprünglichen Landwirtschaftsfest sehen; die einzige Verbindung sei der Ort, an dem das Fest abgehalten würde. Heute, über zwanzig Jahre nach diesen Aussagen, kann nur noch Christa Mack und Bernhard Neidiger zugestimmt werden. Denn heute zieht das Volksfest jährlich mehrere Millionen Besucher an, während das Landwirtschaftsfest nur noch alle vier Jahre zum Zug kommt. Einzig und allein in den seit Mitte der 1990er wieder stattfindenden Volksfestumzügen kann eine Verbindung zum ursprünglichen Charakter des Festes gesehen werden. Denn die Volksfestumzüge setzen auch heute noch auf Tradition, Tracht und Landwirtschaft, während das Volksfest stets mit der neuesten Technik begeistern will.

Trotzdem ist auch heute noch das Volksfest „eine eigenartige Mischung von Gestern und Heute"[596], wenn man sich zum Beispiel die nostalgischen Fahrgeschäfte ansieht oder eben den gerade erwähnten Volksfestumzug. Manchmal erreicht einen aber neben den zahlreichen die Nase kitzelnden Gerüchen und Dämpfen auch noch „der typische Duft des Volksfestes, der Geruch nach heißen Roten, nach ge-

---

[592] Vgl. Stroheker/ Willmann 1978: 141ff
[593] Ebd.: 145
[594] Vgl. Petzoldt 1990: 162
[595] Vgl. Mack/ Neidiger 1988: 31
[596] Stroheker/ Willmann 1978: 14

brannten Mandeln, türkischem Honig, Göckele, Most, Wein und Bier, Heringsbrötle, Bratwürsten vom Grill" [597].

Die Anziehungskraft des Cannstatter Volksfestes ist mit all seinen Veränderungen ungebrochen. Auf dem Wasen finden sich mehr als 400 Betriebe, die insgesamt rund 3.000 Arbeitsplätze bieten. Dem Vergnügen auf dem Wasen geben sich jährlich vier Millionen Menschen hin, wobei die meisten aus Stuttgart selbst oder der Region kommen. Wohl auch deshalb besuchen rund 70% den Wasen mehrmals im Jahr und machen ihn damit zu ihrem persönlichen Highlight.

„Eines aber ist bei dem historischen Rückblick klargeworden: Monarchie, Revolution, Weimarer Republik, Diktatur und Demokratie haben das Cannstatter Volksfest immer wieder um- und neu geformt und es hat sich allen Widerwärtigkeiten zum Trotz behauptet. Es war und ist *das* Fest aller Schwaben. Mehr noch, dank der zielstrebigen Zusammenarbeit von Festwirten, Schaustellern und Verkehrsamt ist in jüngster Zeit ein uralter Traum in Erfüllung gegangen: Das Cannstatter Volksfest ist zum ebenbürtigen Partner des Münchner Oktoberfestes geworden."[598] Gilt zu hoffen, dass sich das neue Image des Cannstatter Volksfestes weiter verfestigt und das Fest seine Eigenständigkeit behaupten sowie weiter ausbauen kann. Hoffen sollten die Veranstalter und Besucher auch, dass das Volksfest in Zukunft ein Fest für alle bleibt und nicht zur Partymeile für die alkohol- und feierdurstige Jugend herabsinkt. Künftig ist dem Cannstatter Volksfest weiter eine gelungene Mischung aus Tradition und Moderne sowie eine aus Schwabenfest und internationalem Fest zu wünschen. Die Veranstalter sind in diesem Sinne auf einem guten Weg und haben es vollbracht, dass immer mehr Familien und eine gute Bandbreite aller Altersklassen auf dem Wasen ihren persönlichen Vergnügungen nachgehen können.

---

[597] Ebd.: 15
[598] Ebd.: 254f

4. Die Vermarktung der Feste: Ein ständiger Wettbewerb um die Besucher?

„das Eigenthümliche und Ursprüngliche des Volkscharakters (tritt) in ihnen so anschaulich und handgreiflich an's Licht, daß man mit einer gewissen Sorgfalt und Pietät darüber wachen sollte, diese Feste nicht verkommen zu lassen."

Das Volksfest zu Cannstadt, 1984 (3)

Bisher wurden das Cannstatter Volksfest und das Oktoberfest in ihrer historischen Entwicklung aufgezeigt und einige wichtige Veranstaltungen sowie Festelemente erläutert. Jetzt gibt es noch rein faktische Vergleichsmöglichkeiten, die geklärt werden sollten, bevor näher auf vier Aspekte – die Werbematerialien und Ausstellungen sowie Stereotypen samt Besucherstruktur und die Verbindung der Feste mit dem Ausland – eingegangen werden kann. Dabei ist der wichtigste Faktor, dass dem Cannstatter Volksfest als Festareal lediglich etwas mehr als die Hälfte der Fläche des Oktoberfestes zur Verfügung steht. Interessant ist die Gegenüberstellung der Bewerberzahlen für einen Stand auf den jeweiligen Festen. Mit in der Regel etwa 1.200 Bewerbungen pro Jahr sind im Verhältnis zu den Standplätzen mehr Beschicker am Cannstatter Volksfest interessiert, als am Oktoberfest mit jährlich etwa 1.400 Bewerbern. Auffallend ist, dass die Bewerberzahlen auf dem Cannstatter Volksfest seit dem Zweiten Weltkrieg kontinuierlich gestiegen sind, während es auf dem Oktoberfest in den 1980er Jahren einen Einbruch gab. Bei den Zulassungen sieht es genau anders herum aus. Seit dem Zweiten Weltkrieg haben diese mit leichten Irritationen stets abgenommen – wohl auf Grund der immer mehr Platz benötigenden Großfahrgeschäfte – und haben sich in Stuttgart heute bei etwa 360 Betrieben eingependelt und in München bei etwa 630. Erwähnenswert ist zudem, dass das Cannstatter Volksfest von sich behauptet, das größte Schaustellerfest zu sein. Dies trifft jedoch nur auf den prozentualen Anteil zu, denn von der reinen Anzahl her gibt es jährlich mehr Schaustellerbetriebe auf dem Oktoberfest[599].

Sehen wir uns noch einmal den organisatorischen Hintergrund der beiden Volksfeste an. In München wurde seit dem Zweiten Weltkrieg eine Kontinuität im Sinne des Veranstalters eingeführt. Bis 1974 war das Wirtschaftsamt der Stadt München organisatorisch für das Oktoberfest zuständig. Danach gingen die Geschäfte bis heute in das Aufgabengebiet des Fremdenverkehrsamtes über, das 2005 in „Tourismusamt" umbenannt wurde. In Stuttgart gab es mehr Unregelmäßigkeiten, die sicherlich auch zur schlechteren Vermarktung des Cannstatter Volksfestes beigetragen haben. Von der Mitte des 20. Jahrhunderts bis 1989 wurde der Wasen vom Verkehrsamt der Stadt Stuttgart veranstaltet, von 1990 bis 1993 vom städtischen Marktamt, das privatisiert wurde und weiterhin von 1994 bis 2004 für das Cannstatter Volksfest zuständig war. Erst seit 2005, als die in.Stuttgart Veranstaltungsgesellschaft mbH die Geschäfte für den Wasen übernahm, kann von einer professionellen Vermarktung gesprochen werden.

---

[599] Eigene Auswertung am Beispiel der Betriebe von 2007.

Die Professionalität macht sich auch in den Besucherzahlen bemerkbar. So haben sich zum Beispiel in den 1980er und 1990er Jahren die Verdachtsmomente erhärtet, dass die Besucherzahlen auf dem Cannstatter Volksfest von den Organisatoren nach oben korrigiert wurden. Dies bestätigte sich auch dadurch, dass am Ende der 1990er Jahre keine Zahlen mehr veröffentlicht wurden und danach ein spürbarer „Einbruch" von über fünf auf drei Millionen zu verzeichnen war. In München dagegen wurden die Besucherzahlen sogar per Radar bestätigt. Auf dem Oktoberfest war außerdem ein steter Besucheranstieg seit dem Zweiten Weltkrieg zu vermelden, der mit dem Jubiläumsoktoberfest von 1985 mit insgesamt 7,1 Millionen Personen seinen Höhepunkt erreichte. Seither gab es einen Wendepunkt im Stolz auf die immer größeren Massen in München und es wurde versucht, das Gedränge auf der Wiesn einzudämmen. Dies ist bis heute gelungen und die Besucherzahlen haben sich bei etwas mehr als sechs Millionen pro Jahr eingependelt.

Die höheren Besucherzahlen auf dem Oktoberfest, aber auch der zur Schau getragene Stolz der Bayern über ihr Fest förderte zudem zahlreiche Publikationen zu Tage, die für das Cannstatter Volksfest fehlen. So wurde zum Beispiel über das Oktoberfest von Beginn an viel geschrieben und herausgegeben. Zu nennen wären hier Andreas von Dall'Armi, Jacob Sendtner, Anton Baumgartner; Joseph von Hazzi sowie die Chronisten Ulrich und Ernst von Destouches.[600] Über das Cannstatter Volksfest ist lediglich in kleineren Aufsätzen publiziert worden wie zum Beispiel von Johann Daniel Georg von Memminger im Württembergischen Jahrbuch oder in den Oberamtsbeschreibungen sowie von Wilhelm Mannbach in einer Art Reiseführer.[601] In der zweiten Hälfte des 20. Jahrhunderts ging der Bogen noch weiter auseinander und die Bücher über das Oktoberfest schossen förmlich aus dem Boden, während sich die Stuttgarter stark zurückhielten. Das Oktoberfest wurde sowohl in Text, als auch in Bildern sowie Kinderbüchern festgehalten. Beispiele hierfür sind unter anderem die Publikationen von Rudolf Praetorius, der Geschichtenband von Giosanna Crivelli und Thomas Klinger, die lustigen Geschichten von Karl Valentin, das Kinderbuch von Christa Holtei oder der Comic-Band von Reiner Stolte. Nicht zu vergessen sind selbstverständlich die großen Ausstellungsbände und Chroniken von Ernst Hoferichter und Heinz Strobl, Richard Bauer und Fritz Fenzl sowie Florian Dering der zahlreiche weitere Bände zu den Themen Oktoberfest, Schausteller und Bier herausgegeben hat.[602] Für das Cannstatter Volksfest fällt die Publikationsrate der letzten 60 Jahre sehr gering aus. Zwar hat sich Hans Otto Stroheker mit zwei Publikationen um den Wasen sehr verdient gemacht, aber recht viel mehr gibt es kaum noch zu erwähnen. Das umfangreichste Buch hat er zusammen mit Günther Willmann verfasst. Vielleicht gebührt es Wulf Wager noch genannt zu werden, der in jüngster Zeit ein kleines Bändchen für Touristen zu den Festen und Bräuchen der Region Stuttgart herausgegeben hat.[603] Aber sonst herrscht hier dringender Nachholbedarf.

---

[600] Vgl. Dall'Armi 1811; Sendtner 1815; Baumgartner 1820 und 1823; Hazzi 1835; Destouches 1815, 1910 und 1912
[601] Vgl. Memminger 1819 und 1895; Mannbach 1844
[602] Vgl. Praetorius 1985; Crivelli/ Klinger 1985: 52f; Valentin 1977; Holtei 2005; Stolte 2005; Hoferichter/ Strobl 1960; Bauer/ Fenzl 1985; Dering 1985
[603] Vgl. Stroheker/ Willmann 1978; Stroheker 1995; Wager 2002

4.1. Werbemaßnahmen unter besonderer Berücksichtigung seit 1945

Auch hinsichtlich der Werbemaßnahmen herrschte auf dem Cannstatter Volksfest lange Zeit akuter Nachholbedarf. Aus diesem Grund wird dies der erste zu untersuchende Aspekt sein, der wichtig für die weltweite Vermarktung der beiden Volksfeste ist. Zunächst aber wieder Grundsätzliches zur Einführung. Beginnen wir mit dem Begriff Image, der in diesem Zusammenhang bedeutend ist. Nach Heribert Meffert und Manfred Brun wird unter einem Image „die aggregierte und subjektive Form sämtlicher Einstellungen eines Kunden zu einem Dienstleistungsanbieter verstanden."[604] Außerdem ist es ein wesentlicher Indikator für die Qualitätsbeurteilung und kann durch eine geschickte Kommunikationspolitik einen „emotionalen Mehrwert für den Kunden"[605] bzw. übertragen für den Besucher darstellen. Mit dem Oktoberfest hat es die Stadt München zum Beispiel geschafft, einen solchen Mehrwert zusammen mit einem speziellen Image aufzubauen. Für das Cannstatter Volksfest gilt derzeit die Devise, durch eine verstärkte Kommunikationspolitik einen solchen emotionalen Mehrwert herzustellen. Versucht wird dies unter anderem mit Werbeanzeigen, wie sie in „Die Zeit"[606] geschaltet werden. Diese Anzeige zielte besonders auch auf Baden-Württemberg als Erfinderland ab und verband dies gekonnt mit einem großen Lebkuchenherz und den Hightech-Fahrgeschäften auf dem Wasen.

Werbemaßnahmen können jedoch nicht beliebig eingesetzt werden. Außerdem werden sie oft mit bereits in den Köpfen der Menschen verankerten Stereotypen verbunden. Eine große Rolle dabei spielen auch der Fremdenverkehr und die Bewertung der einzelnen Städte als zu erkundendes Reiseziel. Als am Ende des 19. Jahrhunderts die Reisewelle langsam ins Rollen kam, wurden zahlreiche Vereine zur Förderung des Fremdenverkehrs gegründet. Spätestens ab etwa 1910 belebten Großereignisse wie Ausstellungen, Messen, aber auch Feste zusätzlich den Fremdenverkehr.[607] Damit bildeten sich auch beliebte und weniger beliebte Reiseziele heraus. Aus einer statistischen Erhebung von 2000[608] ist ersichtlich, dass sowohl bei den Ankünften, als auch bei den Übernachtungen von Touristen die Städte Berlin und München auf den ersten beiden Plätzen rangierten. Stuttgart dagegen belegte Rang neun. Werden statt der Touristen die Deutschen gefragt, in welcher Stadt sie am liebsten ihre Freizeit verbringen, geht München als eindeutiger Sieger hervor. Danach folgen Berlin, Hamburg und Stuttgart.[609]

Werden nun die Bemühungen der Städte betrachtet, ihre Volksfeste bestmöglich zu vermarkten, so fällt – insbesondere beim Oktoberfest – eine Marken- und Filialisierungsstrategie auf. Das heißt, dass rechtlich geschützte Logos eingeführt werden, die oft nur gegen Zahlung einer Lizenzgebühr von anderen verwendet werden dürfen. Die Logos werden schließlich auf zahlreiche Werbe- und Souvenirartikel auf-

---

[604] Meffert/ Bruhn 2000: 159
[605] Ebd.: 180
[606] Vgl. Die Zeit, 13.09.2007, Ressort „Politik", S. 11
[607] Vgl. Wildenrother 2001: 139ff
[608] Vgl. ebd.: 145
[609] Vgl. Jentsch 1996: 49f

gedruckt und gegebenenfalls weltweit zum Nachahmen der Feste verschickt. Diese Strategie ist jedoch in der Kulturszene sehr umstritten, da sie zu einer weiteren Kommerzialisierung der Kultur und dem Verlust der Einmaligkeit beiträgt. Dennoch wird sie in Zukunft immer mehr an Bedeutung gewinnen.[610] Die Städte sehen in diesem ausgebauten Merchandising auch eine zusätzliche Einnahmequelle, die eng mit der Rolle eines Image- und Werbeträgers verbunden ist.

Im Fall der Stadt München geht die Werbung für das Oktoberfest nicht nur von der Stadt selbst aus, sondern auch andere Einrichtungen nutzen das Fest für ihre Belange. So geschehen mit der Fluggesellschaft Lufthansa, die bereits seit 1957 ihre Stewardessen zur Wiesnzeit in zünftiger Tracht in die Luft schickt. Anfangs galt dies nur für die Flüge zwischen München und London sowie Hamburg und New York. Heute fliegt die Trachtencrew der Lufthansa auch nach Asien und steuert weitere Ziele in Nord- und Südamerika an. Seit 2007 wird nun auch das Bodenpersonal auf den Flughäfen mit einer einheitlichen Wiesntracht ausgestattet.[611] In Stuttgart dagegen ist dies auch, bedingt durch den kleineren Flughafen, in Zukunft nicht vorstellbar.

4.1.1. Plakate, Flyer und anderes Werbematerial

Nach der kurzen Einführung zu den Werbemaßnahmen im Allgemeinen sollen jetzt die standardmäßigen Werbemittel wie Plakate und Flyer genauer betrachtet werden. Im Falle Münchens tritt heute zwischen der Werbung für das Oktoberfest und die Stadt selbst ein einmaliger Synergieeffekt auf, denn die Stadtwerbung bedeutet in der Regel auch gleich die Werbung für das Oktoberfest. Die Werbemittel an sich werden in 21 Sprachversionen herausgegeben und nahmen am Ende des 19. Jahrhunderts bereits ihren Anfang.[612] Vorher gab der Magistrat lediglich Programmanschläge in Plakatformat heraus und einzelne Schausteller oder Festwirte priesen ihre Angebote an. Das erste nennenswerte Plakat wurde 1896 mit einem Aufdruck des Münchner Kindls von den Festveranstaltern herausgegeben. Dieses Plakat wurde bis zum Ersten Weltkrieg jedes Jahr wieder mit dem jeweils aktuellen Festprogramm verwendet. Die Plakatvorläufer der heute bekannten Variante sind allerdings erst mit denen der Jubiläen von 1910 und 1935 entstanden. 1910 wurde Paul Neu mit einem Entwurf beauftragt und sein Plakat mit einer Auflage von 5.000 Exemplaren an die bayerischen, deutschen, österreichischen und schweizerischen Städte sowie Bahnhofsverwaltungen verschickt. Das Plakat von 1935 gestaltete R. P. Strube, der erstmals den Schwerpunkt auf die Darstellung und nicht mehr auf den Text legte.[613]

Die heutige Reihe der Oktoberfestplakate begann erst nach dem Zweiten Weltkrieg, als für 1952 durch das ausbleibende Zentrallandwirtschaftsfest ein Besucher-

---

[610] Vgl. Steinecke 2007: 38f, vgl. 219
[611] Vgl. Dachauer Nachrichten, 17.09.2007: Wiesn-Grüße in luftiger Höhe
[612] Vgl. Weishäupl 1996: 296f; Möhler 1980: 231
[613] Vgl. Dering 1985: 96; Dering 2002: ohne Seitenangabe; Arendts 2002: 28, 40ff

rückgang befürchtet wurde. Es wurden insgesamt vier Künstler zu einem Wettbewerb eingeladen, die für ihre Teilnahme jeweils ein Preisgeld bekommen sollten. Im gleichen Jahr begann auch die Reihe der Oktoberfestprospekte, die nach dem Plakatmotiv gestaltet wurden. Beides feierte einen großen Erfolg und es wurde beschlossen, den Plakatwettbewerb in Zusammenhang mit der Prospektgestaltung jedes Jahr auszuschreiben. Die ersten Werbemaßnahmen in Übersee wurden für das Oktoberfest etwa ab 1958 eingeleitet. Ebenso setzte ab dieser Zeit eine massive Fremdenverkehrswerbung ein, die das Oktoberfest und München auf der ganzen Welt bekannt machte. Ein Jahr später wurde das erste Plakat mit einem Sondereindruck für die Deutsche Bahn hergestellt. 1961 gab es das erste Sonderplakat der Deutschen Lufthansa. Die Auflagenstärke der Plakate steigerte sich von anfänglich 6.000 im Jahr 1953 auf 15.500 für 1960 bis zu einem Höhepunkt für das Jubiläum 1985 mit über 40.000 Exemplaren. Danach ging die Auflagenstärke kontinuierlich zurück und lag 2007 nur noch bei insgesamt 7.000 Stück. Die Prospekte hatten ebenso 1985 ihren Auflagenhöhepunkt mit knapp 500.000 Stück in vier Sprachen. Auch deren Auflage ging danach stetig zurück und pendelte sich heute bei 90.000 Exemplaren pro Jahr ein. Damit ist das Plakat heute weniger Werbeträger, sondern viel mehr eine Imagepflege für das Oktoberfest.[614]

Auch heute werden die Oktoberfestplakate noch per Wettbewerb ausgewählt. Von 1952 bis 1979 war dies ein geschlossener Künstlerwettbewerb; ab 1980 folgten geschlossene und offene Wettbewerbe. Seit 2000 sind die Ausschreibungen wieder geschlossen, da die offene Variante zu zeit- und kostenaufwändig wurde. Gegenwärtig werden die Preisträger des Plakat & Media Grand Prix des Fachverbands Außenwerbung e.V. sowie Schüler der Münchner Design-Fachschulen und -Akademien zum Wettbewerb eingeladen. Alle Teilnehmer erhalten wie bereits 1952 ein Beteiligungshonorar und die drei Erstplatzierten ein Preisgeld. Die Plakatmotive zieren nicht nur die Plakate und Prospekte, sondern seit 1978 auch den jeweils offiziellen Oktoberfest-Maßkrug, der sich bei Sammlern großer Beliebtheit erfreut. Die Motive schmücken zudem Pins, T-Shirts, Kappen und andere Souvenirs. Seit 1995 darf auch das Oktoberfest-Logo auf den Werbeträgern nicht fehlen. Die zwei lachenden Bierkrüge gelten heute als Gütesiegel für das Oktoberfest und garantieren eine kontrollierte Vermarktung.[615]

Von der Qualität der Plakate zeugen verschiedene Preise, die die Künstler außerhalb des Münchner Oktoberfestplakatwettbewerbs erhalten haben. So geschehen mit dem Plakat von 1974, das vom Provinzialverband für Fremdenverkehr und dem Assessorat für Tourismus der Stadtverwaltung Mailand zum werbewirksamsten ausländischen Tourismusplakat gekürt wurde. Ein weiteres Beispiel ist das Plakat von 1989, das vom World Travel Market in London in der Kategorie Tourist Attraction zum besten internationalen Tourismusplakat ernannt wurde.[616]

---

[614] Vgl. StadtAM 263/2, 263/3, 263/4, 263/8, 296, 381, Oktoberfest Abgabe vom 4.1.1995, Abgabeverzeichnis-Nr. 94/5: 1; Bauer und Fenzl 1985: 99; Arendts 2002: 94; Dering 2002: ohne Seitenangabe; Göbel 2005: 261
[615] Vgl. Dering 2002: ohne Seitenangabe; TAM Presse-Information, 31.1.2008: Oktoberfest-Plakatwettbewerb 2008; Dering 2002: ohne Seitenangabe; Weishäupl 1996: 294f
[616] Vgl. Süddeutsche Zeitung, 7.8.1975: Preis für Oktoberfest-Plakat; Süddeutsche Zeitung, 4.1.1990: Im Bierhimmel

Unter anderem durch die in den letzten Jahren stark zurückgefahrenen Auflagenstärken von Plakaten und Prospekten wird deutlich, dass die Werbemaßnahmen für das Oktoberfest in erster Linie reaktiv ausgerichtet sind und nicht offensiv. Dadurch konnte auch der Etat für solche Maßnahmen verringert werden. Heute stehen dem Tourismusamt jedes Jahr 38.000[617] Euro für den Plakatwettbewerb und den Druck von Prospekten, Plakaten sowie Pressetexten zur Verfügung. Dazu kommen weitere Einnahmen durch die Lizenzvergaben für verschiedene Souvenirs. Stets standen die Werbemaßnahmen per Plakat und Prospekt in München im Vordergrund. Flankiert wurde sie allerdings auch von der üblichen Poststempelwerbung, dem Schalten von Anzeigen und der unabhängig vom Tourismusamt gewordenen Dekoration von Schaufenstern verschiedener Kaufhäuser.[618] Vor allem aber die Anzeigenwerbung wurde nie im großen Stil betrieben und nur einige ausgewählte Medien einbezogen. Es hatte sich bewährt, den Schwerpunkt auf Plakate und Prospekte zu setzen. Spätestens Anfang der 1990er Jahre konnte sich das Münchner Tourismusamt von Anfragen diverser Medienvertreter kaum retten. 1992[619] wurde sogar erstmals ein Fernsehteam aus China betreut und das Medieninteresse war so groß, dass nicht mehr allen ein Platz auf der Theresienwiese zugewiesen werden konnte. Heute treffen jährlich an die 3.000 Presseanfragen zum Oktoberfest beim Tourismusamt ein – Tendenz stark steigend.

Die Werbemaßnahmen für das Cannstatter Volksfest wurden etwas anders gewichtet als die für das Oktoberfest. So gibt und gab es zum Beispiel auch keinen richtigen Wettbewerb für die Plakate. Dennoch haben sich die Stuttgarter nicht ausgeruht und sich früh überlegt, wie der Wasen bekannter gemacht werden könnte. Vermutlich wurde 1872[620] schließlich das erste Volksfestplakat herausgegeben. Allerdings wird das mit sehr großer Wahrscheinlichkeit ein Plakat eines Schaustellers gewesen sein und keines, das für die gesamte Veranstaltung werben sollte. Die eigentliche Werbung für das Cannstatter Volksfest setzte wie beim Oktoberfest erst nach dem Zweiten Weltkrieg ein. Ein erster Beleg für einen modernen Plakatdruck lässt sich 1950 finden. Für den Wasen wurden insgesamt 2.140 Plakate gedruckt und verteilt. Im darauf folgenden Jahr wurde das Plakatmotiv nochmals verwendet. Für 1952 wurde wie in München ein beschränkter Wettbewerb für das Volksfestplakat veranstaltet. Der Sieger des Wettbewerbs, der Stuttgarter Künstler Hanns Lohrer, wurde mit seinem Entwurf sogar von der Jury des Bundes Deutscher Gebrauchsgraphiker unter die 15 besten deutschen Plakate des Jahres gewählt. Die Auflagenstärke betrug 7.000 Exemplare, die im Umkreis von 250 Kilometern um Stuttgart angeschlagen, aber auch darüber hinaus verteilt wurden. Dazu gab es ein erstes Werbeprospekt, das breit gestreut wurde. Dazu schalteten die Veranstalter zahlreiche Werbeanzeigen. 1953 gab es eine erste Zusammenarbeit mit der Deutschen Bahn, die 1.000 Plakate kostenlos an den Bahnhöfen

---

[617] Vgl. TAM Presse-Information, 24.7.2007: Wiesn-Wirtschaft
[618] Vgl. StadtAM Oktoberfest, Abgabe vom 19.2.1991, Abgabeverzeichnis-Nr. 94/5: 5
[619] Vgl. TAM Oktoberfest-Schlussbericht 1992
[620] Vgl. Stroheker 1995: 45

Abb. 16: Plakate vom Oktoberfest 1952, 1973, 1996 und 2008

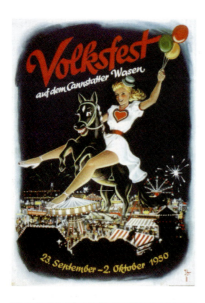 

Abb. 17: Plakate vom Cannstatter Volksfest 1950, 1973, 2004 und 2008

anbringen ließ. Außerdem wurden 18 der wichtigsten Einfallstraßen nach Stuttgart mit Spannbändern bestückt, die zu einem Besuch des Cannstatter Volksfestes anregen sollten. Für die Jahre 1954 bis 1956 wurden Schüler der Akademie der Bildenden Künste eingeladen, um Plakatvorschläge zu erarbeiten. Die Plakate erreichten dabei eine Auflage von knapp 13.000 Stück, die Werbeprospekte wurden 100.000 Mal produziert. Mit einer Entscheidung aus dem Jahr 1958 war es mit den Plakatwettbewerben für das Cannstatter Volksfest allerdings vorbei. Die Jury hatte die Meinung, dass langsam der Stoff für die Plakate ausgehe und diese daher nicht mehr interessant wären. Aus diesem Grund wurde beschlossen, das beste Plakat der vergangenen sechs Jahre auszuwählen und dieses als Dauerplakat mit jeweils verändertem Datumseindruck zu verwenden. Die Volksfestwerbung in den 1950er und 1960er Jahren wurde neben der Anzeigenwerbung von der Schaufensterwerbung einzelner Kaufhäuser flankiert.[621] Damit wurden auch die Werbetrommeln für das Cannstatter Volksfest stiller und nur noch eine standardmäßige Minikampagne durchgeführt.

Erst zum Volksfestjubiläum 1968 hat sich wieder Neues geregt. Das Verkehrsamt kreierte ein Werbesymbol in Form eines Karussellpferdes, das auf über 16.000 Plakaten und in allen Schaufenstern zu sehen war. Der Plakatverteiler ging bis in die USA und nach Kanada. In Zusammenarbeit mit dem Verein der Brauereien wurde zudem für das Jubiläum ein neuer Bierdeckel aufgelegt, den auch das „Volksfest-Rößle" zierte.[622] In den 1970er Jahren wurde der Schwerpunkt der Volksfestwerbung auf den Plakatanschlag, die Anzeigen- und Rundfunkwerbung gelegt. Dabei wurde die Anzahl der Plakate, die wieder jährlich wechselnde Motive trugen, auf durchschnittlich 20.000 Exemplare erhöht und die Volksfestprospekte gab es über 30.000 Mal. Daneben wurden 1975 erstmals die Pauschalreisen zum Cannstatter Volksfest angeboten, die seit 1981 vom Wasenpass, Happy-Hour-Pass oder Wasenpass-Overnight ergänzt werden.[623]

Mitte der 1980er Jahre starteten die Schausteller auf dem Cannstatter Volksfest eigenständig eine Werbetour. Sie rüsteten einen Nostalgie-Bus mit verschiedenen Werbematerialien und Give-aways aus, der durch ganz Baden-Württemberg fahren sollte, um Werbung für das Volksfest zu machen. Diese Aktion kostete insgesamt 30.000 DM, die von den Schaustellern selbst getragen wurden.[624] Neben solchen Einzelaktionen wurden weiterhin von der Stadt Stuttgart Volksfestplakate mit jährlich wechselnden Motiven herausgegeben. Die Motive wurden jeweils auf allen Medien, Publikationen und später auch Souvenirs aufgedruckt. Die Auflagenzahl der Plakate von 1986 lag bei etwa 20.000 Exemplaren, die der Volksfestprospekte bei 250.000 Stück. Außerdem gab es in diesem Jahr erstmals seit 1935 wieder einen offiziellen Festkrug, der insgesamt 10.154 Mal hergestellt wurde.[625]

---

[621] Vgl. StadtAS Hauptaktei Gruppe 3, 17/1: 882, 884, 885, 886, 890
[622] Vgl. Amtsblatt der Stadt Stuttgart, 19.9.1968: „Volksfest-Rößle" auch in Amerika
[623] Vgl. StadtAS Hauptaktei Gruppe 3, 17/1: 2531; Stroheker/ Willmann 1978: 102; Stroheker 1995: 49f
[624] Vgl. Stuttgarter Nachrichten, 14.9.1985: Fürs 140. Volksfest Werbung mit Nostalgie-Bus
[625] Vgl. StadtAS Hauptaktei Gruppe 3, 17/2: 665, 670; vgl. auch Stroheker 1995: 50

Spätestens 1994 wurde festgestellt, dass die Werbemaßnahmen für das Cannstatter Volksfest bisher nicht ausreichend waren. In Zukunft sollte vor allem im benachbarten Ausland wie Italien geworben werden. Dennoch wurde den Veranstaltern weiterhin der Vorwurf gemacht, keine ausreichende Werbung zu gestalten. Ein Jahr später gab es den ersten Souvenirstand auf dem Cannstatter Volksfest, der unter anderem Bierkrüge, Holzkarussells, Mützen und T-Shirts in Umlauf brachte. Ein Aufbruch zu neuen Ufern war 1997 zu spüren, als ein Wechsel in der Chefetage der VMS vollzogen wurde. Unter anderem wurde ein neues Logo, eine angedeutete Fruchtsäule mit einem Karussell, erarbeitet und festgelegt, dass in Zukunft ein Standard-Volksfestplakat etabliert werden sollte, das sich jeweils nur durch ein anderes Datum unterscheiden sollte. Diese Vorgehensweise hat sich bis heute erhalten. Ein Jahr später wurde ein Volksfestmaskottchen entworfen. „'s Volksfest-Früchtle", die 10.000 DM kostende und 2,5 Meter messende kleine Ausgabe der Fruchtsäule, sollte in Zukunft auf Messen oder ähnlichen Veranstaltungen Werbung für den Wasen machen. Heute ist das gute Stück nicht mehr in Verwendung und liegt sicher verwahrt im Lager.[626]

Mit dem Beginn des 21. Jahrhunderts wurde hinsichtlich der Werbemaßnahmen für das Cannstatter Volksfest wieder einiges an Neuem ersonnen. Seit 2002 wird zum Beispiel mit dem Lebkuchenherz unter anderem auf den Plakaten oder als Wegweiser zum Festgelände geworben. Seit 2003 wird diese herzliche Strategie vom Spruch „… auf zum Wasen" begleitet und auf internationalen sowie nationalen Messen verbreitet. Im Jahr 2006 kam der Volksfestsong der „Fuenf" dazu, der mittlerweile fester Bestandteil der Funkwerbung geworden und auch auf der CD „Wasenhits Vol.1" erhältlich ist.[627]

Die heutigen Werbemaßnahmen für das Cannstatter Volksfest belaufen sich auf 110.000 Vorabflyer auf deutsch, englisch, französisch, italienisch, spanisch sowie chinesisch, 60.000 Hauptflyer, 350 Citylightposter, 400 Papierplakate, 4.000 Kunststoffplakate und 34 Spannbänder. Dabei müssen die Kosten vom gemeinsamen Werbeetat für alle großen und regelmäßigen Veranstaltungen der in.Stuttgart mit einem Gesamtvolumen von 350.000 Euro gedeckt werden. Die Plakatierung übernimmt allerdings eine Agentur und die internationale Werbung für die Stadt die Stuttgart-Marketing GmbH. Zusätzlich möchte die in.Stuttgart in Zukunft eine regionale jährlich wechselnde Schwerpunktwerbung beginnen. Denkbar wären Regionen wie das Elsass oder Rheinland-Pfalz.[628] Zusammenfassend hat die in.Stuttgart in den letzten Jahren eine Ruhe und Kontinuität in die Werbemaßnahmen für das Cannstatter Volksfest gebracht und auch einen Wiedererkennungseffekt für die Plakate erwirkt. Die Plakate sind, wie bereits erwähnt, in den vergangenen Jahren stets unverändert geblieben, lediglich das Foto auf der oberen Plakathälfte wird mit der Zeit immer wieder ausgetauscht. 2008 waren es zum Beispiel die

---

[626] Vgl. StadtAS Protokoll des Ausschusses für Wirtschaft und Wohnen (mündlicher Volksfestbericht), 7.11.1994; Stuttgarter Nachrichten, 27.9.1997: Sonderthema „Cannstatter Volksfest"; Stuttgarter Zeitung, 2.9.1998: Maskottchen auf schwäbisch

[627] Vgl. Cannstatter Zeitung, 27.9.2003: „…auf zum Wasen" als Volksfest-Werbespruch; in.S Presse-Information, 25.09.2007: Von Volksfest-Herzen, Wasenhits und dem neuen „Wasen-Hasi"

[628] Vgl. in.S Gespräch vom 08.01.2008

Zwillinge der seit 2007 „amtierenden" Volksfestfamilie. Seit 2008 wird schließlich jedes Jahr aufs Neue eine Volksfestfamilie gesucht, die mit einem Familienbild und einer Beschreibung, warum sie die Volksfestfamilie werden soll, die Jury überzeugen muss. Die aus den eingegangenen Bewerbungen ausgewählte Volksfestfamilie darf bei der Volksfesteröffnung in der ersten Reih sitzen, den Volksfestumzug anführen und eben die obere Hälfte des Plakats zieren.[629] Der untere Bereich mit gelbem Hintergrund und seit 2005 blauem gebogenem Logoschriftzug bleibt gestalterisch gleich. Dieser Schriftzug findet sich auch auf den Flyern wieder und umklammert alle Werbemaßnahmen.

4.1.2. Souvenirs und Merchandising für die Feste

Wollen die Werbemaßnahmen der beiden Volksfeste betrachtet werden, so dürfen Souvenirs selbstverständlich nicht fehlen. Vor allem Touristen, aber auch viele Einheimische, greifen gerne auf „vorgestanzte [...] Erfahrungsangebote"[630] zurück und nehmen sich durch ein solches Souvenir ein Stück des Erlebnisses mit nach Hause. Eines der allgemein wichtigsten Souvenirs sind Ansichtskarten, die am Ende des 19. Jahrhundert durch die neuen Druckmethoden in Massen angefertigt werden konnten. Um 1900 erfreuten sich solche Andenken einer sehr großen Beliebtheit und auf dem Oktoberfest und dem Cannstatter Volksfest wurden eigene Postämter eingerichtet. Anfangs wurden hauptsächlich Lithographien auf die Ansichtskarten aufgedruckt, die teilweise für mehrere Volksfeste Gültigkeit besaßen. Lediglich die Aufschrift „Gruß vom Oktoberfest" oder „Gruß vom Cannstatter Volksfest" identifizierte den Ort. Als später auch Fotopostkarten für die Massen erschwinglich wurden, konnte nicht mehr so einfach eine Abbildung für mehrere Volksfeste verwendet werden. Durch die beiden Weltkriege erlebte auch das Geschäft mit den Ansichtskarten eine Flaute, entwickelte sich aber danach sehr schnell weiter. Ab den 1960er[631] Jahren wurde die Ansichtskarte im Souvenirgeschäft zum Verkaufsschlager schlechthin.

Auf dem Cannstatter Volksfest und insbesondere auf dem Oktoberfest gibt es aber noch ein weiteres Objekt der Begierde: den Maßkrug. Diesem Souvenir muss auf den Volksfesten eine ganz besondere Bedeutung zugemessen werden, weshalb hier kurz die Entwicklung der Maßkrüge dargestellt werden soll. Die Darstellung erfolgt anhand von Beispielen des Oktoberfestes, die direkt auch auf das Cannstatter Volksfest übertragen werden können.

Im 19. Jahrhundert gab es zuerst den einfachen grauen Steinzeugkrug, der teilweise von einem flachen Zinndeckel abgeschirmt wurde. Mit der deutschen Reichsgründung von 1871 wurde der Inhalt der Krüge von der bayerischen Maß, die 1.069ccm fasste, auf den Liter umgestellt. Ab den 1880er Jahren entdeckten die Brauereien

---

[629] Vgl. in.S Presse-Information, 30.09.2008: Werden Sie die Volksfestfamilie 2009 – am Mittwoch ist wieder Familientag
[630] Gablowski 2006: 347
[631] Vgl. Willoughby 1993: 131

die damals Keferloher genannten Bierkrüge für sich und bestückten diese mit ihren Schriftzügen. 1898 kam der Augustiner-Wirt Georg Lang auf die Idee, nicht nur Schriftzüge aufdrucken zu lassen, sondern die Krüge gleich als Reklame für sich zu verwenden. Diese Idee übernahmen später weitere Wirte und brachten vielfältige Bierkrüge auf den Markt. Interessant dabei ist, dass die Wirte die Scherben der zerbrochenen Krüge nicht speziell entsorgen mussten. Der Maßkrugbruch wurde am Ende des Oktoberfestes einfach auf der Theresienwiese vergraben. Grabungen von 1999 förderten Teile der Scherben wieder zu Tage. In den 1950er Jahren wurden die traditionellen Steinzeugkrüge schließlich von den heute noch bekannten Glaskrügen verdrängt, die in den 1980ern von den genormten Euro-Maßkrügen abgelöst wurden, die in allen Festzelten einheitlich gestaltet sind. Seither kann der Konsument sehen, was und wie viel in seinem Glas enthalten ist. Außerdem sind die Glaskrüge viel leichter zu reinigen als die früheren Keferloher.[632]
Neben diesen Gebrauchskrügen gab es auch „offizielle Jubiläums-Bierkrüge" für die Oktoberfeste der Jahre 1910, 1935 und 1985. Für das Jubiläum von 1960 wurde kein spezieller Krug hergestellt. Zudem gibt es seit 1978 die Oktoberfestjahreskrüge mit dem jeweils offiziellen Plakatmotiv. Diese Krüge werden ausschließlich als Souvenir hergestellt und sind bei Sammlern heiß begehrt. In Stuttgart wurde 1935 zum 100. Cannstatter Volksfest ein erster Jubiläumskrug angefertigt. Eine Reihe an Jahreskrügen wurde jedoch erst 1986 nach dem Münchner Vorbild eingeführt. Sowohl für die Jahreskrüge des Oktoberfestes, als auch des Cannstatter Volksfestes ist die rheinische im Westerwald gelegene Firma Rastal verantwortlich.[633]
Jetzt könnte der Gutgläubige meinen, dass als Souvenir die offiziellen Jahreskrüge dienen, nicht aber die Gebrauchskrüge. Weit gefehlt! Die hauptsächlichen Souvenirs sind die gläsernen Gebrauchskrüge, die in Massen aus den Festzelten verschwinden. Erinnern wir uns doch nur an die bereits erwähnte amerikanische Familie von 1962 auf dem Oktoberfest, die massenweise gestohlene Bierkrüge in ihrem Auto aufbewahrte. Den Festwirten entstehen dadurch Jahr für Jahr hohe Kosten, weshalb heute an jedem Festzelt Ordner aufgestellt werden. Diese Ordner sind zwar in erster Linie für die Sicherheit zuständig, aber eben auch für die Kontrolle, dass möglichst wenige Maßkrüge nach außen gelangen. Damit wird der Stellenwert des Glases deutlich, denn trotz der Gefahr oder vielleicht gerade deshalb versuchen sich jedes Jahr Volksfestbesucher mit Maßkrügen aus den Festzelten zu schleichen.
Aber nicht nur Ansichtskarten und Maßkrüge lassen sich auf den Volksfesten gut als Souvenirs verkaufen – oder entwenden –, sondern auch weitere Gläser, Plakate, Plaketten, Medaillen, Aufkleber, Andenkenbretter, Schlüsselbretter sowie -anhänger, Flaschenöffner, Wecker, Käppis, T-Shirts, Lebkuchenherzen und noch vieles mehr. Dabei treten heute sogenannte Logo-Souvenirs in den Vordergrund, die auf

---

[632] Vgl. Dering 1999: 8ff
[633] Vgl. ebd.: 10f; Stuttgarter Zeitung, 9.9.1986: Das Verkehrsamt hat den (fast) ersten Volksfest-Souvenirkrug fertigen lassen

dem Oktoberfest seit 1995[634] einen eigenen Stand haben. Auf dem Cannstatter Volksfest werden die Souvenirs in dem Pavillon unter der Fruchtsäule verkauft. Neben den Logo-Souvenirs erfreuen sich die Volksfestbesucher jedoch auch immer wieder an den neuen Kreationen. Der Hit von 1997 war auf dem Oktoberfest zum Beispiel das „Wiesn-Goscherl", eine Art Tamagotchi, 2000 der Wiesn-Wastl oder 2003 der fluchende „do-legst-di-nieder"-Jodel-Löwe sowie der rülpsende Plüschmaßkrug.[635] Ein Pendant zum Münchner Wiesn-Wastl, einem rosaroten Dackel, den der Cartoonist Dietmar Grosse erschaffen hat, gibt es seit 2007 mit dem Stuttgarter Wasen-Hasi. Der Wasen-Hasi war ein spontaner Einfall und soll für das Cannstatter Volksfest das neue Maskottchen werden. Bereits in seinem ersten Jahr fand der Plüsch-Hase einen reißenden Absatz, weshalb der Bereich „Wasen-Hasi" weiter ausgebaut wurde.[636] Bereits 2008 gab es zahlreiche Souvenirs mit dem lustigen Hasen zu kaufen. Im selben Jahr wurde eine Trachtenoffensive gestartet, um mehr Besucher in Tracht auf das Volksfest zu bekommen. Dazu wurde eigens ein Volksfest-Dirndl mit eingesticktem Württembergwappen und zugehöriger Herrenausstattung kreiert. Diese neue Volksfestmode hat bereits zum wenige Monate zuvor gefeierten Stuttgarter Frühlingsfest ihr Debüt gehabt.

Sowohl beim Oktoberfest, als auch beim Cannstatter Volksfest erfreuen sich die Souvenirs jedes Jahr großer Beliebtheit. Bei beiden Festen hat sich der Trend der Logo-Souvenirs etabliert, aber auch zahlreiche neue Ideen werden auf den Markt gebracht. Damit werden in Zukunft die Souvenirs einerseits weiterhin begehrte Sammlerobjekte bleiben, aber ebenso gerne nur als Andenken an den Volksfestbesuch gekauft. Angenehm fällt dabei auf, dass auf beiden Volksfesten darauf geachtet wird, qualitätsvolle Souvenirs anzubieten und kaum billig produzierte Waren.

4.2. Museen, Sammlungen und Ausstellungen für die Feste

Die Bedeutung der beiden Volksfeste lässt sich auch durch Ausstellungen belegen, die in München in einem weitaus größeren Stil betrieben wurden als in Stuttgart. Als erste Ausstellung für das Oktoberfest ist die von 1910 zu nennen, die zum 100-jährigen Jubiläum im Historischen Stadtmuseum präsentiert wurde. Unter dem Titel „Jubiläumsausstellung zur Hundertjahrfeier des Oktoberfestes" konnten sich zahlreiche Besucher bereits im Juli über das Oktoberfest informieren. Zum nächsten Jubiläum von 1935 wurde ebenfalls eine vom 7. September bis 31. Dezember dauernde Ausstellung im Historischen Stadtmuseum gezeigt. In der weiteren Folge wurde auch das Jahr 1960 genutzt und für die Zeit vom 6. September bis zum 15. Oktober in den Räumen des Kunstvereins in der Galeriestraße vom Stadtmuseum eine Jubiläumsausstellung vorbereitet.[637]

---

[634] Vgl. TAM Oktoberfest-Schlussbericht 1995
[635] Vgl. TAM Oktoberfest-Schlussberichte 1997, 2000, 2003
[636] Vgl. TAM Oktoberfest-Schlussbericht 2000; in.S Gespräch vom 08.01.2008
[637] Vgl. Destouches 1910, Säkular-Chronik: 174, s. auch Destouches 1910, Gedenkbuch: 58; Dering 1985: 87ff; Bauer und Fenzl 1985: 104

Diese jeweils zu den Oktoberfestjubiläen organisierten Ausstellungen waren manchen allerdings noch nicht genug. Aus diesem Grund wurde 1976 auf Initiative des ehemaligen Wiesn-Wirtes Xaver Heilmannseder der „Münchner Oktoberfestmuseum e.v." gegründet, der auch kleinere Präsentationen mit dem Thema Oktoberfest unterstützen wollte. So gab es zum Beispiel eine Ausstellung zu den Oktoberfestbierkrügen, die 1999 in der Kreissparkasse München zu sehen war. Das große Ziel war jedoch, ein eigenes Oktoberfestmuseum zu eröffnen. Der durch eine Erbschaft Heilmannseders bereit gestellte finanzielle Grundstock des Vereins reichte für dieses Vorhaben jedoch nicht aus.[638] Alle Oktoberfestfreunde mussten bis 2005 warten, als von der Edith-Haberland-Wagner-Stiftung endlich das Bier- und Oktoberfestmuseum in der Sterneckerstraße 2 in München eröffnet werden konnte. In diesem Museum sind unter anderem zahlreiche Leihgaben des Münchner Stadtmuseums zu sehen.

Im Münchner Stadtmuseum selbst wurde bisher die letzte große Jubiläumsausstellung im Jahr 1985 gezeigt. Vom 26. Juli bis zum 3. November konnte über Kurioses, Interessantes und Schönes zum Oktoberfest gestaunt werden. Außerdem wurde anlässlich des 50-jährigen Jubiläums des Oktoberfestplakatwettbewerbs vom 14. September bis zum 24. November 2002 eine kleinere Ausstellung präsentiert. Hier stand zwar das Oktoberfestplakat im Mittelpunkt, aber auch zahlreiche Oktoberfestjahreskrüge wurden ausgestellt.[639]

In Stuttgart gestaltete sich die Reihe von Ausstellungen zum Cannstatter Volksfest etwas schwieriger. Zum einen fehlte bisher ein großes Stadtmuseum, in dem genügend Fläche sowie Objekte vorhanden waren, und zum anderen wurden die Schwaben bedingt durch den Krieg, um die ersten beiden Möglichkeiten einer Jubiläumsausstellung von 1918 und 1943 betrogen. Die erste bekannte Bilderschau wurde 1965 im Stuttgarter Wilhelmspalais aus dem Bestand der Stadtgeschichtlichen Sammlung des Stadtarchives gezeigt. Diese Präsentation wurde zusammen mit dem Cannstatter Volksfest eröffnet und dauerte mehrere Woche lang. Danach folgten zwei weitere kleinere Ausstellungen über das Volksfest. Am 2. Oktober 1987 wurde in der Hypo-Bank eine Ausstellung eröffnet, die 40 verschiedene Stiche aus der Zeit von 1817 bis 1897 präsentierte. Die Cannstatter Volksbank zog vier Jahre später nach und zeigte vom 18. bis zum 27. September „Das Cannstatter Volksfest im Wandel der Zeiten". 1993 wurde in der Cannstatter Klösterlesscheuer eine kleine Jubiläumsausstellung präsentiert. Es scheint, als wollten die Stuttgarter in den 1990er Jahren die bisher fehlenden großen Ausstellungen durch viele kleine kompensieren und so wurde bereits 1995 eine weitere Präsentation erarbeitet. Diesmal hieß es vom 1. September bis zum 10. Oktober in der Klösterlesscheuer „... hereinspaziert" und es wurden 120 Exponate zum Cannstatter Volksfest ausgestellt. Am gleichen Ort wurde 1997 die bisher letzte Ausstellung der Stadt Stutt-

---

[638] Vgl. Dering 1999: 5, 23
[639] Vgl. TAM Oktoberfest-Schlussbericht 1985, 2002

gart präsentiert. In 49 großformatigen Fotografien von 1890 bis 1938 wurde das einstige Treiben auf dem Wasen dargestellt.[640]
Allerdings war damit die Folge der Präsentationen zum Cannstatter Volksfest nicht beendet. Anlässlich des 95. Landwirtschaftlichen Hauptfestes wurde die bereits erwähnte Posterausstellung „Das Landwirtschaftliche Hauptfest von 1818 im Wandel der Zeiten" erarbeitet. Gezeigt wurde sie 2001 in den Räumen des Ministeriums für Ernährung und Ländlichen Raum Baden-Württemberg sowie 2006 im Museum für Volkskultur, Schloss Waldenbuch. Bleibt zu hoffen, dass sich das für 2012 geplante Stadtmuseum Stuttgart die Chance auf eine Jubiläumsausstellung zu 200 Jahren Cannstatter Volksfest im Jahr 2018 nicht entgehen lässt. In München laufen schließlich bereits die Vorbereitungen zur Jubiläumsausstellung von 2010 auf die wir sicherlich gespannt sein dürfen.

4.3. Anziehungspunkt für verschiedene Personengruppen

Ein dritter Aspekt, unter dem die unterschiedliche Anziehungskraft des Oktoberfestes und des Cannstatter Volksfestes untersucht werden kann, sind deren Besucher. Dazu gehört auch das Selbstverständnis der Einheimischen zu „ihrem" Fest, was eng mit der Identität von Bayern und Schwaben verknüpft zu sein scheint. Zuerst jedoch wieder ein paar grundlegende Informationen zu den Besuchern von Festen, denn der einzelne Festbesucher ist schließlich „anonym und wird erst in der Masse oder Zuschauermenge relevant". Außerdem dient der Festbesucher stets als „Erfolgsbarometer"[641] des Festes auf dem er sich aufhält.
Waren die Festbesucher im 19. Jahrhundert noch eine auserwählte Gruppe, die sich die weite Reise leisten konnte oder die Gruppe der Einheimischen, so änderte sich das im Laufe der Zeit grundlegend. Die Arbeitszeitverkürzung, gekoppelt mit einem steigenden Einkommen brachte dem Tourismus einen Aufschwung. Vor allem nach dem Zweiten Weltkrieg wurde der Tourismus zu einer „Massenerscheinung"[642] und erfasste immer weitere Teile der Weltbevölkerung. Der moderne Tourismus des 20. Jahrhunderts zog weite Kreise und erfasste sehr viele Reisemotive und -formen. Es stand nicht mehr nur die Bildungs- oder Erholungsreise im Vordergrund, sondern auch die Arbeit, die Liebe, das Abenteuer, das Seelenheil „bis hin zum Krieg als dem ultimativen Abenteuer"[643], aber eben auch das Fest. Zu diesem Zwecke „stilisieren (die Touristenorte) ihr Erscheinungsbild nach den – vermeintlichen – Erwartungen der Reisenden und passen sich deren Ansprüchen an Komfort an."[644] Dadurch scheinen wiederum die Stereotype bestätigt. Der Tourist

---
[640] Vgl. Amtsblatt der Stadt Stuttgart, 23.9.1965: Hofbaumeister Thourets populärstes Werk: die Fruchtsäule; Stuttgarter Zeitung, 26.9.1987: Als der Zar zum Volksfest kam; Amtsblatt der Stadt Stuttgart, 38, 23.9.1993: 175 Jahre Cannstatter Volksfest auf dem Wasen; Stroheker 1995: 30ff; Stuttgarter Zeitung, 13.9.1997: Cannstatter Volksfest in alten Fotografien
[641] Beide: Bimmer 1980: 81
[642] Frevert und Haupt 1999: 15; vgl. auch Spode 1999: 135
[643] Spode 1999: 118
[644] Frevert und Haupt 1999: 15

erwartet zum Beispiel in Bayern Gemütlichkeit, Bierseeligkeit und Tracht, der in Schwaben allerdings Erfinderreichtum und Sparsamkeit.

Damit entwickelte sich auch ein „touristischer Blick"[645], der heute nicht nur von Touristen auf eine Region geworfen wird, sondern auch mehr und mehr von den Einheimischen. Es gibt aber auch Landschaften, die einen besonderen Reiz bei Touristen auslösen und „fast *nur* als Fremdenverkehrslandschaften definiert sind, obwohl dort auch Menschen leben, die mit touristischen Gewerben nichts zu tun haben und einem ganz normalen Tagwerk nachgehen. Das gilt etwa für weite Teile Oberbayerns, für die meisten Regionen des Alpenlands Schweiz, für die Küstenländer im Norden und für viele südliche Länder. Der deutsche Südwesten ist demgegenüber kein Gebiet, das sofort ungebremste Urlaubsassoziationen auslöst. Für den Fremdenverkehr wurde es relativ spät entdeckt."[646] Und genau hier liegt eine der Ursachen, warum sich das Oktoberfest zu einer solch großen Touristenattraktion emporheben konnte und das Cannstatter Volksfest lange übersehen wurde. Aber auch in Zukunft scheint es durch die Vorlieben der Urlauber so zu bleiben, dass mehr Touristen nach München reisen, als nach Stuttgart.

Der Besucher einer Stadt möchte etwas erleben und die Kultur des Urlaubsortes kennen lernen. Die Kulturreise ist sehr breit angelegt und daher eine „Volksreise"[647]. Der Kulturtourismus bedeutet nach Wolfgang Nahrstedt[648] schließlich die Suche nach einer neuen Identität und einer neuen Ökonomie. Denn die lokalen Kulturen seien unterschiedlich, würden aber durch den Tourismus schrittweise in eine gemeinsame Weltkultur integriert werden. Aus diesem Grund sei es äußerst wichtig, dieser Weltkultur einen Widerstand zu bieten, um die lokale Kultur als etwas Besonderes zu erhalten. Funktioniere dies, so könne der Tourismus der regionalen Kultur neue Impulse geben und „die Traditionen als Sehenswürdigkeit und Folklore"[649] stärken. Damit bliebe wiederum der Tourismus langfristig erhalten, da die Touristen an dem Besonderen der Region wie den Traditionen interessiert seien.

Allerdings kann auch das Gegenteil eintreten und die Traditionen einer Region zu einem reinen kommerziellen Touristenspektakel verkommen. Axel Dreyer[650] sieht diese Gefahr vor allem bei den Stadtfesten, deren Kulturbezug als Events sehr unterschiedlich ausfallen könne. So „offenbaren sich auf dem Sektor der Stadtfeste gravierende Unterschiede. Einst zur Erbauung der Einheimischen und zur Pflege kultureller Eigenheiten ins Leben gerufen, sind heute viele Stadtfeste stark kommerzialisiert worden. Die wirtschaftlichen Vorteile sind in den Vordergrund solcher Veranstaltungen gerückt worden, worunter die kulturelle Qualität vielfach leidet. So verdrängen z.B. Imbiß- und Getränkestände kulturelle Angebote von Vereinen und lokalen Organisationen."[651] Dies ist jedoch in Bezug auf das Oktoberfest und das

---

[645] Maase 1998: 59
[646] Bausinger 2006: 158
[647] Nahrstedt 1996: 1
[648] Vgl. ebd.: 17ff
[649] Ebd.: 19
[650] Vgl. Dreyer 1996: 37
[651] Ebd.: 37

Cannstatter Volksfest – abgesehen von der Kommerzialisierung – nicht ganz zutreffend. Bei beiden Festen konnten zum Beispiel ab einer bestimmten Zeit die Pferderennen aus organisatorischen Gründen nicht mehr abgehalten werden. Auch die Landwirtschaftsfeste haben ihre Bedeutung verloren und werden nur noch alle vier Jahre veranstaltet. Aber diese Veränderungen waren gesellschaftlich bedingt und damit unumgänglich. Durch die weggefallenen Veranstaltungen wurden bei diesen beiden speziellen Festen nicht nur mehr Imbiss- und Getränkestände errichtet, sondern vor allem mehr Platz für die Schausteller frei. Das heißt, beide Feste sind dadurch nicht zu Festen der Gastronomie verkommen, es haben sich lediglich die Verhältnisse verschoben. Wobei zugestanden werden muss, dass auf dem Oktoberfest seit dem Ende des 19. Jahrhunderts eine stärkere Tendenz zur Bierzeltgemütlichkeit zu erkennen ist als auf dem Cannstatter Volksfest.

Im Gegensatz zu Axel Dreyer, der innerhalb des Kulturtourismus den Sektor der Stadtfeste stark gefährdet sieht, ist bei Albrecht Steinecke[652] neben der Kommerzialisierung auch noch ein positiver Effekt für die Regionen nachzulesen. Durch den Kulturtourismus könnten schließlich nicht nur wirtschaftlich zu berechnende Effekte ausgelöst, sondern auch ein positiver Image- und Standortfaktor aufgebaut werden. Vielleicht liegt die unterschiedliche Darstellung der Auswirkungen der Feste auf den Tourismus in der unterschiedlichen Definition derselben. Bei Axel Dreyer werden sowohl das Oktoberfest, als auch das Cannstatter Volksfest unter dem Begriff Stadtfeste subsumiert, während diese bei Albrecht Steinecke unter den „Ereignis-Kulturtourismus"[653] fallen. Unter dem Ereignis-Kulturtourismus ist wiederum jener der Hochkultur wie die Salzburger Festspiele oder die Biennale in Venedig und jener der Alltagskultur wie das Oktoberfest oder die alemannischen Fasnetbräuche zu sehen.

Nun aber zurück zum Volksfest und dessen Besucher. Es gibt Besucher von Volksfesten, die hauptsächlich wegen der Fahrgeschäfte und Schausteller kommen, und andere, die lieber in den Bierzelten feiern. In den Bierzelten spielt das Bier die Hauptrolle und wird vom warmen Essen und den Musikkapellen begleitet.[654] Zum Fest gehören außerdem die Begriffe wie „Exzess" und „Verschwendung"[655] und eine Verbindung zum Alltag. Allerdings trifft dies nicht für alle Besucher zu, denn es gibt auch „Sehleute"[656], die sich dem Konsum auf den Volksfesten nicht hingeben, sondern viel mehr die Atmosphäre sowie das Getümmel mit Augen und Ohren genießen. Diese Menschen zählen aber voraussichtlich zur Minderheit der Festbesucher, da sich die meisten dem „kollektiven Rausch"[657] auf dem Festplatz und vor allem in den Bierzelten hingeben. Nicht umsonst nennen die Franzosen das Oktoberfest „La fete de la biere" und die Italiener „Festa della birra"[658]. Aber

---

[652] Vgl. Steinecke 2007: 16
[653] Ebd.: 7
[654] Vgl. Spiegel 1994: 9
[655] Ebd.: 129
[656] Weishäupl 1996: 288
[657] Veiz 2002: 22
[658] Beide nach Veiz 2002: 48

dennoch besuchen viele Einheimische und Touristen jedes Jahr wieder „ihre" Feste, wie das Oktoberfest oder das Cannstatter Volksfest beweisen.
Warum aber hat sich das Oktoberfest als das Fest der Superlative so stark manifestieren können und warum ist es weitaus bekannter als das Cannstatter Volksfest? Eine Antwort findet sich sicherlich in der Betrachtung von Stereotypen. Stereotypen treten in allen sozialen Bereichen auf und sind „nicht nur verfestigte, erstarrte Vorstellungen, sondern bewertete Vorstellungen, die auf Vorurteilen beruhen, die jedenfalls in einem Spannungsverhältnis, einer Differenz zur erfahrbaren Realität stehen."[659] Das heißt, Stereotypen entsprechen nicht der Realität, sondern verzerren die Wirklichkeit und sind unkritische Verallgemeinerungen. Hermann Bausinger geht sogar so weit, dass er das Stereotyp als wissenschaftlichen Begriff „für eine unwissenschaftliche Einstellung"[660] definiert. Stereotype sind schließlich auch subjektive und von Emotionen geleitete, von diesen sogar dominierte, pauschalisierende Vorstellungen von Personen oder Gruppen. „Stereotypen sind weder angeboren, auch wenn das oft von ihnen behauptet wird (...), noch beruhen sie in den meisten Fällen auf persönlicher Erfahrung, sondern sie werden emotional vermittelt durch das soziale Milieu."[661] Stereotypenvorstellungen stehen also fest und sind resistent gegen rationale Kritik.[662]

Abb. 18: Typisch bayerisch? Ein Brezenverkäufer auf dem Oktoberfest in Lederhosen, Foto

---

[659] Gerndt 1988: 11
[660] Bausinger 1988: 13
[661] Hahn 2002b: 22
[662] Vgl. Gerndt 1988: 11ff; Hahn 2002b: 19ff

Die Entstehung heutiger Stereotype geht bis in das 19. Jahrhundert zurück, als den Begriffen Nation und nationale Identität immer größere Bedeutung beigemessen wurde. Haben Stereotypen doch eine realitätsstiftende Wirkung und „bieten Identifikationsmöglichkeiten an, über die neue Realbezüge entstehen können."[663] Sie sind demnach Hilfen bei der Identitätssuche und -formulierung.[664] Das ist auch der Grund, weshalb sich Stereotypen im 19. Jahrhundert stark verbreitet haben und zum Beispiel München als Bierstadt bekannt geworden ist. Ferner werden heute Stereotypen sogar vom modernen Massentourismus aufgegriffen, gefördert und verfestigt[665].

Irritierend mag in dieser Hinsicht sein, „daß das Wiederholen immer gleicher, schon längst auch ironisierter Stereotypen noch breites öffentliches Interesse findet."[666] Diese stets gepflegten Stereotype schlagen sich nieder im Bier trinkenden und in Tracht feiernden Bayern und dem eher sparsamen und arbeitsamen Schwaben, der nicht recht zum Feiern geboren sein mag. In diesem Zuge wird Bayern und ganz besonders München sehr oft mit dem Oktoberfest gleichgesetzt und Württemberg zwar mit dem fleißigen Industriearbeiter, aber eben nicht mit dem Cannstatter Volksfest.

Ein Grund für das Stereotyp des gemütlichen Bayern und des betriebsamen Schwaben ist sicherlich auch, dass das katholische Bayern seine Bräuche stets farbig inszenierte. Nach Hermann Bausinger hatten die Bayern eine größere „Bereitschaft, die Freuden des Lebens zu genießen", während im schwäbischen Stuttgart ein „evangelisches Kontrastprogramm"[667] im Rückzug auf den Glauben und die Entfernung von der Welt herrschte. Für die Bayern gilt außerdem, dass sie seit über 200 Jahren „die dekorativste Spezies des Deutschen"[668] darstellen. Daneben wird mit Bayern auch immer das Bier assoziiert, was einerseits populär, andererseits durchaus gewollt ist. Diesem Stereotyp hat die Werbekampagne „Himmel der Bayern" von der Brauerei Hacker-Pschorr durchaus Nachdruck verliehen.[669] Heute ist das Oktoberfest als Bierfest weltweit bekannt und hat in diesem Bereich sogar seine *„unique selling position"*[670].

Während Bayern für den Touristen ein vornehmlich positives Stereotyp aufweist, so muss das schwäbische erst aufgebrochen werden. Bereits 1873 schrieb der aus Ludwigsburg stammende Philosoph Friedrich Theodor Vischer, in seinem Roman „Auch Einer" über die Schwaben:

„Nachdenkliches Wesen, viel Talent, aber da stellt sich das T und L um: Talent bleibt latent. Sind so gescheit wie nur irgendjemand, haben aber wie die Schildbürger beschlossen, heimlich gescheit zu sein. Will nichts heraus. Kein Zusammenleben, keine Gesellschaft."[671]

---

[663] Bausinger 1988: 13
[664] Vgl. Hahn 2002a: 12; Hahn 2002b: 52
[665] Hahn 2002b: 22
[666] Wolf 2005: 131
[667] Beide Bausinger 2006: 34; vgl. auch Gockerell 1997
[668] Aiblinger 1975: 9
[669] Vgl. Kerkhoff-Hader 1997: 65f
[670] Forster 2008: 402
[671] Nach Bausinger 2006: 60

Dieses von Vischer beschriebene vermeintlich schwäbische Wesen hat sich jedoch in den letzten hundert Jahren verändert. So hat sich das Land Baden-Württemberg unter anderem vorgenommen, das eigene Image aufzubessern. Dazu wurde die große Imagekampagne mit dem Titel „Wir können alles, außer Hochdeutsch" gestartet, die zwar innerhalb des Bundeslandes auf Kritik gestoßen war, aber außerhalb großen Erfolg feierte und „sogar als beste Länderaktion ausgezeichnet"[672] wurde. Heute hat sich die Werbebotschaft etwas verändert und so finden sich sogar am Berliner Flughafen Tegel mehrere Großplakate mit der Aufschrift „Berlin ist einen Besuch wert, Baden-Württemberg einen Umzug".

Wie manifestiert Stereotype heute sind und wie gerne mit diesen immer noch kokettiert wird, kann in den zahlreichen „Gebrauchsanweisungen" des Piper-Verlages nachgelesen werden, die als Zusatz zu einem Reiseführer konzipiert worden sind. In dieser Reihe gibt es neben zahlreichen anderen eine „Gebrauchsanweisung" für Bayern[673], eine für München[674] und eine für Schwaben[675]. In diesen Publikationen wird genau das geschrieben, was der Leser erwartet. Bayern und München seien gemütlich und das Oktoberfest der Höhepunkt des Jahres. Schwaben seien sparsam und das Wichtigste in deren Leben die Arbeit; das Cannstatter Volksfest wird mit keiner Silbe erwähnt.

4.4. Die Feste des Bieres

Bierzelte sind heute auf Volksfesten „festspezifisch"[676] und dürfen nicht fehlen. Da aber in München bzw. in Bayern die Bierproduktion im Vergleich zu Deutschland eine besondere Stellung hat, gibt es auch auf dem Oktoberfest bedeutend mehr Bierzelte als auf dem Cannstatter Volksfest. Respektive liegt der bayerische Bierkonsum auch deutlich höher als der des Bundesdurchschnitts. In München wird diese Sonderstellung schließlich jedes Jahr mit verschiedenen Ereignissen wie dem Starkbierfest auf dem Münchner Nockherberg oder dem Oktoberfest in der Medienöffentlichkeit zelebriert. Dabei dürfen die Eliten aus Politik, Wirtschaft und Kultur sowie ein interessiertes Publikum nicht fehlen. Dabei zählt das Oktoberfest als „gelungene Großkundgebung der Bierbranche"[677], dessen Hauptsache nach Simon Aiblinger von jeher das Bier gewesen sei.[678]

Wie konnte es aber dazu kommen, dass die Bierzelte auf dem Oktoberfest nichts Vergleichbares in der Welt[679] haben und der Bierkonsum in München zum regelrechten Alleinstellungsmerkmal werden konnte? Dies kam schlicht und einfach daher, dass das Bierbrauen in der Münchner Stadt- und Industriegeschichte einen

---

[672] Vgl. Hunger 2007: 191
[673] Vgl. Jonas 2006
[674] Vgl. Grasberger 2007
[675] Vgl. Hunger 2007
[676] Dering 1999: 7
[677] Crivelli/ Klinger 1985: 20
[678] Vgl. Speckle 1999: 10f; Aiblinger 1975: 132
[679] Vgl. Dering 1999: 7

großen Anteil beigemessen bekommen hat. Das an Rohstoffen eher arme Land musste sich auf die Veredelung der Landesprodukte spezialisieren, wobei Hopfen und Malz zur Bierherstellung am geeignetsten erschienen. Ab der zweiten Hälfte des 19. Jahrhunderts wurde die bayerische Bierproduktion so perfektioniert, dass sie Weltgeltung erlangte und der Bierexport angekurbelt werden konnte. Mit dem Export und dem durch zahlreiche Postkarten verbreiteten Stereotyp Münchens als Bierstadt etablierte sich ein neuer Stolz der Münchner auf „ihr Bier", der sich bis heute gehalten hat.[680]
„Bier aus München wurde nach und nach zum weltweit bekannten Markenartikel, welchen die gehobene Gastronomie rund um den Globus führt. Mit dem Genußmittel Bier wurde auch das Stereotyp vom „gemütlich-bayerischen Lebensstil" exportiert."[681] Eben in sehr engem Verband mit dem Oktoberfest kann dieser „Lebensstil" heute jedes Jahr im Herbst auf der Wiesn selbst erlebt werden, auf dem nur Münchner Bier ausgeschenkt werden darf. Auf dem Cannstatter Volksfest verhält es sich dagegen um einiges anders, da Stuttgart wie ganz Württemberg eher für seine Weinberge bekannt war, und ist, als für seine Biere. Dennoch fehlt selbstverständlich auf dem Cannstatter Volksfest wie auf keinem anderen Volksfest das Bier, nur mit dem Unterschied, dass hier nicht nur Stuttgarter Bier ausgeschenkt werden darf, sondern vor allem der bayerische Gerstensaft genossen wird. Aus diesem Grund, aber auch wegen dem geringeren Platzangebot auf dem Wasen, gibt es dort weniger Bierzelte als auf dem Oktoberfest. Um aber trotzdem einen angemessenen Vergleich anstellen zu können, sollen im Folgenden hinsichtlich ihrer Besucherstruktur die 14 großen Bierzelte auf dem Oktoberfest mit sämtlichen gastronomischen Zeltbetrieben auf dem Cannstatter Volksfest verglichen werden.

4.4.1. Die Bierzelte auf der Wiesn

Unter die 14 großen Zelte auf dem Oktoberfest zählen die Fischer-Vroni, das Hippodrom, der Schottenhamel, Käfer's Wies'n-Schänke, das Weinzelt, die Armbrustschützen-Festhalle, das Schützen-Festzelt, das Winzerer Fähndl, das Hofbräu-Festzelt, das Hacker-Festzelt, die Löwenbräu-Festhalle, die Bräurosl, die Augustiner-Festhalle und die Ochsenbraterei von Spatenbräu. In der Fülle dieser Zelte findet jeder seine gewünschte Atmosphäre und wem es zu turbulent zugeht, kann sich den etwa 50 weiteren gastronomischen Mittel- und Kleinbetrieben auf dem Oktoberfest zuwenden. Bisher haben sich zwei Damen genauer mit den Großzelten auf dem Oktoberfest beschäftigt, die auch jeweils ihre Charakteristiken herausgearbeitet haben. Brigitte Veiz hat sich mit einer kurzen Darstellung begnügt, während bei Sabine Käfer genauere Angaben zu finden sind. Beide Ausarbeitungen sollen kurz vorgestellt werden.
Die Zelte auf dem Oktoberfest werden von Brigitte Veiz in drei Gruppen eingeteilt, die gemütlichen Zelte, die exzessiven Zelte und die edlen Zelte. In die erste

---
[680] Vgl. Heckhorn 1989 : 7ff
[681] Ebd.: 244

Sparte fallen die Armbrustschützen-Festhalle, das Winzerer Fähndl, die Fischer-Vroni, die Ochsenbraterei und die kleineren Zelte, die hier nicht genauer beleuchtet werden sollen. Unter die exzessiven Zelte werden die Bräurosl, das Augustiner- und teilweise das Löwenbräuzelt mit einem gemischten und feierfreudigen Publikum gezählt. Im Schottenhamel, im Hofbräu- und teilweise im Löwenbräuzelt sowie in der Schützenfesthalle ist die Jugend anzutreffen. Viele ausländische Besucher feiern exzessiv im Hofbräu- und im Löwenbräuzelt. Im Ersteren sind viele US-Amerikaner, Briten und Italiener anzutreffen, während sich im Zweiteren hauptsächlich die Australier die Plätze mit der anderen Hälfte der US-Besucher teilen. Das feierfreudige Publikum mit gehobeneren Ansprüchen verteilt sich über das Weinzelt und das Hippodrom. Schließlich kommt die letzte Gruppe der edlen Zelte, in denen sich vor allem Prominente und solche, die es gerne sein würden, treffen. Hierzu zählen vor allem Käfer's Wies'n-Schänke, aber auch das Hippodrom.[682]

Sabine Käfer teilt die jeweiligen Oktoberfestzelte nicht in Gruppen ein, sondern beschreibt von jedem einzelnen den Charakter. Dabei sind jedoch gemeinsame Züge mit der Einteilung von Brigitte Veiz zu finden. Aus diesem Grund soll die Charakterisierung der großen Oktoberfestzelte in der Reihenfolge der obigen Anordnung nach gemütlichen, exzessiven und edlen Zelten beibehalten werden. In die Reihe der gemütlichen Zelte gehören nach Sabine Käfer durchaus das Winzerer Fähndl, die Armbrustschützen-Festhalle und die Fischer-Vroni. Die Ochsenbraterei bricht jedoch nach Sabine Käfer aus der Gemütlichkeit aus. Im Einzelnen bescheinigt sie dem Winzerer Fähndl unter anderem, ein Zelt ohne Alter[683] zu sein. Die 11.000 Sitzplätze der Wirte Peter und Arabella Pongratz wären demnach mit einem gemischten Publikum besetzt. Ein ebenso nach dem Alter her gemischtes Publikum findet sich in der seit 1990 von Peter, Josepha und Peter Franz Inselkammer geleiteten Armbrustschützen-Festhalle. Hier wird in über 110-jähriger Tradition auf 7.430 Sitzplätzen jungen und alten Schützen, aber auch einigen Italienern Platz geboten.[684] Als drittes der gemütlichen Zelte wartet die Fischer-Vroni seit 1904 auf, bei der viele wegen des traditionellen Steckerlfisches vorbeikommen und weniger zum Feiern. Lange Zeit standen die Schwestern Eva Stadtmüller und Anita Schmid für diese Besonderheit. In ihrer Tradition führt seit ein paar Jahren Johann Stadtmüller als Sohn bzw. Neffe zusammen mit seiner Frau Silvia die Fischer-Vroni als jüngster Wiesnwirt weiter.[685] Der Ochsenbraterei attestiert Sabine Käfer keine Gemütlichkeit mehr, vielmehr sieht sie in diesem Zelt eine Art Macho-Zelt, in dem es bereits beim Frühschoppen heiß hergehe. Allerdings sei das Zelt auch „die gute Stube der Einheimischen"[686] und werde von zahlreichen Familien und Stammtischgästen bevölkert.[687] Damit schaffen die Wirte Anneliese und Hermann Haberl sowie Antje Schneider auf ihren 7.400 Sitzplätzen einen Spagat, der nur wenigen Wiesnwirten gelingt.

---

[682] Vgl. Veiz 2002: 251f
[683] Vgl. Käfer 2005: 66
[684] Vgl. ebd.: 56ff; http://www.oktoberfest-tv.de/default.asp?PkId=22&LCID=1031 vom 24.08.2007
[685] Vgl. Käfer 2005: 86f; http://www.oktoberfest-tv.de/default.asp?PkId=25&LCID=1031 vom 24.08.2007
[686] Käfer 2005: 84
[687] Vgl. ebd.: 84f

Die meisten Zelte auf dem Oktoberfest fallen nach obiger Ordnung unter die Rubrik der exzessiven Zelte, wobei es jedoch auch unter dieser Gruppe der Zelte eine gemäßigte oder gehobene Atmosphäre geben kann. Unter die gemäßigten exzessiven Zelten fallen auch bei Sabine Käfer die Bräurosl und die Augustiner-Festhalle. Der Löwenbräu-Festhalle attestiert sie eine absolute Exzessivität mit einem hohen Anteil an ausländischen Gästen. Aber zuerst zur zweitältesten Wirtedynastie auf dem Oktoberfest mit der Bräurosl, die heute von Renate und Georg Heide geführt wird. Hier soll nach Sabine Käfer der Besuch ein buntes Familienfest sein, bei dem herzig, gemütlich, komisch, süffig und bayerisch ausgiebig zusammengesessen sowie gefeiert wird. Am ersten Oktoberfestsonntag herrscht in der Bräurosl der Ausnahmezustand, wenn auf den 8.400 Sitzplätzen jedes Jahr feierwütige Homosexuelle das 2004 rundum erneuerte Zelt einnehmen.[688] In der Augustiner-Festhalle wird mit einer authentischen Wiesn-Nostalgie ausgiebig gefeiert. Auf den 8.500 Sitzplätzen des Festwirtes Manfred Vollmer nehmen nach Sabine Käfer hauptsächlich die betuchteren Gäste der Münchner Umgebung sowie Familien Platz.[689] Nach den eher gemäßigteren und gemütlichen „exzessiven" Zelten fällt die Löwenbräu-Festhalle als „völkerverbindender Biergarten"[690] mit äußerst feierfreudigen Gästen aus dem Rahmen. Auf den 8.500 Sitzplätzen von Ludwig Hagn und Stephanie Spendler feiern vor allem an den Wochenenden zahlreiche Italiener, aber auch einige hartgesottene Einheimische. Bei Sabine Käfer wird auch dem Schottenhamel-Festzelt attestiert, eine besondere Hochburg der Jugend zu sein. Allerdings trifft sich hier nicht jeder, sondern auch wieder eher die Sprösslinge der gehobeneren Gesellschaft. Dies geht bereits auf den Beginn des 20. Jahrhunderts zurück, als sich beim Schottenhamel die Prominenz traf. In den 1950ern wandelte sich das Festzelt zur Hochburg der Studentenverbindungen und heute eben auch zum Jungbrunnen der Schönen und Reichen. Außerdem verkörpert der von Peter und Christian Schottenhamel geführte Familienbetrieb mit 10.000 Sitzplätzen die älteste Wirtedynastie, die seit 1896 auf dem Oktoberfest Bestand hat.[691] Als letztes exzessives Zelt auf dem Oktoberfest kann bei Sabine Käfer das Hofbräu-Festzelt angesehen werden. Hier herrscht eine zünftige, laute und rustikale Atmosphäre, die heute vor allem das Bayern-Klischee für trinkfeste Touristen aus aller Welt bedient. Aber auch mutige Bayern würden auf den 10.000 Sitzplätzen von Margot und Günter Steinberg bedient werden.[692] Hiermit endet die gemeinsame Ansicht der exzessiven Zelte auf dem Oktoberfest von Brigitte Veiz und Sabine Käfer. Denn bei Sabine Käfer fallen die Schützen-Festhalle, das Weinzelt ebenso wie das Hippodrom und Käfer's-Wies'n-Schänke unter die edlen Festzelte mit äußerst gehobenem Anspruch.
In der Schützen-Festhalle seien an deren Schießständen Mitglieder des Adels, aber auch zahlreiche Unternehmer zu finden, die unter sich bleiben möchten. Das mit 4.450 Sitzplätzen ausgestatte Festzelt von Claudia und Eduard Reinbold ist nach-

---

[688] Vgl. ebd.: 78; Gebhardt 1997: 93; http://www.oktoberfest-tv.de/default.asp?PkId=24&LCID=1031 vom 24.08.2007
[689] Vgl. Käfer 2005: 80f
[690] Ebd.: 74
[691] Vgl. ebd.: 58; Hoferichter/ Strobl 1960: 130ff; Gebhardt 1997: 92
[692] Vgl. Käfer 2005: 60f

mittags auch eine beliebte Anlaufstelle für Familien.[693] Weniger für Familien aber umso mehr für die reichen Besucher auf dem Oktoberfest steht das Weinzelt zur Verfügung, in dem es sich die Gäste von Roland, Doris und Stephan Kuffler seit 1984 auf 2.500 Sitzplätzen gemütlich machen können.[694] Das 1902 von Carl Gabriel gegründete Hippodrom wird heute von Gabi und Sepp Krätz als bei Prominenten beliebtes Zelt geführt, in dem auch zahlreiche Geschäfte von Unternehmern getätigt werden. Die 4.200 Sitzplätze bieten bayerische Filmkulisse samt Champagner-Bar und sind auch unter Künstlern und Produzenten heiß begehrt.[695] Neben dem Hippodrom gilt Käfer's-Wies'n-Schänke bei Sabine Käfer als das zweite Prominentenzelt. Mit dem Zelt zog 1972 ein Gourmet-Tempel auf das Oktoberfest ein, dessen Festwirt Michael Käfer heute auf den 3.000 Sitzplätzen besten Gaumenschmaus bietet und von der Prominenz gerne angenommen wird.[696]

Abb. 19: Der Himmel der Bayern auf dem Oktoberfest, Foto

Das letzte der 14 großen Zelte auf dem Oktoberfest ist das Hackerbräu-Festzelt, das bei Sabine Käfer eine besondere Stellung einnimmt. Hier sei die Besonderheit, dass alles wie früher und noch recht normal ablaufe. Neben Serienstars seien auch Politiker sowie der Bayerische Rundfunk zu finden, der täglich live von der Empore berichtet. Auf den 9.350 Sitzplätzen der Festwirte Christl und Toni Roiderer

---

[693] Vgl. ebd.: 68f; http://www.oktoberfest-tv.de/default.asp?PkId=33&LCID=1031 vom 24.08.2007
[694] Vgl. Käfer 2005: 72f; Gebhardt 1997: 103; http://www.oktoberfest-tv.de/default.asp?PkId=34&LCID=1031 vom 24.08.2007
[695] Vgl. Käfer 2005: 52f; http://www.oktoberfest-tv.de/default.asp?PkId=27&LCID=1031 vom 24.08.2007
[696] Vgl. Käfer 2005: 70f; http://www.oktoberfest-tv.de/default.asp?PkId=29&LCID=1031 vom 24.08.2007

ist nachmittags Blasmusik zu hören und ab 18 Uhr Rockmusik, was das seit 1907 bestehende Zelt bei vielen verschiedenen Besuchern beliebt macht.[697]
Im Großen und Ganzen kann der Einteilung der Festzelte auf dem Oktoberfest von Brigitte Veiz zugestimmt werden, auch wenn die einzelne Zuordnung der Festzelte bei Sabine Käfer präziser formuliert wird. Aus diesem Grund wird im Folgenden die Aufteilung von gemütlichen, exzessiven und edlen Zelten auch für die Festzelte auf dem Cannstatter Volksfest übernommen.

4.4.2. Die Bierzelte auf dem Wasen

Die Bierzelte auf dem Cannstatter Volksfest haben, wie bereits erwähnt, keine so exponierte Stellung wie auf dem Oktoberfest in München. Das liegt wohl hauptsächlich daran, dass Stuttgart mehr mit den umliegenden Weinbergen in Verbindung gebracht wurde bzw. wird und nicht unbedingt mit den ansässigen Brauereien. Auch die Obrigkeit hat nachgeholfen, dass sich das Bier in Stuttgart nicht so stark ausbreiten konnte, denn zum Schutz der Weinproduzenten wurde lange Jahre das Bierbrauen verboten. Als das Verbot jedoch aufgehoben wurde, siedelten sich zahlreiche Brauereien in Stuttgart an. Darunter fielen namhafte Brauereien wie Dinkelacker, Hofbräu, Schwabenbräu, Wulle oder Sanwald.[698] Auf dem Cannstatter Volksfest sind gegenwärtig drei Brauereizelte zu finden, auch wenn es faktisch nur noch zwei Brauereien gibt. Die Festzelte beziehen sich auf die Namen Stuttgarter Hofbräu, Dinkelacker und Schwabenbräu. Die beiden letzten Brauereien haben jedoch unter Dinkelacker-Schwaben Bräu GmbH & Co. KG firmiert und sind nicht mehr eigenständig. Unter die Bezeichnung Dinkelacker-Schwaben Bräu fallen übrigens auch die ehemaligen Brauereien Sanwald und Wulle.
Auch wenn das Bier auf dem Cannstatter Volksfest stets neben dem Wein bestehen musste, so war bereits in der ersten Hälfte des 20. Jahrhunderts klar, dass das Bier eine größere Rolle spielte. In einer Schrift die während des Nationalsozialismus herausgegeben wurde heißt es: „vollschlanke Kellnerinnen stemmen ein Dutzend schäumender Maßkrüge durch die Reihen fröhlicher Zecher"[699] und bezeugen das Gewicht des Bieres auf dem Cannstatter Volksfest. Bis heute hat sich das Kräfteverhältnis beibehalten und das Bier ist auf dem Wasen in den Zelten wichtiger als der Wein. Gegenwärtig gibt es neben den drei großen Brauereizelten vier weitere Bierzelte und zwei ausgewiesene Weinzelte, die im Folgenden wie die Zelte auf dem Oktoberfest in Gruppen eingeteilt werden sollen.
Unter die gemütlichen Zelte fallen das Zelt der Familie Göckelesmaier und an der Grenze zu den exzessiven Zelten auch das Fürstenbergzelt. Auf der anderen Seite befinden sich unter den exzessiven Zelten das gemäßigte Festzelt von Schwabenbräu und Dinkelacker, aber auch die Festzelte vom Stuttgarter Hofbräu und die Partyzelte der Jugend mit dem Arcadia-Erlebniszelt sowie dem Wasenwirt. Nach-

---

[697] Vgl. Käfer 2005: 62f; http://www.oktoberfest-tv.de/default.asp?PkId=26&LCID=1031 vom 24.08.2007
[698] Vgl. Hunger 2007: 113f
[699] Auer 1938: 18

dem auf dem Cannstatter Volksfest keine ausgesprochenen edlen Gourmetzelte existieren, werden die beiden Weinzelte Cannstatter Oberamt und Stamerhof unter die edlen Zelte mit einer Tendenz zu den gemütlichen Zelten subsummiert. Auch hier wird deutlich, dass ähnlich wie auf dem Oktoberfest die Mehrheit der Festzelte auf das exzessive Feiern eines Partypublikums ausgelegt ist.

Im Einzelnen beruft sich das Zelt der Familie Göckelesmaier auf die derzeit längste Tradition auf dem Cannstatter Volksfest und bietet auf seinen 2.500 Sitzplätzen nach eigener Aussage die besten Göckele zum besten Preis an und reicht dazu das Bier des Stuttgarter Hofbräu. Heute betreiben seit mehr als zehn Jahren Daniela und Karl Maier den Familienbetrieb mit der Seniorchefin Josephine Maier, die 2007 ihr 50-jähriges Wasenjubiläum feierte.[700] Das zweite der gemütlichen Festzelte betreibt seit 2005 Peter Brandl in Kooperation mit der Brauerei Fürstenberg. 2007 erstrahlte das 3.300 Besucher fassende Festzelt in neuem Glanz; es wurde der Biergarten erneuert und eine Galerie eingebaut.[701] Damit wollte es der Karlsfelder Wirt wohl den Festzelten in seiner Heimat unweit von München nachmachen und eine üppigere Atmosphäre schaffen, um sein Publikum zwischen Gemütlichkeit und Feierwut hin- und hertänzeln zu lassen.

Der Festwirt Alexander Laub bietet ebenso den Grenzgängern zwischen Party und Gemütlichkeit im Schwabenbräu-Festzelt pure Ausgelassenheit an. Im Laufe der Zeit vergrößerte er sein Festzelt, das er seit 1998 betreibt, immer mehr, bis es 2007 mit 6.000 Sitzplätzen das größte Festzelt auf dem Cannstatter Volksfest wurde. Gleich danach folgt das von Hans-Peter Grandl betriebene Stuttgarter Hofbräu-Zelt mit etwa 5.000 Sitzplätzen, das auch durch seine Ochsenbraterei beliebt geworden ist.[702] Das drittgrößte Festzelt auf dem Cannstatter Volksfest ist das von Dieter und Heike sowie Werner und Isolde Klauss bewirtschaftete Dinkelacker-Zelt mit 4.500 Sitzplätzen. Im Jahr 2000 übernahmen die Eheleute das in familiärer Atmosphäre geführte Zelt von der Familie Greiner und stellten es unter ein neues Motto: „Hier brodelt der Süden!" heißt es heute im – nach eigener Aussage – Stimmungszelt Nummer 1.[703] Neben den drei großen Brauereien bietet das Arcadia-Erlebniszelt von Sonja Renz etwa 2.500 feierwütigen Jugendlichen absolute Partystimmung. Seit 2007 gibt es neben dem bereits traditionellen Wasserfall im Zelt auch einen neuen Biergarten vor dem Zelt.[704] Der Wasenwirt der Weeber-Langlotz GmbH bildet das letzte Zelt für die exzessive Feierlaune auf dem Cannstatter Volksfest. Seit 2007 betreiben Armin und Fritz Weeber als Nachfolger von Max Rudi Weeber das etwa 2.200 Sitzplätze fassende Festzelt. Der Wasenwirt steht heute als Partyzelt für die Nightlife Szene und bietet jährlich an einem Abend eine Gaydelight-Party.[705]

---

[700] Vgl. Cannstatter Volksfestzeitung 7/2007: 10ff; http://www.cannstatter-volksfest.de/index.php?id=32 vom 24.01.2008
[701] Vgl. Cannstatter Volksfestzeitung 7/2007: 13f; http://www.fuerstenbergzelt.de/ vom 24.01.2008
[702] Vgl. Cannstatter Volksfestzeitung 7/2007: 13f
[703] Vgl. ebd.: 13f; http://www.cannstatter-volksfest.de/index.php?id=30 vom 24.01.2008
[704] Vgl. Cannstatter Volksfestzeitung 7/2007: 13f; http://www.cannstatter-volksfest.de/index.php?id=29 vom 24.01.2008
[705] Vgl. Cannstatter Volksfestzeitung 7/2007: 13f; http://www.cannstatter-volksfest.de/index.php?id=35 vom 24.01.2008

Die beiden Weinzelte auf dem Cannstatter Volksfest sollen als edle Zelte aufgefasst werden, wobei das „Cannstatter Oberamt" mehr für Rustikalität und Gemütlichkeit steht und der Stamerhof mehr für das Edle. Das „Cannstatter Oberamt" ist auch bekannt unter dem Namen „Weinzelt Zaiß" und wird von Dieter und Siegfried Zaiß betrieben. Das Zelt feierte 2007 auf dem Cannstatter Volksfest sein 20-jähriges Jubiläum. Außerdem gilt das Zelt als eines ohne Gedränge und ist besonders auch beim älteren Publikum beliebt, das für kurze Zeit dem Wasentrubel draußen entfliehen will und sich gerne auf einem der 550 Sitzplätze niederlässt.[706] Auch der Stamerhof bietet eine kurze Auszeit von der Enge auf dem Festplatz. Das Festzelt wird heute von den Geschwistern Henny und Ernst Stamer betrieben, die es von ihren Eltern Willy und Henriette übernahmen. Die insgesamt 300 Plätze im Stamerhof sind den Freunden der Schlemmerei vorbehalten, die neben einer gehobenen Gastronomie auch Champagner gereicht bekommen. Im Wintergarten und im Gartenzelt kann ebenso den Gaumenfreuden nachgegangen werden, während in der Rommelbar eher ein kurzweiliges Vergnügen zu finden ist. Für ganz eilige Schleckermäuler gibt es schließlich noch den Imbisspavillon.[707]

Bei der Aufteilung der Festzelte nach Besuchergruppen auf dem Cannstatter Volksfest kann festgestellt werden, dass einerseits die Zelte für die Prominenten sowie solche für ausländische Touristen fehlen. Dies hängt einerseits mit dem bereits erörterten Ausbleiben der scheuen Schwabenprominenz auf dem Wasen zusammen und andererseits mit der deutlich geringeren Anzahl an Besuchern aus dem Ausland. Generell kann jedoch vermutet werden, dass die drei großen Brauereizelte sowie das Fürstenberg-Zelt unter den Touristen am bekanntesten sein dürften und auch häufiger angesteuert werden, als die anderen Zelte auf dem Volksfest.

4.5. Die beiden Feste in der Welt

Ein vierter und letzter Aspekt im Vergleich von Cannstatter Volksfest und Oktoberfest hinsichtlich ihrer Bekanntheit liegt sicherlich in deren Ansehen und Nachahmungswert in der Welt. Hauptsächlich haben dazu die meist im 19. Jahrhundert gegründeten Vereine von Auslandsdeutschen beigetragen, die ein Stück Heimat in die Fremde mitnehmen wollten. Einen weiteren Grund lieferte die Eventisierung von der Mitte bis zum Ende des 20. Jahrhunderts hin. Findige Veranstalter versuchten durch neue Feste im Sinne des Cannstatter Volksfestes oder viel häufiger des Oktoberfestes, zahlreiche zahlende Gäste anzulocken. Aber auch die Regionen Stuttgart und München profitieren von den weltweiten Nachahmungen der Volksfeste. Schließlich helfen die Feste bei der Tourismuswerbung für die Regionen. Nicht selten wird es vorkommen, dass ein Besucher eines kopierten Volksfestes auch einmal das Original ansehen möchte. Dabei hat wie so oft das Oktoberfest mehr Zugkraft als das Cannstatter Volksfest, was stets mit den Stereotypen zusammenhängt. Auf dem Oktoberfest wird eine „pralle, barocke Lebensfreude als

---
[706] Vgl. Cannstatter Volksfestzeitung 7/2007: 13f
[707] Vgl. ebd.: 13f; http://www.stamerhof.de/gastronomie.html vom 24.01.2008

Ausdruck bayerischer Lebensart"[708] erwartet und auf dem Cannstatter Volksfest wahrscheinlich eher eine bescheidenere Variante. Dadurch wird aber nicht immer ein reales Bild der Region vermittelt, sondern eben bestimmte Stereotype, die meist sehr gerne gepflegt und ausgebaut werden[709]. Helfen sie doch dem Fremdenverkehr, der Wirtschaft und den Städten selbst ungemein.
Nun aber zum Beginn der im Ausland gefeierten Volksfeste. Die Oktoberfeste im Ausland nahmen im letzten Drittel des 19. Jahrhunderts ihren Anfang, als viele Bayern – hauptsächlich nach Amerika – auswanderten. 1874 wurden in New York die ersten landsmannschaftlichen Vereine gegründet, worunter auch der „Bayerische Volksfestverein" war. Diese Vereinsgründungen dienten als Initialzündung für die bayerischen Volksfeste im Ausland und fanden zahlreiche Nachahmer. Bayern in Philadelphia, Zinzinnati und Chicago wollten den New Yorker Landsmännern in nichts nachstehen und gründeten ebenfalls zahlreiche Vereine, die unter anderem für die Organisation von Volksfesten zuständig waren. Einige dieser Volksfestvereine hatten bis in die zweite Hälfte des 20. Jahrhunderts Bestand.[710]
Als sich im 20. Jahrhundert einige Vereine zwecks Mangel an Mitgliedern oder aus anderen Gründen auflösten, witterten zahlreiche internationale Vereine, Kleinveranstalter und Wirtschaftsunternehmen ihre Chance, ein Oktoberfest irgendwo auf dieser Welt zu gründen. Deutlich wird dies, wenn man sich vor Augen führt, dass 1978 etwa 170 Oktoberfeste auf der Welt gefeiert wurden, 30 Jahre später aber bereits über 2.000. Damit ist auch klar, dass nur wenige große Oktoberfeste neben dem Original gefeiert werden, aber sehr viele kleine von zum Beispiel Surfclubs oder der Bayerischen Landesvertretung in Bonn. In den 1980er Jahren begann schließlich das Münchner Fremdenverkehrsamt sogenannte Oktoberfest-Sets – Pakete, in denen das nötige Wissen und Dekorationsmaterial für ein Oktoberfest zusammengestellt wurde – zu verschicken. Damit sollte einerseits Werbung für München und das Oktoberfest gemacht werden, andererseits die zahlreichen Veranstalter in der Gestaltung und Dekoration „ihrer" Feste unterstützt werden. Anfang der 1980er Jahre kamen prompt zahlreiche weitere Anfragen, so zum Beispiel aus Australien, Brasilien, Kanada, Neuseeland, Israel, England, USA, Südkorea oder Schweden.[711] Heute finden laut einer Auflistung des Münchner Tourismusamtes die bekanntesten und bemerkenswertesten Oktoberfeste in der Münchner Partnerstadt Zinzinnati (USA), in Blumenau (Brasilien) – gleichzeitig eines der größten Oktoberfeste neben dem Original –, in Sidney (Australien), in Bangkok (Thailand), in Kingston (Jamaica), in Qingdao (China), in Windhoek (Namibia) und in Kitchener Waterloo (Kanada) statt.[712] Alle zusammen sind erst im

---

[708] Hoferichter und Strobl 1960: 103
[709] Vgl. So feiern die Bayern 1978: 85; vgl. auch Dering 1985: 401
[710] Vgl. Nadel 2004: 73
[711] Vgl. Dering 1985: 401ff; So feiern die Bayern 1978: 84; Weishäupl 1996: 295; http://www.muenchen.de/Tourismus/Oktoberfest/Schmankerl/158884/oktoberfeste_ausland.html vom 24.02.2008
[712] Vgl. http://www.muenchen.de/Tourismus/Oktoberfest/Schmankerl/158884/oktoberfeste_ausland.html vom 24.02.2008

zweiten Drittel des 20. Jahrhunderts entstanden, so zum Beispiel das von Kitchener Waterloo 1969[713], das von Zinzinnati 1976[714] oder das von Blumenau 1984[715]. Neben diesen Oktoberfesten gibt es aber auch noch zahlreiche andere, die neu entstanden sind oder aber heute nicht mehr stattfinden. Eines, das heute nicht mehr existiert, ist das der US-amerikanischen Soldaten im Perlacher Forst in München. Von 1956 bis 2005 wurde hier jährlich im Sommer ein „Little Octoberfest" gefeiert, das zur Völkerverständigung beitrug. So wurde das Fest auch mit typisch US-amerikanischen Angewohnheiten und Spezialitäten vermischt. Zum Bier gab es zum Beispiel keine Hendl, sondern Hot Dogs.[716] Eines der neuesten Oktoberfeste auf dem Globus dürfte das im von Palästinensern besetzten Taybeh sein. Das Dorf, in dem seit 2005 ein Oktoberfest gefeiert wird, liegt etwa 25 Kilometer nordöstlich von Jerusalem und wird von der örtlichen Brauerei – ebenfalls eine recht neue Institution – veranstaltet. Statt Hendl und Steckerlfisch gibt es hier Falafel zu verspeisen.[717]

Beim Cannstatter Volksfest verhält es sich ein wenig anders. Hier waren die Schwabenvereine im Ausland viel eher tätig und gründeten bereits 1862 einen ersten Volksfestverein in New York. 1873 folgte der Verein von Philadelphia, fünf Jahre später der von Chicago und schließlich 1881 der von San Francisco.[718] Auch diese Vereine, die sich als Wohltätigkeits- und Geselligkeitsvereine verstanden, konnten sich teilweise wie die bayerischen in die zweite Hälfte des 20. Jahrhunderts hinüberretten. Auffällig ist jedoch, dass die weltweiten Cannstatter Volksfeste lediglich von solchen Vereinen veranstaltet werden und nicht von anderweitigen Veranstaltern oder Wirtschaftsunternehmen, wie es beim Oktoberfest der Fall ist. Dafür haben sich heute mehr Schwabenvereine erhalten als bayerische Vereine im Ausland. Wahrscheinlich liegt dies darin begründet, dass Württemberg im 19. Jahrhundert das Auswanderungsland[719] schlechthin in Deutschland war, und es dadurch deutlich mehr Schwaben als Bayern gab, die sich an ihre ferne Heimat erinnern wollten.

Ganz besonders wichtig waren die Schwabenvereine im Ausland nach dem Zweiten Weltkrieg. Die Vereine halfen dabei, die vom Krieg zerstörte alte Heimat mit finanziellen Mitteln wieder auferstehen zu lassen und es entstand ein reger Kontakt. Jedes Jahr flogen zahlreiche Auslandsschwaben zum Cannstatter Volksfest in ihre Heimat und feierten zusätzlich – meist kurz davor – den Wasen in der Ferne. Vor allem das Cannstatter Volksfest in Philadelphia lockte 1962 auch zahlreiche amerikanische Gäste an. Neben der obligatorischen Fruchtsäule im Kleinformat gab es Bier, Zwiebelkuchen und Laugenbrezen.[720] Aus den Akten[721] des Stadtarchives Stuttgart geht hervor, dass im August 1967 Volksfeste vom Schwabenverein Chi-

---

[713] Vgl. http://www.oktoberfest.ca/section/view/?fnode=74 vom 24.01.2008
[714] Vgl. http://www.oktoberfest-zinzinnati.com/okthistory5.asp vom 24.01.2008
[715] Vgl. http://www.blumenaubrazil.de/ vom 24.01.2008
[716] Süddeutsche Zeitung, 30.6.1966: Wo das Oktoberfest in den Sommer fällt
[717] Vgl. Dachauer Nachrichten, 25.09.2007: Oktoberfest auf Palästinensisch
[718] Vgl. Amtsblatt für den Stadtkreis Stuttgart, 15.9.1949: Das Cannstatter Volksfest im Wandel der Zeiten
[719] Vgl. Das Königreich Württemberg 2006: 113
[720] Vgl. Stuttgarter Zeitung, 12.6.1962: Wieder einmal in der alten Heimat
[721] Vgl. StadtAS Hauptakti Gruppe 3, 17/1: 2410

cago und vom Cannstatter Volksfestverein Brooklyn veranstaltet wurden. Im September des gleichen Jahres folgten die Feste vom Cannstatter Volksfestverein Philadelphia und dem Cannstatter Volksfestverein New York. Zu den meisten Volksfesten wurde jeweils jährlich ein Einladungsschreiben an den amtierenden Stuttgarter Oberbürgermeister geschrieben. Allerdings sah sich das Stadtoberhaupt jedes Jahr auf ein Neues durch die viele Arbeit außer Stande, in die USA zu reisen. Dadurch entsteht heute leicht der Eindruck, dass der Oberbürgermeister keine große Lust auf eine so lange Reise hatte und lediglich Grüße per Post verschickte.

Die Schwabenvereine im Ausland ließen sich jedoch nicht entmutigen und verschickten auch in den folgenden Jahren zahlreiche Einladungen nach Stuttgart. In der Mitte der 1980er Jahre sind noch Cannstatter Volksfeste in Los Angeles, Warren/ New Jersey, Philadelphia und New York belegt[722]. Zehn Jahre später waren immer noch zahlreiche Auslandsschwaben im Herbst auf der großen Reise in die alte Heimat, um das echte Cannstatter Volksfest zu besuchen. Neben dem Cannstatter Volksfestverein New Jersey wurden die in Los Angeles, Philadelphia, Milwaukee, Chicago und Houston erwähnt. Außerdem war es auf den Volksfesten in den USA üblich geworden, nicht mehr Zwiebelkuchen und Laugenbrezen zu verspeisen, sondern bei Blasmusik das Bier mit Spätzle, Leberkäse und Kartoffelsalat zu genießen.[723]

Beim Blick in die Gegenwart wird deutlich, dass die Schwabenvereine im Ausland immer mehr an Bedeutung verlieren und auch weniger Cannstatter Volksfeste gefeiert werden. Das mag sicherlich damit zusammenhängen, dass die gebürtigen Schwaben, die noch zwischen den beiden Weltkriegen vor allem in die USA auswanderten, langsam ein hohes Alter erreichen, in dem nicht mehr so leicht verreist und organisiert werden kann wie einst. Dies fällt unter anderem bei der jährlichen Eröffnung des originalen Cannstatter Volksfestes in Stuttgart auf, wenn nur noch in einem kleinen Zeltbereich Auslandsschwaben zu finden sind. Nach der Aussage von Marcus Christen und Andreas Zaiß von in.Stuttgart ist der jährliche Besuch von Auslandsschwaben zwar eine sehr schöne Tradition, aber auch nicht mehr.[724] Außerdem fällt ein Abflauen der nachgeahmten Cannstatter Volksfeste auf, da heute nicht mehr all zu viele Feste organisiert werden. So feierte zum Beispiel der Verein in San Francisco sein letztes Cannstatter Volksfest 1978 und der in New York im Jahr 2003 mit rund 6.000 Besuchern zum letzten Mal auf Lang in New Jersey.[725] Dagegen veranstalten der Schwabenverein Chicago und der Cannstatter Volksfestverein Philadelphia noch heute jedes Jahr im August ihr Cannstatter Volksfest.[726]

Im Vergleich der Cannstatter Volksfeste und der Oktoberfeste im Ausland fällt auf, dass es für die Schwabenvereine im 19. Jahrhundert bedeutend wichtiger war, im

---

[722] Vgl. StadtAS Hauptaktei Gruppe 3, 17/2: 623
[723] Vgl. Stuttgarter Zeitung, 24.9.1994: Auswanderer aus New Jersey zu Gast auf dem Wasen
[724] Vgl. in.S Gespräch vom 08.01.2008
[725] Vgl. http://www.ugas-sf.org/index.cfm?go=members.view&memberID=1 vom 24.01.2008; Cannstatter Volksfestzeitung 7/2007: 13
[726] Vgl. http://www.schwabenverein.org/events.htm vom 24.01.2008; http://www.cvvphilly.com/fest.html vom 24.01.2008

Andenken an ihre alte Heimat Tradition und Brauch zu pflegen. Die Bayern machten es ihnen gute zehn Jahre später nach, konnten sich aber nicht so sehr durchsetzen wie die Schwaben. Deutlich ist dies daran geworden, dass es auch heute noch einige Schwabenvereine gibt, die ihre Traditionen aufrecht erhalten haben und als jährliches Highlight ein Cannstatter Volksfest veranstalten. Dafür gibt es aber keine in erster Linie kommerziellen Veranstalter. Ganz im Gegensatz dazu stehen die Oktoberfeste in der Welt, die sich auch über die USA hinaus weit verstreut haben und sehr viel häufiger einen kommerziellen Hintergrund haben, als die Pflege der alten Traditionen durch Vereine. Hier hat einmal das Cannstatter Volksfest die Nase vorn, wenn es um die Erhaltung von echten Traditionen durch ehemalige Auswanderer geht.

III. Abschließende Betrachtungen

5. Entwicklungstendenzen in München und Stuttgart: Brauch oder Medienspektakel?

> „Das Massenhafte ist ein wesentlicher Zug unserer Zeit."
> Hans Moser, Von Volksfesten und Volksbräuchen in unserer Zeit, 1951 (73)

Auf den vorangegangenen Seiten wurde viel vom Cannstatter Volksfest und vom Oktoberfest berichtet. Aber warum gerade das Oktoberfest das größte aller Feste geworden ist und das Cannstatter Volksfest auf Rang zwei rangiert, konnte noch nicht ganz geklärt werden. Bezeichnend für diese Problematik ist, dass trotz aller Realität den beiden Volksfesten etwas Irreales anhaftet, „das sich mit dem Verstand nicht erfassen läßt"[727]. Versuchen wir es zuerst noch einmal mit reinen Fakten. Beide Volksfeste sind Ereignisse und zeichnen sich dadurch aus, dass sie „zeitlich befristet stattfinden und dadurch einen Ereigniswert gewinnen. Sie ziehen als Publikumsmagnet oft Besucher auch aus weiter Entfernung an, sind also Massenereignisse mit einem (über-)regionalen Einzugsgebiet."[728] Über diese Großevents berichtet die Presse jährlich, hauptsächlich über das Rahmenprogramm[729] wie die Eröffnung, die Umzüge sowie das massenhafte Treiben in den Festzelten.
Nicht nur für das Cannstatter Volksfest und das Oktoberfest gilt, „dass sich ein gravierender kultureller Wandel auf Volksfesten vom Jahrmarkt hin zum Hightech-Event vollzogen hat."[730] Diese Veränderung wird jedoch nicht von allen – vor allem nicht von den Anwohnern rund um die Festareale – gut geheißen. Hans-Liudger Dienel und Jenny Schmithals sprechen sogar von den Anwohnern als den „Gastgebern"[731] der Eventteilnehmer, die sich jedoch gerne bei den Massenveranstaltungen in einen Urlaub flüchten. Dies mag beim Oktoberfest deutlich häufiger vorkommen als beim Cannstatter Volksfest. Schließlich ist das Oktoberfest heute mitten in der Stadt München, während sich das Cannstatter Volksfest mehr am Rand der Stadt befindet und zudem von einer Seite vom Neckar begrenzt wird.
Mit dem Wandel vom Jahrmarkt zum Hightech-Event geht auch eine Veränderung der Intention der beiden Volksfeste einher. Beide waren anfangs monarchisch geprägt, das eine entstand aus bitterster Not, das andere angeblich zur Freude über die Hochzeit des Kronprinzenpaares[732]. Sie wurden dennoch beide im Zuge der Industrialisierung und den rasanten Veränderungen des 20. Jahrhunderts zu riesigen Massenveranstaltungen. Diese Wandlungen sind jedoch völlig legitim und zeugen von einem stabilen Kern der beiden Volksfeste, die sich lediglich veränderten

---

[727] Hoferichter/ Strobl 1960: 103. Bei Hoferichter und Strobl ist zwar nur das Oktoberfest gemeint, aber dieser Sachverhalt kann durchaus auch auf das Cannstatter Volksfest übertragen werden.
[728] Dienel/ Schmithals 2004: 17
[729] Vgl. hierzu eine Studie über das Nürnberger Herbstvolksfest in Wittenberg 2005: 99
[730] Wittenberg 2005: 24
[731] Dienel/ Schmithals 2004: 37
[732] Vgl. Weber 2001: 1

Bedingungen anpassten. Dennoch wollen das Cannstatter Volksfest und das Oktoberfest nicht mehr nur für einen Partyrausch samt Nervenkitzel stehen, sondern sich wieder mehr allen Menschen und damit allen Generationen öffnen. Diese Kehrtwende wurde bereits vollzogen, indem in den letzten Jahren sowohl in Stuttgart als auch in München wieder mehr Wert auf Veranstaltungen für Familien und Senioren gelegt wurde.

Trotz all dieser Ähnlichkeiten und Gemeinsamkeiten sind das Cannstatter Volksfest und das Oktoberfest einmalige Institutionen, die ein fester Bestandteil für die jeweiligen Städte geworden sind. Sie dienen heute als Imagefaktor, als Werbeträger und als zeitlich begrenztes Freizeitangebot. Dennoch klafft eine große Bekanntheits- und Besucherlücke zwischen den beiden Volksfesten. Untersucht wurde dieses Phänomen anhand von vier Punkten: den Werbemaßnahmen nach 1945, den Ausstellungen über die Feste, den unterschiedlichen Stereotypen und den weltweiten Nachahmungen der beiden Volksfeste. Überall konnte festgestellt werden, dass sich die Bayern mit ihrem Oktoberfest weitaus besser und imposanter präsentieren als die Schwaben, die mehr in der Zurückgezogenheit ihr Volksfest gefeiert haben. Heute wird versucht, diesen Unterschied zu verringern und in Stuttgart ein neues und positives Image aufzubauen. Damit soll auch das Cannstatter Volksfest in der Weltöffentlichkeit als Alleinstellungsmerkmal für die Feierfreude in der Region Stuttgart dargestellt werden und nicht mehr nur der Vergleich mit dem Oktoberfest. Sicherlich, das Wasenareal ist deutlich kleiner als das der Theresienwiese, aber daran alleine liegt es nicht, warum das Oktoberfest in der Welt bekannter geworden ist als das Cannstatter Volksfest. Schließlich gab es von Schwaben aus viel mehr Auswanderer, die das Schwabenfest auf ihrer Reise transportieren konnten, als es die auswandernden Bayern hätten betreiben können. Nach der vorliegenden Untersuchung kann die Größe und die Bekanntheit des Oktoberfestes hauptsächlich auf den Faktor Werbemaßnahmen und bayerische Stereotype, die stets gepflegt wurden, zurück geführt werden, wobei die Olympischen Spiele von 1972 für die Bekanntheit Münchens als Weltstadt sicherlich eine große Unterstützung waren. München befindet sich außerdem seit dem Ende des 19. Jahrhunderts in einer positiven Stereotypenspirale, die der weltweiten Bekanntheit Nachdruck verliehen hat. Ganz im Gegenteil dazu wurde das Cannstatter Volksfest viel zu lange vernachlässigt und ein ständiger Vergleich mit dem Oktoberfest angestrengt, dabei aber wesentliche Punkte wie eine ausreichende Werbung versäumt. Dieses Nachdenken wird letztendlich auch dadurch deutlich, dass sich die Stuttgarter nie ganz einig waren, wann und wo sie Ausstellungen zu den Volksfestjubiläen präsentieren wollten: Nach den tatsächlich stattgefundenen Volksfesten oder doch nach den Jahren seit der Gründung. Wichtig ist dabei selbstverständlich auch, dass Stuttgart im Gegensatz zu München bis heute kein Stadtmuseum besitzt und damit keine ausreichende Ausstellungsfläche hat. Zudem fehlen schließlich auch Objekte, die in Stuttgart ebenfalls durch das fehlende Stadtmuseum nur in geringerem Maße gesammelt wurden als in München und dadurch ohnehin stets nur kleine Ausstellungen zustande kommen konnten.

Trotz all dieser kleinen und größeren Versäumnisse baut die Stadt Stuttgart über die verschiedenen Feste, darunter hauptsächlich das Cannstatter Volksfest, neben dem Image der Automobil- und Technikstadt ein neues Markenbewusstsein auf. Dies alles gelingt durch die in.Stuttgart, die seit Jahren für die städtischen Veranstaltungen zuständig ist. Hier ist jedoch noch viel Arbeit zu leisten, wohingegen in München bereits seit Jahrzehnten eine perfekte Routine beim Tourismusamt herrscht, wenn es um das Oktoberfest geht. Dürfen wir gespannt sein, wie es in Zukunft mit den beiden großen Volksfesten weitergehen wird. Sicherlich wird das Treiben auf beiden Festen noch lange Zeit anhalten und die Karussells werden sich fröhlich weiterdrehen.

Literaturverzeichnis

125 Jahre Münchener Oktoberfest. 1810–1935. Festschrift. Verlag Knorr & Hirth, München 1935.
Aiblinger, Simon: Vom echten bayerischen Leben. Bräuche – Feste – Zeitvertreib. München 1975.
Arendts, Isabell-Carolin: Die Oktoberfest-Plakate und der offizielle Plakatwettbewerb seit 1952. (Unveröffentlichte Magisterarbeit, Ludwig-Maximilians-Universität München) München 2002.
Auer, Theo: Das Cannstatter Volksfest in Stuttgart=Bad Cannstatt. Kleines Bilderbuch vom großen Schwabenfest. Stuttgart 1938.
Barthul, Manfred und Lingnau, Gerold: 100 Jahre Daimler-Benz. Die Technik. Mainz 1986.
Bauer, Richard und Fenzl, Fritz: 175 Jahre Oktoberfest 1810–1985. München 1985.
Baumgartner, Anton: Feyerlicher Auszug zum freyen Pferderennen und zum Vogelschießen bey München von 1810 bis 1820 nebst der Luftfahrt der Frau Wilhelmine Reichard. München 1820.
Baumgartner, Anton: Die Oktober-Feste auf der Theresien-Wiese bey München von 1820–1823. Nebst der Beschreibung der silbernen altbaierischen Regenten-Medaillen. München 1823.
Baur, Karl: Oktoberfest. München 1970.
Bausinger, Hermann: „Ein Abwerfen der grossen Last…" Gedanken zur städtischen Festkultur. In: Hugger, Paul: Stadt und Fest. Zu Geschichte und Gegenwart europäischer Festkultur. Unterägeri und Stuttgart 1987. S. 251-267.
Bausinger, Hermann: Name und Stereotyp. In: Gerndt, Helge (Hg.): Stereotypvorstellungen im Alltagsleben. Beiträge zum Themenkreis Fremdbilder – Selbstbilder – Identität. Festschrift für Georg R. Schroubek. München 1988. S. 13-19.
Bausinger, Hermann: Der herbe Charme des Landes. Gedanken über Baden-Württemberg. 2. Auflage, Tübingen 2006.
Behringer, Wolfgang: Die Spaten-Brauerei 1397–1997. Die Geschichte eines Münchner Unternehmens vom Mittelalter bis zur Gegenwart. München 1997.
Bimmer, Andreas C.: Besucher von Festen. Beiträge zur systematischen Erforschung. In: Heimat und Identität. Probleme regionaler Kultur. Volkskunde-Kongreß in Kiel 1979. Herausgegeben von Konrad Köstlin und Hermann Bausinger. Neumünster 1980. S. 81-90.
Blath, Peter: D' Wies'n und ihre Brauereien. Erfurt 2004.
Blecher, Wilfried: Das Buch vom Münchner Oktoberfest. Bad Aibling 1980.
Blessing, Werner K.: Fest und Vergnügen der „kleinen Leute". Wandlungen vom 18. bis 20. Jahrhundert. In: Dülmen, Richard van und Schindler, Norbert (Hg.): Volkskultur. Zur Wiederentdeckung des vergessenen Alltags (16. – 20. Jahrhundert). Frankfurt/Main 1984. S. 352-379.

Burkarth, Axel: Nikolaus von Thouret (1767–1845). Forschungen zum Wirken eines württembergischen Hofarchitekten in der Zeit des Klassizismus. Univ. Stuttgart Diss. 1991.
Chaussy, Ulrich: Oktoberfest. Ein Attentat. Darmstadt und Neuwied 1985.
Crivelli, Giosanna und Klinger, Thomas: Auf geht's zur Wies'n. Das Münchner Oktoberfest. München 1985.
Daiber, Carl: Beschreibung und Geschichte der Stadt Cannstatt unter Berücksichtigung des Wichtigsten über die Amtsorte. Cannstatt 1878. (unveränderter Nachdruck, Stuttgart 1967)
Dall'Armi, Andreas von: Das Pferde-Rennen zur Vermählungs-Feyer Seiner Königlichen Hoheit des Kron-Prinzen von Baiern. München 1811.
Das Cannstatter Volksfest. Stuttgarter Themen. Presse- und Informationsamt der Landeshauptstadt Stuttgart. Stuttgart 2000.
Das Königreich Württemberg 1806–1918. Monarchie und Moderne. Große Landesausstellung vom 22. September 2006 bis 4. Februar 2007. Landesmuseum Württemberg. Stuttgart 2006.
Das Volksfest zu Cannstadt. Acht Erinnerungsblätter für Jedermann in Stahlstichen von Dertinger. Stuttgart und Cannstadt. Eigenthum und Verlag von Becker & Müller. Nachdruck der Ausgabe 1844. Vaihingen/ Enz 1984.
Deile, Lars: Feste – Eine Definition. In: Maurer, Michael (Hg.): Das Fest. Beiträge zu seiner Theorie und Systematik. Köln, Weimar und Wien 2004. S. 1-17.
Dering, Florian: Das Oktoberfest. Einhundertfünfundsiebzig Jahre bayerischer National-Rausch. Katalog zur gleichnamigen Ausstellung des Münchner Stadtmuseums, des Stadtarchivs München und des Vereins Münchner Oktoberfestmuseum vom 25. Juli bis 3. November 1985. München 1985.
Dering, Florian: Volksbelustigungen. Eine bildreiche Kulturgeschichte von den Fahr-, Belustigungs- und Geschicklichkeitsgeschäften der Schausteller vom 18. Jahrhundert bis zur Gegenwart. Nördlingen 1986. zugl. Diss. 1981.
Dering, Florian/ Gröner, Margarete und Wegner, Manfred: Heute Hinrichtung. Jahrmarkts- und Varietéattraktionen der Schausteller-Dynastie Schichtl. Münchner Stadtmuseum. Wien und München 1990.
Dering, Florian: Wiesn-Bierkrüge. Katalog zur Ausstellung der Kreissparkasse München und dem Münchner Oktoberfestmuseum e.V. vom 14. September bis 8. Oktober 1999. München 1999.
Dering, Florian: Mass für Mass. Das Oktoberfest-Plakat der Landeshauptstadt München. 1952–2002. Faltblatt. Münchner Stadtmuseum, München 2002.
Destouches, Ernst von: Säkular-Chronik des Münchener Oktoberfestes (Zentral-Landwirtschafts-Festes) 1810–1910. Festschrift zur Hundertjahrfeier. München 1910.
Destouches, Ernst von: Das Münchener Oktoberfest (Zentral-Landwirtschafts-Fest) 1810–1910. Gedenkbuch zur Hundertjahrfeier unter Mitwirkung bayerischer Schriftsteller. München 1910.
Destouches, Ernst von: Die Jahrhundertfeier des Münchener Oktoberfestes (Zentral-Landwirtschafts-Festes), Gedenkbuch. München 1912.

Destouches, Ulrich von: Gedenkbuch der Oktober-Feste in München vom Jahre 1810 bis 1835. München 1835.
Deutscher Schaustellerbund e.V.: Wirtschaftsfaktor Volksfest. Berlin 2001. (24.01.2008: http://www.dsbev.de/fileadmin/pdfs/Marktstudie%20Kurzfassung.pdf)
Deutscher Schaustellerbund e.V.: Jahresbericht 2007. Wir machen Freizeit zum Vergnügen! Berlin 2007. (24.01.2008: http://www.dsbev.de/fileadmin/pdfs/75003_DSB__Jahresbericht__Screen.pdf)
Dienel, Hans-Liudger und Schmithals, Jenny (Hg.): Handbuch Eventverkehr. Planung, Gestaltung, Arbeitshilfen. (KulturKommerz, Bd. 9) Berlin 2004.
Die Feier des Landwirtschafts- oder Oktoberfestes des landwirthschaftlichen Central-Vereins in Bayern am ersten Oktober 1837.
Dilloo, Rüdiger: Die Oktober-Revolution. Das junge, urbane Deutschland hat das Münchner Traditionsfest für sich entdeckt. Zehn Gründe, mitzufeiern. In: Die Zeit, Nr. 40, 27.09.2007, Ressort „Reisen", S. 87.
Dreesbach, Anne und Kamp, Michael: 195 Jahre Oktoberfest. Ein historischer Streifzug. München 2005.
Dreyer, Axel: Der Markt für Kulturtourismus. In: ders. (Hg.): Kulturtourismus. München und Wien 1996. S. 25-48.
Eberstaller, Gerhard: Schön ist so ein Ringelspiel. Schausteller, Jahrmärkte und Volksfeste in Österreich. Geschichte und Gegenwart. Wien 2004.
Ebner, Heinrich: Album von Cannstatt und Umgebung. Stuttgart 1868. Faksimile-Neuauflage. München 1985.
Einigkeit und Recht und Freiheit. Wege der Deutschen 1949–1999. Ausstellungskatalog. Deutsches Historisches Museum, Haus der Geschichte der Bundesrepublik Deutschland, Kunst- und Ausstellungshalle der Bundesrepublik Deutschland. Reinbek 1999.
Erichsen, Johannes und Heinemann, Katharina (Hg.): Bayerns Krone 1806. 200 Jahre Königreich Bayern. München 2006.
Ermeier, Ritsch/ Gerl, Werner/ Röckl, Peter und Zinkl Walter: Das Wiesn-ABC. Ein satirisch-literarisches Oktoberfest-Lexikon. Nidderau 2005.
Feilhauer, Angelika: Feste feiern in Deutschland. Ein Führer zu alten und neuen Volksfesten und Bräuchen. Zürich 2000.
Fischer, Manfred F.: Ruhmeshalle und Bavaria. Amtlicher Führer. München 1997.
Forster, Karl: Land der ungeraden Zungen. Das Oktoberfest. In: Käppner, Joachim/ Görl, Wolfgang und Mayer, Christian (Hg.): München. Die Geschichte einer Stadt. München 2008. S. 402-403.
Frevert, Ute und Haupt, Heinz-Gerhard (Hg.): Der Mensch des 20. Jahrhunderts. Frankfurt am Main und New York 1999.
Fuchs Claus: Die Entstehung des DSB. In: Volksfeste und Märkte. 100 Jahre Der Komet. Pirmasens 1983. S. 33-44.
Gablowski, Birgit (Hg.): Der Souvenir. Erinnerungen in Dingen von der Reliquie zum Andenken. Frankfurt/ Main 2006.

Gallwas, Hans-Ullrich/ Gauweiler, Peter und Lippstreu, Wolfgang: Das Oktoberfest. Ein Lehrstück zur Rechtswirklichkeit. Percha am Starnberger See 1984.
Gebhardt, Heinz: Das Münchner Oktoberfest. Mit einem Beitrag von Oberbürgermeister Christian Ude. München 1997.
Gebhardt, Winfried: Fest, Feier und Alltag. Über die gesellschaftliche Wirklichkeit des Menschen und ihre Deutung. Frankfurt/Main 1987.
Gerndt, Helge: Kultur als Forschungsfeld. Über volkskundliches Denken und Arbeiten. München 1981.
Gerndt, Helge: Zur kulturwissenschaftlichen Stereotypenforschung. In: Gerndt, Helge (Hg.): Stereotypvorstellungen im Alltagsleben. Beiträge zum Themenkreis Fremdbilder – Selbstbilder – Identität. Festschrift für Georg R. Schroubek. München 1988. S. 9-12.
Gewerbeordnung (GewO) in der Fassung der Bekanntmachung vom 22. Februar 1999.
Glaser, Hubert (Hg.): Wittelsbach und Bayern, Band III/2. Krone und Verfassung. Ausstellungskatalog. München 1980.
Glöckle, Hanns: München, Bier, Oktoberfest. Acht Jahrhunderte Bier- und Stadtgeschichte. Dachau 1985.
Gockerell, Nina: Das Bayernbild in der literarischen und „wissenschaftlichen" Wertung durch fünf Jahrhunderte. Volkskundliche Überlegungen über die Konstanten und Varianten des Auto- und Heterostereotyps eines deutschen Stammes. München 1974.
Göbel, Eva: Bayern in der modernen Konsumgesellschaft. Regionalisierung der Konsumkultur im 20. Jahrhundert. Berlin 2005.
Götz, Birgit: Mit Romantik hat unser Beruf nichts zu tun. Münchner Schaustellerfrauen erzählen aus ihrem Leben. München 1999.
Grasberger, Thomas: Gebrauchsanweisung für München. 5. überarbeitete Auflage, München 2007.
Hahn, Hans Henning: Einführung. Zum 80. Geburtstag des Begriffs „Stereotyp". In: Hahn, Hans Henning (Hg.): Stereotyp, Identität und Geschichte. Die Funktion von Stereotypen in gesellschaftlichen Diskursen. Frankfurt/ am Main 2002a. S. 9-13.
Hahn, Hans Henning und Hahn, Eva: Nationale Stereotypen. Plädoyer für eine historische Stereotypenforschung. In: Hahn, Hans Henning (Hg.): Stereotyp, Identität und Geschichte. Die Funktion von Stereotypen in gesellschaftlichen Diskursen. Frankfurt am Main 2002b. S. 18-56.
Haller, Elfi M./ Busley, Hermann-Joseph und Pressler, Christine: Festzug zur Feier der Jubelehe des Königs Ludwig und der Königin Therese zu München am 4. Oktober 1835. München 1983.
Hazzi, Joseph von: Über das 25jährige Wirken des landwirthschaftlichen Vereins in Bayern und des Central-Landwirthschafts- oder Oktoberfestes. München 1835.
Heckhorn, Evelin und Wiehr, Hartmut: München und sein Bier. Vom Brauhandwerk zur Bierindustrie. München 1989.

Heidrich, Beate: Fest und Aufklärung. Der Diskurs über die Volksvergnügungen in bayerischen Zeitschriften (1765–1815). München 1984.
Hölle, Björn/ Voss, Oliver/ Streck, Iris und Altmann, Maria: Oktoberfest-Handbuch. Die Welt zu Gast in München. München 2006.
Hoferichter, Ernst und Strobl, Heinz: 150 Jahre Oktoberfest 1810–1960. Bilder und G'schichten. Herausgegeben vom Wirtschaftreferat der Landeshauptstadt München. München 1960.
Holtei, Christa: Das große Familienbuch der Feste und Bräuche. Düsseldorf 2005.
Hollweck, Ludwig (Hg.): Auf geht's beim Schichtl auf der Wies'n. Das Oktoberfest. München 1981.
Homann, Harald: Soziologische Ansätze einer Theorie des Festes. In: Maurer, Michael (Hg.): Das Fest. Beiträge zu seiner Theorie und Systematik. Köln, Weimar und Wien 2004. S. 95-113.
Hugger, Paul: Einleitung. Das Fest – Perspektiven einer Forschungsgeschichte. In: ders.: Stadt und Fest. Zu Geschichte und Gegenwart europäischer Festkultur. Unterägeri und Stuttgart 1987.
Hunger, Anton: Gebrauchsanweisung für Schwaben. 3. Auflage, München 2007.
Jentsch, Christoph (Hg.): Städtetourismus Stuttgart: Ergebnisse eines Forschungsprojekts des Geographischen Instituts der Universität Mannheim. Mannheim 1996.
Jonas, Bruno: Gebrauchsanweisung für Bayern. 12. überarbeitete Auflage, München 2006.
Käfer, Sabine: Oktoberfest Insider Guide. Kempen 2005.
Kerkhoff-Hader, Bärbel: Werbewirksam. Medienvermittler „Volkskultur". In: Bayerisches Jahrbuch für Volkskunde 1997. München 1997. S. 57-76.
Lindner, Erik: Romantisches Idyll – Makelloses Deutschlandbild. In: Krauts – Fritz – Piefkes…? Deutschland von außen. Begleitbuch zur Ausstellung im Haus der Geschichte der Bundesrepublik Deutschland, Bonn, 19. November 1999 bis 26. März 2000. Bonn 1999. S. 84-89.
Lämmle, August: Das Cannstatter Volksfest. In: Schwäbische Heimat. Nr. 1/3 (1922). S. 1-4.
Lämmle, August: Die Reise ins Schwabenland. (neue Bearbeitung und Ausstattung der Erstausgabe 1936) Stuttgart 1949.
Lang, Frank: Mehr Nahrung für die wachsende Bevölkerung. In: Das Königreich Württemberg 1806–1918. Monarchie und Moderne. Große Landesausstellung vom 22. September 2006 bis 4. Februar 2007. Landesmuseum Württemberg. Stuttgart 2006. S. 286.
Lang, Friederike Ursula: Oktoberfest-Triage-Evaluationsstudie 1998 (OTES '98). Perspektive Beobachtungsstudie zur Sichtungsqualität von Notfallpatienten unter katastrophenmedizinischen Gesichtspunkten. Zugl. Diss. München 2002.
Laturell, Volker D.: Volkskultur in München. Aufsätze zu Brauchtum, Musikalische Volkskultur, Volkstanz, Trachten und Volkstheater in einer Millionenstadt. München 1997.

Lehmann, Alfred: Zwischen Schaubuden und Karussells. Ein Spaziergang über Jahrmärkte und Volksfeste. Frankfurt a.M. 1952.
Lipp, Wolfgang: Gesellschaft und Festkultur. Grossstadtfeste der Moderne. In: Hugger, Paul: Stadt und Fest. Zu Geschichte und Gegenwart europäischer Festkultur. Unterägeri und Stuttgart 1987. S. 231-249.
Lüsebrink, Hans-Jürgen: Das Fest. In: Haupt, Heinz-Gerhard (Hg.): Orte des Alltags. Miniaturen aus der europäischen Kulturgeschichte. München 1994. S. 202-210.
Mack, Christa und Neidiger, Bernhard: Hoffest – Bürgerfeier – Volksbelustigung. 700 Jahre öffentliche Festkultur in Stuttgart. Katalog zur Ausstellung des Stadtarchivs Stuttgart im Wilhelmspalais vom 8. Dezember 1988 bis 26. März 1989. Stuttgart 1988.
Maase, Kaspar: Nahwelten zwischen „Heimat" und „Kulisse". Anmerkungen zur volkskundlich-kulturwissenschaftlichen Regionalitätsforschung. In: Zeitschrift für Volkskunde, Jg. 94 (1998). S. 53-70.
Mannbach, Wilhelm: Schwaben wie es ißt und trinkt. „Das Cannstadter Volksfest." Leipzig 1844.
Maurer, Michael (2004a): Prolegomena zu einer Theorie des Festes. In: ders. (Hg.): Das Fest. Beiträge zu seiner Theorie und Systematik. Köln, Weimar und Wien 2004. S. 19-54.
Maurer, Michael (2004b): Zur Systematik des Festes. In: ders. (Hg.): Das Fest. Beiträge zu seiner Theorie und Systematik. Köln, Weimar und Wien 2004. S. 55-80.
Meffert, Heribert und Bruhn, Manfred: Dienstleistungsmarketing. Grundlagen – Konzepte – Methoden. 3. Vollständig überarbeitete und erweiterte Auflage, Wiesbaden 2000.
Memmel, Hermann/ Schmid, Helmut und Spiegl, Max: D'Wiesn. Geschichten rund um das Münchner Oktoberfest.
Memminger, Johann Daniel Georg von: Erstes landwirthschaftliches Volksfest in Württemberg. In: Württembergisches Jahrbuch 1819. S. 111-138.
Memminger, Johann Daniel Georg von: Oberamtsbeschreibung Cannstatt. Stuttgart 1895.
Möhler, Gerda: Das Münchner Oktoberfest. Brauchformen des Volksfestes zwischen Aufklärung und Gegenwart. Neue Schriftenreihe des Stadtarchivs München, Heft 100, zugl. Diss. 1979. München 1980.
Möhler, Gerda: Das Münchner Oktoberfest. Vom bayerischen Landwirtschaftsfest zum größten Volksfest der Welt. München, Wien, Zürich 1981.
Molin, Michael: Das Oktoberfest. München 1985.
Moser, Hans: Von Volksfesten und Volksbräuchen in unserer Zeit. In: Schönere Heimat Jg. 40, Heft 3/4 (1951), S. 67-77.
Nadel, Stanley: Leben in der neuen Heimat. In: Hamm, Margot, Henker, Michael und Brockhoff, Evamaria (Hg.): Good Bye Bayern – Grüß Gott America. Auswanderung aus Bayern nach Amerika seit 1683. Begleitkatalog zur Ausstellung im Haus der bayerischen Geschichte. Augsburg 2004.

Nagy, Florian S./ Stoffel, Alexandra/ Lill, Tobias/ Bentele, Johann C. und Märkl, Linda: Oktoberfest. Zwischen Tradition und Moderne. München 2007.
Nahrstedt, Wolfgang: Die Kulturreise – Gedanken zur Charakterisierung einer Reiseform. In: Dreyer, Axel (Hg.): Kulturtourismus. München und Wien 1996. S. 5-23.
Nöhbauer, Hans F.: Die Chronik Bayerns. Dortmund 1987.
Oktoberfest-Befragung 2000. Wiesn-Wirtschaft. Das Oktoberfest als Wirtschaftsfaktor. Ergebnisse einer repräsentativen Umfrage zur Besucherstruktur und den Wirtschaftswert des Münchner Oktoberfestes. Im Auftrag des Fremdenverkehrsamtes München durchgeführt von Forschungsgruppe Kammerer, München. (24.08.2007: http://www.muenchen.de/cms/prod2/mde/_de/rubriken/Rathaus/lhm_alt/mtour/pdf/oktoberfest/oktoberfestbefragung_zusammenfassg.pdf)
Paus, Ansgar: Das Fest und seine Sinngestalt. In: Salzburger Jahrbuch für Philosophie XL/1995. S. 7-34.
Petzoldt, Leander: Volkstümliche Feste. Ein Führer zu Volksfesten, Märkten und Messen in Deutschland. München 1983.
Petzoldt, Leander: Feste und Feiern in Baden-Württemberg. Karlsruhe 1990.
Pfaff, Karl: Württembergisches Gedenkbuch auf alle Tage des Jahres. Stuttgart 1861.
Praetorius, Rudolf: Das Oktoberfest in Geschichten. München 1985.
Niemeier, Jost: Münchner Oktoberfest. Künzelsau 1997.
Ramus, Margit: Wie alles begann… Jahrmarkt, Fahrendes Volk und Karussells. (zugl. Magisterarbeit Univ. Bonn: Boden- und Hängekarussells in Deutschland) Pirmasens 2004.
Reindl, Philipp und Miedl, Karin: Mit der Trambahn auf die Wiesn. München 1990.
Rischert, Hannes: 125 Jahre Pschorr-Bier auf dem Münchner Oktoberfest. München 1955.
Rolfs, Wilhelm: Unsre Volksfeste. Gekrönte Preisschrift. Leipzig 1896.
Rommel, Manfred: Volksfeste gehören zum Leben in der Stadt. In: Volksfeste und Märkte. 100 Jahre Der Komet. Pirmasens 1983. S. 21-22.
Sauer, Paul: Württembergs letzter König. Das Leben Wilhelms II. 2. Auflage, Stuttgart 1994.
Sauer, Paul: Reformer auf dem Königsthron. Wilhelm I. von Württemberg. Stuttgart 1997.
Sauer, Paul: Regent mit mildem Zepter. König Karl von Württemberg. Stuttgart 1999.
Sauer, Paul: König Wilhelm I. von Württemberg (reg. 1816–1864). In: Das Königreich Württemberg 1806–1918. Monarchie und Moderne. Große Landesausstellung vom 22. September 2006 bis 4. Februar 2007. Landesmuseum Württemberg. Stuttgart 2006. S. 82-84.
Sendtner, Jacob: Das Volksfest der Baiern im October. München 1815.

Schulz, Bernhard: Ellabognoarbadn – Ellenbogenarbeit. Wiesnbedienungen erzählen. München 1998.
So feiern die Bayern. Bilder, Texte und Untersuchungen zum öffentlichen Festwesen der Gegenwart. Ausstellungsbegleitheft. Institut für deutsche und vergleichende Volkskunde, Universität München, München 1978.
Speckle, Birgit: Streit ums Bier in Bayern. Wertvorstellungen um Reinheit, Gemeinschaft und Tradition. (Münchner Beiträge zur Volkskunde, Bd. 27, zugl. München, Diss.) Münster, New York, München und Berlin 1999.
Spiegel, Sibylle: Der Festbesucher. Materialien zur Rezeption öffentlicher Feste in der Gegenwart. (Studien und Quellen zur Geschichte der Vergnügungskultur. Hrsg. von Horst Flechsig, Stephan Oettermann und Lars Rebehn, Heft 2, zugl. Diss. München 1983) Wiesbaden 1994.
Spiegel, Sybille: Das Herbstfest 1946 im Tümmermünchen: Kein Oktoberfest, aber eine richtige Wies'n. In: Trümmerzeit in München. Kultur und Gesellschaft einer deutschen Großstadt im Aufbruch 1945–1949. Herausgeber: Friedrich Prinz. München 1984, S. 339-345.
Spode, Hasso: Der Tourist. In: Frevert, Ute und Haupt, Heinz-Gerhard (Hg.): Der Mensch des 20. Jahrhunderts. Frankfurt am Main und New York 1999. S. 113-137.
Steinecke, Albrecht: Kulturtourismus. Marktstrukturen, Fallstudien, Perspektiven. München 2007.
Stöckel, Hermann und Walther, Eduard: Die deutschen Volksfeste. Ein Beitrag zur Reform derselben. München 1896.
Stolte, Reiner: Die Geschichte vom Münchner Oktoberfest. München 2005.
Stritzke, Otto: 150 Jahre Wies'n. Zur Geschichte des Münchener Oktoberfestes. 1810–1960. München 1960.
Strobl, Heinz H.: Schaustellergewerbe gestern, heute, morgen. Nachdenkliche Betrachtungen am Beispiel des Oktoberfestes. In: Volksfeste und Märkte. 100 Jahre Der Komet. Pirmasens 1983. S. 23-25.
Stroheker, Hans Otto und Willmann, Günther: Cannstatter Volksfest. Das schwäbische Landesfest im Wandel der Zeiten. Stuttgart und Aalen 1978.
Stroheker, Hans Otto: Festschrift zum 150. Cannstatter Volksfest. Stuttgart 1995.
Stumpp, Gerhard: Reisegrüße aus dem Ländle. Baden und Württemberg in alten Postkarten-Ansichten. Ostfildern 2006.
Tourismus in Deutschland. Zahlen – Daten – Fakten. Deutscher Tourismusverband e.V. Bonn 2006.
Valentin, Karl: Das Oktoberfest. In: ders.: Tingeltangel. München 1977. S. 95-143.
Veiz, Brigitte: Das Oktoberfest. Masse, Rausch und Ritual. Sozialpsychologische Betrachtungen eines Phänomens. Eine qualitative Studie. Band 1 und 2 (Diplomarbeit, Ludwig-Maximilians-Universität München) München 2002.
Vietzen, Hermann und Hetschel, Karl: Bad Cannstatt und sein Volksfest im Wandel der Zeit. Stuttgart 1970.
Volksfeste und Märkte. 100 Jahre Der Komet. Pirmasens 1983.

Wager, Wulf: Traditionelle Feste und Bräuche in der Region Stuttgart. Herausgegeben von der Regio Stuttgart Marketing- und Tourismus GmbH und der Stuttgart-Marketing GmbH. Stuttgart 2002.

Warneken, Bernd Jürgen: Kommunale Kulturpolitik. Am Beispiel offenes Stadtfest. In: Heimat und Identität. Probleme regionaler Kultur. Volkskunde-Kongreß in Kiel 1979. Herausgegeben von Konrad Köstlin und Hermann Bausinger. Neumünster 1980. S. 113-121.

Weber, Klaus: Das Landwirtschaftliche Hauptfest in Stuttgart im Wandel der Zeiten. „Das Volk muss wieder Freude haben". In: Beiträge zur Landeskunde von Baden-Württemberg, Nr. 4, August 2001.

Weber, Klaus: Zur Geschichte – Das Landwirtschaftliche Hauptfest von 1818 im Wandel der Zeiten. In: 96. Landwirtschaftliches Hauptfest Baden-Württemberg. 27. Sept.-05. Okt. 2003. Stuttgart, Cannstatter Wasen. Die landwirtschaftliche Fachmesse Süddeutschlands in Verbindung mit dem 158. Cannstatter Volksfest. Offizieller Katalog mit Tierschaukatalog. S. 50-66.

Weber-Kellermann, Ingeborg: HB-Bildatlas spezial. Volksfeste in Deutschland. Hamburg 1981.

Weber-Kellermann, Ingeborg: Saure Wochen. Frohe Feste. Fest und Alltag in der Sprache der Bräuche. München und Luzern 1985.

Weishäupl, Gabriele: Beliebtheit nach Maß: der Fremdenverkehr. Das Volksfest. In: München. Die Wirtschaft mit der Stadt. München 1994. S. 57-59.

Weishäupl, Gabriele: Stadtfeste – am Beispiel des Münchner Oktoberfestes. In: Dreyer, Axel (Hg.): Kulturtourismus. München und Wien 1996. S. 287-297.

Weniger Bier wurde letztmals im Jahr 1983 getrunken. In: Münchner Statistik. München 2001, 6. S. 71-77.

Wildenrother, Karlheinz: Der Fremdenverkehr in München – Eine statistische Betrachtung. In: Münchner Statistik. München 2001, 10. S. 139-147.

Willoughby, Martin: Die Geschichte der Postkarte. Ein illustrierter Bericht von der Jahrhundertwende bis zur Gegenwart. Erlangen 1993.

Wittenberg, Reinhard: Volksfeste in Nürnberg. Theorie und Forschung, Bd. 833. Soziologie, Bd. 136. Regensburg 2005.

Wolf, Gabriele: Bayern stereotyp. Über die aktuelle Identifikationen mit einer Region in Europa. In: Bayerisches Jahrbuch für Volkskunde 2005. Helge Gerndt und Klaus Roth zum 65. Geburtstag. München 2005. S. 129-135.

Zuccalmaglio, Vincenz Jacob von: Die deutschen Volksfeste. Iserlohn und Elberfeld 1854.

Quellen

Cannstatter Volksfestverein (CanV)
- Presse-Informationen des Cannstatter Volksfestvereins, undatiert 2008

in.Stuttgart (in.S)
- Presse-Information: 16.08.2007, 25./27.09.2007, 12.10.2007, 30.09.2008
- Gespräch vom 08.01.2008 mit Marcus Christen und Andreas Zaiß

Rathaus Stuttgart, Hauptaktei (RatS)
- Teilvorakten betreffend Werbekonzept, GZ: 7330-00 Cannstatter Volksfest – Allgemeines

Stadtarchiv München (StadtAM)
- Bestand Oktoberfest: 202, 263/1, 263/2, 263/3, 263/4, 263/7a, 263/8, 296, 348, 381, 379, 431, 459, 510
- Zeitgeschichtliche Sammlung: Oktoberfest/1, Nr. 297/1
- Oktoberfest, Abgabe vom 23.2.1981, Abgabeverzeichnis-Nr. 94/2: 5
- Oktoberfest, Abgabe vom 3.12.1984, Abgabeverzeichnis-Nr. 94/3: 2, 4-7
- Oktoberfest, Abgabe vom 4.1.1995, Abgabeverzeichnis-Nr. 94/5: 1, 5
- Oktoberfest, Abgabe vom 10.8.2000, Abgabeverzeichnis-Nr. 94/6: 1, 20

Stadtarchiv Stuttgart (StadtAS)
- Hauptaktei Gruppe 3, 17/1: 876, 878-891, 893, 2410, 2486, 2488, 2520-2525, 2528-2529, 2531, 2533, 3685-3689
- Hauptaktei Gruppe 3, 17/2: 623, 657a, 657-661, 663-666, 670, 673
- Protokolle der öffentlichen Sitzungen des Marktausschusses bzw. Wirtschaft und Wohnen (mündliche Volksfestberichte): 26.10.1990, 11.10.1991, 9.10.1992, 7.11.1994, 17.11.1995, 15.11.1996, 14.11.1997, 16.10.1998, 19.11.1999, 6.10.2000, 26.10.2001, 26.10.2001, 18.10.2002, 14.11.2003, 22.10.2004
- Protokoll der öffentlichen Sitzung des Marktausschusses bzw. Wirtschaft und Wohnen (Volksfest-Bierzelte): 22.9.2000

Tourismusamt München (TAM)
- Oktoberfest-Schlussberichte: 1982-2007
- Presse-Informationen: 1981-2008

Zeitungen

Amtsblatt für den Stadtkreis Stuttgart
- 15.9.1949: Das Cannstatter Volksfest im Wandel der Zeiten

Amtsblatt der Stadt Stuttgart
- 9.5.1957: Neugestaltung des Volksfestplatzes
- 23.9.1965: Hofbaumeister Thourets populärstes Werk: die Fruchtsäule
- 19.9.1968: „Volksfest-Rößle" auch in Amerika
- 14.10.1971: Der „Wasen" braucht Vergleiche nicht zu scheuen
- 17.10.1974: „Wasen" nochmals davongekommen
- 6.7.1978: Volksfest-Umzug
- 23.9.1993: 175 Jahre Cannstatter Volksfest auf dem Wasen
- 25.9.1997: Volkfestbier, Böllerschüsse und jede Menge Nervenkitzel
- 10.8.2000: Neuer Sockel für Fruchtsäule
- 21.9.2000: Beilage „…auf zum Wasen"
- 20.9.2001: Cannstatter Volksfest mit großem Umzug
- 19.9.2002: Familienfreundliches Volksfest
- 22.9.2005: Rein ins Volksfestvergnügen

Badische Neueste Nachrichten
- 10.10.1988: 5,3 Millionen Besucher. Rekordergebnis auf dem „Wasen"

Cannstatter/Untertürkheimer Zeitung
- 6.10.1998: 70 Jahre Volksfest: Jubiläum für Familie Greiner
- 7.10.1998: Firma Göckelesmaier in neuen Farben

Cannstatter Zeitung
- 17.7.1982: Die Wasen-Maß wird heuer voraussichtlich zwischen 5,60 und 5,0 Mark kosten
- 28.9.1994: Kostenexplosion nach Privatisierung
- 27.9.2003: „…auf zum Wasen" als Volksfest-Werbespruch
- 4.8.2004, Bargeldlos auf dem Volksfest bezahlen
- 6.10.2004: Aus der A-Straße wurde die Schwoboallee

Cannstatter Volksfestzeitung
- 7/2007, herausgegeben vom Cannstatter Volksfestverein e.V.

Dachauer Nachrichten
- 17.09.2007: Wiesn-Grüße in luftiger Höhe

- 25.09.2007: Oktoberfest auf Palästinensisch

Der Komet
- 74. Jg./ Nr. 3390, 20.10.1956: Münchner Oktoberfest-Finale von Karlo Schmidt

Deutsche Zeitung
- 10.9.1963: Bayerische Bräuche in Berlin

Die Zeit
- 13.09.2007, Ressort „Politik", S. 11: Werbeanzeige

Gastwirt und Hotelier
- 9.10.1976: Aus Liebe zur Tradition: München bekommt ein Oktoberfest-Museum

Münchner Merkur
- 25.9.1961: „Oktoberfeesten"

Neue Cannstatter Zeitung
- 7.10.1949: „Wurstkette" von Cannstatt bis Augsburg

Stuttgarter Nachrichten
- 14.12.1957: Es bleibt zunächst beim alten
- 3.8.1974: Zweierlei Maß Bier
- 29.9.1975: Bei Rommels Faßanstich fehlte die Prominenz
- 8.10.1976: Der Wasenhocker
- 14.9.1985: Fürs 140. Volksfest Werbung mit Nostalgie-Bus
- 21.8.1986: In der Stadtgärtnerei wird der künftige Schmuck des Wasen-Symbols gezüchtet
- 27.9.1990: Gigant mit 42 Gondeln
- 14.2.1991: Gastronom der Markthalle eröffnet neues Wasen-Zelt
- 25.9.1993, Klaus Eichmüller: Wasenkomplex
- 27.9.1997: Sonderthema „Cannstatter Volksfest"
- 12.9.2000: Fruchtsäule ziert neues Infozentrum

Stuttgarter Wochenblatt
- Cannstatter Volksfest 1992: Was den Wasen von der Wies'n trennt und was sie vereint
- 21.9.1995: Fast 400 Betriebe auf dem Wasen

Stuttgarter Zeitung
- 12.6.1962: Wieder einmal in der alten Heimat
- 25.9.1972: Im neuen Häs
- 7.2.1981: Vom Herbst kommenden Jahres an. Drei Bierzelte an der Fruchtsäule
- 9.9.1986: Das Verkehrsamt hat den (fast) ersten Volksfest-Souvenirkrug fertigen lassen
- 26.9.1987: Als der Zar zum Volksfest kam
- 21.9.1990: Volksfest-Symbol ohne „Krone"
- 24.9.1994: Auswanderer aus New Jersey zu Gast auf dem Wasen
- 26.9.1995: Schirmherr Carl Herzog von Württemberg setzt Reformdiskussion in Gang: „Volksfest und Landwirtschaftliches Hauptfest trennen"
- 13.9.1997: Cannstatter Volksfest in alten Fotografien
- 27.09.1997: Wunsch erfüllt. Alexander Laub wollte schon immer Festwirt werden
- 2.9.1998: Maskottchen auf schwäbisch
- 17.9.1999: 71 Jahre lang Göckele gebraten und Bier gezapft
- 25.9.2003: Der Streit um die Striche auf dem Krug

Süddeutsche Zeitung
- 3.10.1963: Bayerle fliegt nach Amerika
- 30.6.1966: Wo das Oktoberfest in den Sommer fällt
- 6.9.1973: Teilerfolge der Proteste gegen Bierpreiserhöhungen
- 7.8.1975: Preis für Oktoberfest-Plakat
- 4.1.1990: Im Bierhimmel

Süddeutsche Zeitung online
- 28.11.2007: Gegen das Rauchverbot

Internet

Festring München e.V., 24.01.2008: www.festring-muenchen.de/uns.htm
Geschichte des Armbrustschützenzelts, 24.08.2007: www.oktoberfest-tv.de/default.asp?PkId=22&LCID=1031
Geschichte der Pschorrbräu-Festhalle, 24.08.2007: www.oktoberfest-tv.de/default.asp?PkId=24&LCID=1031
Die Geschichte der Fischer-Vroni, 24.08.2007: www.oktoberfest-tv.de/default.asp?PkId=25&LCID=1031
Geschichte der Hackerbräu-Festhalle, 24.08.2007: www.oktoberfest-tv.de/default.asp?PkId=26&LCID=1031
Geschichte des Hippodroms, 24.08.2007: www.oktoberfest-tv.de/default.asp?PkId=27&LCID=1031
Geschichte der Käfer's Wiesn-Schänke, 24.08.2007: www.oktoberfest-tv.de/default.asp?PkId=29&LCID=1031
Geschichte der Schützen-Festhalle, 24.08.2007: www.oktoberfest-tv.de/default.asp?PkId=33&LCID=1031
Geschichte des Weinzelts, 24.08.2007: www.oktoberfest-tv.de/default.asp?PkId=34&LCID=1031
Das elegante, vielfältige Wohlfühlzelt, 24.01.2008: www.stamerhof.de/gastronomie.html
Das neue Fürstenberg-Zelt, 24.01.2008: www.fuerstenbergzelt.de/
Sonja's ArCadia Erlebniszelt, 24.01.2008: www.cannstatter-volksfest.de/index.php?id=29
Dinkelacker Festzelt, 24.01.2008: www.cannstatter-volksfest.de/index.php?id=30
Göckelesmaier, 24.01.2008: www.cannstatter-volksfest.de/index.php?id=32
Zum Wasenwirt, 24.01.2008: www.cannstatter-volksfest.de/index.php?id=35
Oktoberfeste in aller Welt, 24.01.2008: www.muenchen.de/Tourismus/Oktoberfest/Schmankerl/158884/oktoberfeste_ausland.html
Oktoberfest-Zinzinnati, 24.01.2008: www.oktoberfest-zinzinnati.com/okthistory5.asp
Kitchener-Waterloo, Oktoberfest, 24.01.2008: www.oktoberfest.ca/section/view/?fnode=74
Oktoberfest, Blumenau, 24.01.2008: www.blumenaubrazil.de/
San Francisco Schwaben Verein, 24.01.2008: www.ugas-sf.org/index.cfm?go=members.view&memberID=1
Schwaben Verein (Chicago), 24.01.2008: www.schwabenverein.org/events.htm
Cannstatter Volksfestverein Philadelphia, 24.01.2008: www.cvvphilly.com/fest.html

Abbildungsnachweis
in.Stuttgart Veranstaltungsgesellschaft mbH: Abb. 11
Landesmedienzentrum Baden-Württemberg: Abb. 10
Münchner Stadtmuseum (Sammlung Graphik/Plakat/Gemälde): Abb. 2 (Inv.Nr. I b/104), 6 (Inv.Nr. Greis IV/6)
Privat; Abb. 1
Stadtarchiv München: Abb. 3, 4, 7, 8
Stadtarchiv Stuttgart: Abb. 9, 12, 13, 14, 15, 17
Tourismusamt München: Abb. 16
Tourismusamt München, Bernd Römmelt: Abb. 5, 18

Kulturwissenschaften

Andrea Hartl: **Oktoberfest und Cannstatter Volksfest** · Vom Nationalfest zum Massenvergnügen
2010 · 192 Seiten · ISBN 978-3-8316-0934-5

Frank Tremmel: **»Menschheitswissenschaft« als Erfahrung des Ortes** · Erich Rothacker und die deutsche Kulturanthropologie
2009 · 374 Seiten · ISBN 978-3-8316-0885-0

Maria-Claudia Tomany: **Destination Viking« und »Orkneyinga saga** · Probleme der Geschichtsschreibung und regionalen Identität in Orkney
2007 · 280 Seiten · ISBN 978-3-8316-0417-3

Andrea-Mercedes Riegel: **Das Streben nach dem Sohn** · Fruchtbarkeit und Empfängnis in den medizinischen Texten Chinas von der Hanzeit zur Mingzeit
1999 · 386 Seiten · ISBN 978-3-89675-691-6

Jürgen Weisser: **Zwischen Lustgarten und Lunapark** · Der Volksgarten in Nymphenburg (1890–1916) und die Entwicklung der kommerziellen Belustigungsgärten
1998 · 365 Seiten · ISBN 978-3-89675-449-3

Erhältlich im Buchhandel oder direkt beim Verlag:
Herbert Utz Verlag GmbH, München
089-277791-00 · info@utzverlag.de

Gesamtverzeichnis mit mehr als 3000 lieferbaren Titeln: www.utzverlag.de